中国文化遗产研究院 · 世界文化遗产系列 · 2021 年

长城监测体系研究与实践

中国文化遗产研究院
刘文艳　张依萌　许礼林　著

文物出版社

图书在版编目（CIP）数据

长城监测体系研究与实践／刘文艳，张依萌，许礼林著．—北京：文物出版社，2021.10

ISBN 978－7－5010－6786－2

Ⅰ.①长…　Ⅱ.①刘…②张…③许…　Ⅲ.①长城－监测系统－研究　Ⅳ.①K928.77

中国版本图书馆 CIP 数据核字（2020）第 155050 号

审图号：GS（2021）1727 号

长城监测体系研究与实践

著　　者：刘文艳　张依萌　许礼林

责任编辑：李　睿
封面设计：王文娴
责任印制：苏　林

出版发行：文物出版社
社　　址：北京市东城区东直门内北小街 2 号楼
邮　　编：100007
网　　址：http://www.wenwu.com
经　　销：新华书店
印　　刷：宝蕾元仁浩（天津）印刷有限公司
开　　本：889mm×1194mm　1/16
印　　张：16
版　　次：2021 年 10 月第 1 版
印　　次：2021 年 10 月第 1 次印刷
书　　号：ISBN 978－7－5010－6786－2
定　　价：150.00 元

前　言

　　长城——中华民族的象征，已经成为烙印在每个中国人心中的精神共识。长城保护历来受到中国政府高度重视。2005—2014年，在国家文物局组织实施的"长城保护工程"系列保护举措下，长城保护工作全面推进。长城保护管理工作的重心从摸清家底、依法认定等逐渐转为着力提升风险防范能力。

　　随着中国文化遗产保护理念不断进步，风险管理理论与预防性保护的理念已被文化遗产保护领域广泛认可，文化遗产保护已经逐渐从"修"转变为通过监测采取"预防性保护"措施，防范风险的发生与发展。自2004年，国家文物局启动"中国世界文化遗产管理动态信息系统和预警系统"研究开始，经过十几年的发展我国的世界文化遗产监测在理论与实践上都取得了显著的成绩。

　　长城作为我国现存体量最大的世界文化遗产，所处自然、社会、经济环境复杂，风险影响因素众多，长城监测有着与其他文化遗产地监测的共通之处，更有着其特殊性。本书从两方面入手：一方面对文化遗产监测现状进行研究、评估，总结世界文化遗产监测的经验做法，评估其监测工作中所采用的方法、监测成效；另一方面理清长城遗产特性和管理特点，以及已开展的长城保护工作，并通过实践研究，分析长城监测体系建设的实际需求及工作基础。在此基础上，提出长城监测体系框架及工作建议。

　　长城监测体系的科学构建不仅是提升长城保护管理水平的重要举措，同时为我们逐步解决长城体量大、管控难、保存状况复杂等原因形成的文化遗产保护领域难题提供了思路，也为其他大型文化遗产保护管理提供了重要的经验借鉴。

目　录

彩　版

后　记

绪　论

　　长城是中华民族的精神象征已成为国人心中的文化共识。这一我国现存体量最大、分布最广的文化遗产，以其宏大的建筑和无与伦比的历史文化景观成为中国世界文化遗产的杰出代表。保护好长城对于展示中华民族灿烂文明、坚定文化自信有着重要的意义。按照国务院批准实施的长城保护工程（2005—2014 年）工作方案，通过十年的努力，奠定了长城保护管理工作的良性发展基础。随着国际、国内文化遗产保护理念的不断进步，"监测"已经成为提升文化遗产保护水平的重要手段，建立长城监测体系是推动长城保护管理水平提升的重要举措。

一、长城监测体系研究的背景与目标

　　2006－2012 年，在国家文物局的组织实施下，长城沿线 15 个省区开展了全国长城资源调查与认定，第一次准确掌握了长城的长度、分布、时代等信息，并从法律层面上确定了我国长城遗产的构成，并以调查和认定数据为基础建立了长城保护管理信息系统国家总平台，这些重要举措极大地提高了长城保护工作水平。然而，长城遗迹分布广泛，所处自然、社会、经济环境复杂，风险影响因素众多，长城保护管理工作仍然任重道远。鉴于此，长城保护管理工作的重心从摸清家底、依法认定等逐渐转为着力提升风险防范能力。

　　风险管理理论与预防性保护的理念已被文化遗产保护领域广泛认可，文化遗产保护已经逐渐从"维修"转变为通过监测采取"预防性保护"措施，防范风险的发生与发展。近年来，监测作为提升文化遗产保护管理水平的重要手段也越来越多地被遗产地所应用并取得了一定的成效。鉴于长城作为特殊的文化遗产其保护管理的难题始终没有得到解决，长城保护也应借鉴文化遗产保护的新理念与新做法，建立符合长城遗产特性、保护管理需求和现状的监测体系，利用"监测"为长城的保护管理决策服务。

图 0 - 1　监测与预防性保护、风险管理理论的关系

自2004年，国家文物局启动"中国世界文化遗产管理动态信息系统和预警系统"研究开始，我国的世界文化遗产监测经过十几年的发展在理论与实践上都取得了显著的成绩。然而，近年来各个世界遗产地的实际工作也同时反映出对"监测"存在一定偏差，主要表现在将"监测"等同于"监测设备"，在配置监测设备上存在较大的盲目性；监测数据的分析与利用滞后，监测工作对管理的决策支持有限。

长城是超大型文化遗产，具有与其他世界遗产不同的特性，在管理方面也具有特殊的基础条件以及个性化的监测需求。2015年，国家文物局委托中国文化遗产研究院开展长城监测体系建设预研究课题。课题要求在长城资源调查和长城资源管理信息系统建设基础上，参考已经开展的世界文化遗产监测，选取长城典型地区和部分已经开展监测工作的世界文化遗产地进行调研，研究长城文化遗产自身特点，进一步摸清管理实际需求，开展分区、分类专题研究，提出较为明确的长城监测工作思路、目标和基本方法，对未来长城监测系统建设提出建设性意见。

在长城监测体系预研究的基础上，针对长城墙体及相关遗存分布线长、面广的开放式特点，为探索新的管理手段和方式，中国文化遗产研究院设立《长城文化遗产破坏风险评估与监测方法研究——以居延长城甘肃金塔段为例》（院自主课题，2013—2014年），《重大文化遗产地综合保护利用研究——以长城为例》（财政部专项专业务费，2016—2018），开展长城监测的个案和方法研究。并承担国家文物局相关长城监测体系建设研究及试点项目》（2017—2018年），评估各类监测手段在不同地域长城的应用效果。长城监测体系研究与实践，是对上述研究成果的整合。通过对长城遗产特性、管理特点进行深入、系统地分析，利用地理国情数据与长城专题数据叠加分析的方法研究长城风险因素的类型与分布，通过监测试点对各类监测方法和技术在长城中的应用进行分析、评估，为国家建立具有可操作性、满足长城保护管理需求的监测体系提供重要支撑。

二、研究思路、技术路线与方法

（一）研究思路

监测在遗产保护领域内的实践以各世界文化遗产地最为深入，尤其是中国世界文化遗产中心结合各个遗产地监测的普遍要求构建的中国世界文化遗产监测预警体系为长城监测提供了非常重要的借鉴。但长城有着不同于一般世界遗产的特殊属性和管理条件，长城监测体系必须适用长城自身的管理状况和遗产特点，研究从两方面入手：一方面对文化遗产监测现状进行研究、评估，总结世界文化遗产监测的经验做法，评估其监测工作中所采用的方法、监测成效；另一方面理清长城遗产特性和管理特点，以及已开展的长城保护工作，分析长城监测体系建设的实际需求及工作基础。在此基础上，提出长城监测体系框架及工作建议。

全书分为五个部分：

第一部分，监测与文化遗产保护。概述国际世界文化遗产监测的基本要求与程序，以及中国文化遗产监测的发展过程和实践；评估中国世界遗产监测预警体系建立以来，在该体系相关制度、规范标准指导下开展的世界文化遗产监测工作成效；选取对长城监测具有借鉴意义的遗产地开展对比研究，总结其适用于长城的经验做法。

第二部分，长城遗产特性与监测需求。长城监测体系需求分析分为三部分，一是长城的特性分析。包括长城的遗产特性及长城风险因素分析；二是对比《文物保护法》《长城保护条例》《世界文化遗产管理办法》等各项法律、法规，梳理长城在管理责任主体、内容等方面的特点；三是对长城监测工作现状评估。对已开展长城监测工作成果及做法进行评估，分析如何以现有工作为基础构建长城监测体系。

第三部分，长城监测信息系统的分析与建设。长城资源保护管理信息系统是国家开展长城保护管理的总平台（长城总平台），包括管理子系统、业务子系统、公众服务子系统，对提高长城保护管理工作的业务水平具有重要的意义。目前该系统已经实现了长城资源调查全部数据的备份、更新，以及数据的查询与统计分析，并与空间数据对应，能够直观地了解长城分布、保存状况，并支持各级文物部门对长城进行信息化管理，也是未来开展长城监测预警的平台基础。在长城监测体系需求研究的基础上，分析如何进一步完善现有长城总平台的功能和业务流程，使长城监测系统平台成为统筹全国长城监测工作的宏观管理手段。

第四部分，长城监测专题研究。对近年来开展的长城监测专题研究进行总结。主要包括以金塔为例开展的长城风险因素专题研究，以及利用高分辨遥感影像对比分析、雷达干涉、无人机、可移动终端在长城监测方面的应用研究，并评估各类监测技术在长城监测中的应用条件和范围。

第五部分，长城监测体系构建研究。根据长城监测体系建设的需求分析结论，明确长城监测体系组织架构和体系构成，制定分步推进长城监测体系建立的工作方案。

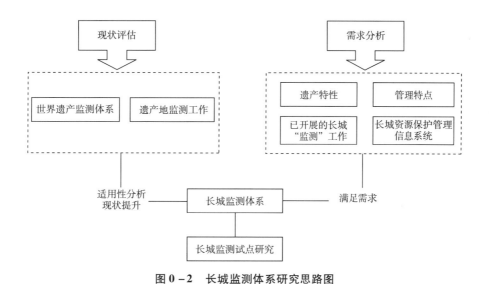

图 0-2　长城监测体系研究思路图

（二）技术路线与方法

1. 文献梳理

广泛搜集《保护世界文化遗产及自然遗产公约》《实施保护世界文化与自然遗产公约的操作指南》等文化遗产保护领域国际公约，《文物保护法》《文物保护法实施条例》《长城保护条例》等法律、法规，《世界文化遗产保护管理办法》《中国世界文化遗产监测巡视管理办法》《中国古迹古遗址保护准则》、《文物保护单位执法巡查办法》《全国重点文物保护单位保护规划编制要求》《长城保护员管理办法》《长城"四有"工作指导意见》《长城保护维修工作指导意见》《长城执法巡查办法》等规范性文件，《中国世界文化遗产监测年度报告》《中国世界文化遗产地监测体系建设评估（一期）评估总报告》《故宫博物院世界文化遗产监测工作报告》等遗产地年度监测报告，以及文化遗产监测的学术论著、论文。通过梳理国内外文化遗产监测的研究成果，分析其开展监测工作的理念、方法，阐释文化遗产保护管理与监测的关系。

2. 调研与评估

对长城及世界遗产地开展调研，了解当前世界遗产的监测方法和经验。长城遗产地的调研分为两类：第一类为已开展监测的长城遗产地，第二类为在地域、构成、管理状况等方面具有代表性的长城遗产地。评估世界遗产地开展监测的不同做法、效果及其与长城遗产特性的适用情况，为长城监测提供借鉴。

3. 分类研究

整理各省提交的长城保护规划及调查资料。对长城面临的风险因素、监测重点点段进行梳理，并开展分类研究。

长城分布地域地形、地类分类分析。对长城线性遗存分布县域内专题数据地形（地类）以及区域地形（地类）进行分类分析，并将主要地形、地类与其所在县域内的风险因素叠加，研究长城地形、地类与风险因素的影响关系。

风险因素分类研究。以县域为单位，分析自然因素类别下雨水冲蚀、水土流失、沙漠化、风蚀、盐碱、冻融、植物生长等自然侵蚀和地震、泥石流等自然灾害的分布；分析人为因素类别下旅游开发、保护性破坏、居民生产生活、基础设施建设、城镇建设等风险的分布；为长城监测体系提供科学的数据基础，为长城监测方法和手段的采用提供支撑。

重点点段分类研究。通过整理各省在保护规划中列出的重点点段，按照抢险加固、保护维修、旅游开放、建设压力、保存压力、价值突出等因素，统计各类因素影响下的点段数量与分布，为确定长城监测重点提供方向和思路。

管理风险区域研究。长城跨越行政区划呈线性分布，处于省、县交界的长城存在交叉管理、责任不明、争夺或推诿管理权等管理风险。利用长城资源保护管理信息系统中的长城地理信息系统数据将长城行经线路与行政区划边界线叠加，做重叠分析，对长城跨县、市行政区划状况进行分类分析。

三、监测的意义与作用

（一）监测的概念与意义

《保护世界文化与自然遗产公约》对世界遗产监测提出了初步的概念："对世界遗产地的保护状况定期进行周到的专业检查、审议和评估，向世界遗产委员会提出详尽的报告"。

对于世界文化遗产监测来说，监测与"提名，保护现状报告和区域性周期报告"三个议程直接相关①，其作用在于为这三个议程的决策提供基本的依据，"监测本身并不是全部工作，也不仅仅是提高昂贵的科技含量，也不仅仅是对遗址的管理，它更要为世界遗产委员会提供一些基础的信息以便于制定决策。"

2015 年修订的《中国文物古迹保护准则》提出："监测是认识文物古迹褪变过程及时发现文物古迹安全隐患的基本方法。对于无法通过保养维护消除的隐患，应实行连续监测，记录、整理、分析监测数据，作为采取进一步保护措施的依据。"

中国世界遗产监测经过实践与发展，形成了监测的基本概念，即"通过对衡量遗产保护状况指标的测定，确定遗产突出普遍价值以及完整性或真实性的保持状况及其变化趋势"。② 综合国内外对文化遗产保护领域的理解，监测的作用在于了解遗产地价值载体的动态变化情况，判断其发展趋势，为提出和实施保护与管理措施提供依据。概况地来讲，监测就是通过一定方式，了解对象所处状态，为采取合理的管理策略提供依据。

（二）监测实践

在《保护世界文化与自然遗产公约》中，明确要求缔约国遗产管理机构对遗产状况进行连续的日常监测，并定期提交监测报告，对遗产状况出现紧急情况的遗产地开展反应性监测。实际上，除了文化遗产保护领域，"监测"也在其他行业广泛应用。

1. 中国文化遗产监测阶段

回顾我国的文化遗产保护历程，"监测"一直贯穿在文化遗产保护管理的实际工作中，可概括地分为以下几个阶段：

（1）执行法律、法规下的初步监测阶段

这一阶段是在现行法律、法规下，通过建立"四有"档案、执法巡查等行政手段开展监测，监测主要侧重于"监督""检查"，但还未明确"监测"在文化遗产保护中的定位。

自 1961 年国务院公布第一批全国重点文物保护单位以后，国家文物局就提出文物保护单位要竖立说明牌、划定保护范围、要求保护管理机构派专人管理、建立记录档案（简称"四有"）。早在 1982年颁布实施的《文物保护法》中就明确规定：各级文物保护单位，分别由省、自治区、直辖市人民政府和县、自治县、市人民政府划定必要的保护范围，作出标志说明，建立记录档案，并区别情况分别设置专门机构或者专人负责管理。通过开展"四有"工作，各级文物保护单位建立的保护管理机构，对所管辖的文物进行日常看护管理。

1992 颁布实施的《文物保护法实施细则》规定："古文化遗址、古墓葬、石窟寺和属于国家所有的纪念建筑物、古建筑，被核定公布为文物保护单位的，由县级以上地方人民政府设置专门机构或者指定机构负责管理。其他文物保护单位，由县级以上地方人民政府设置专门机构或者指定机构、专人负责管理；指定专人负责管理的，可以采取聘请文物保护员的形式"；"文物保护单位有使用单位的，

---

① Bénédicte Selfslagh,《监测世界遗产：来自顾问团和世界遗产委员会代表团的观点》,《监测世界遗产》共有的遗产，共同的责任联合研讨会，2002 年 11 月 11 日至 12 日。
② 赵云、许礼林,《中国世界文化遗产监测》，中国建筑工业出版社，2017 年版。

使用单位应当设立群众性文物保护组织；没有使用单位的，文物保护单位所在地的村民委员会或者居民委员会可以设立群众性文物保护组织。文物行政主管部门应当对群众性文物保护组织的活动给予指导和支持。文物保护员一般为文物保护所在地村民担任，由文物保护单位的行政主管部门、单位与保护员所在的乡、村层层签订保护合同。保证对文物的日常巡查，遇有险情及时上报"。

《文物保护法》及《实施细则》规定设置保护机构，并根据具体情况指定责任人、保护员，并提出文物保护责任单位、个人承担日常巡查的职责，为开展文化遗产监测奠定了法律基础。

除此之外，《实施细则》还对文物监管的责任主体及监管的内容作出了规定。由县级以上地方人民政府设置专门机构或指定机构负责管理，并可采取聘请文物保护员的形式，监管内容主要有日常巡查，遇有险情及时上报。虽然这些规定提及了日常监测的有关内容等但较为笼统，缺乏一定的针对性，因此还未能上升到为保护管理做支撑的高度。

2011年，为推动各地文物行政部门、文物执法机构依法履行文物行政执法监管职责，提高监管效率与能力，及时发现、制止并依法查处文物违法行为，国家文物局发布了《文物保护单位执法巡查办法》。检查主要涉及四有工作，保护修缮、工程施工、考古发掘、旅游经营等。文物部门开展的文物执法检查，实际为反应性监测的一种形式，例如，文物保护单位是否划定保护范围和建设控制地带，是否作出标志说明，是否建立记录档案，是否设置专门机构或者专人负责管理；文物保护单位内及其保护范围、建设控制地带内是否发生违法建设行为；是否发生擅自迁移、拆除文物保护单位或者擅自修缮文物保护单位，明显改变文物原状的违法行为；是否发生擅自在原址重建已全部毁坏的文物保护单位，造成文物破坏的违法行为；是否发生施工单位未取得文物保护工程资质证书，擅自从事文物修缮、迁移、重建的违法行为；是否发生擅自改变国有文物保护单位的用途、转让或者抵押国有文物保护单位或者将国有文物保护单位作为企业资产经营的违法行为；是否发生将非国有文物保护单位转让或者抵押给外国人的违法行为；是否发生考古发掘单位未经批准擅自在文物保护单位内进行考古发掘的违法行为；是否发生未经批准擅自在文物保护单位开展经营性活动的违法行为。可以看到，执法巡查的内容已经涵盖了诸多遗产监测的内容，并按照文物保护单位的级别规定了巡查的主体、周期、程序等。但文物执法检查以惩戒违法行为为目的，与"监测"的含义有着很大差别。

从开展"四有"工作，到文物行政部门、文物执法机构开展的执法巡查，再到文物保护管理机构的日常巡查。这一阶段的"监测"，是从文物部门的职责出发，按照《文物保护法》及《实施细则》《文物保护单位执法巡查办法》等法律法规中的有关规定开展具有部分"监测"内容的初步工作，"监督"的意味大，科学获取数据、"测"的含量小。

（2）与国际文化遗产保护理念接轨阶段

1994年，联合国教科文组织颁布的《保护世界文化和自然遗产公约》（1994年修订）及其《操作指南》就已经将"监测"作为世界遗产申报和保护管理机制的核心内容，要求缔约国必须建立包括衡量、评估世界遗产保护状况的关键指标、影响因素、遗产保护措施、审查周期和负责机构等内容的监测体系，并提交定期报告。在此框架下，定期报告、反应性监测、强化监测等工作机制得以建立并不断完善。① 同时，当《世界遗产名录》上的某项遗产受到了严重的特殊威胁，委员会应该考虑将该世界遗产列入《濒危世界遗产名录》。当具有突出的普遍价值且已经列入《世界遗产名录》的遗产受到破坏，委员会应该考虑将该遗产从《世界遗产名录》上删除。

随着世界遗产委员会对遗产地监测工作的要求提高，中国也通过制定、颁布并实施遗产监测的专项规章制度、规范标准等将本国遗产地监测与国际文化遗产监测理念、方法等接轨。

2006 年，文化部，国家文物局出台的《世界文化遗产保护管理办法》（国务院中华人民共和国文化部 2006 年 11 月 14 日，第 41 号令）第十三条明确提出了"监测"工作的要求：省级人民政府应当为世界文化遗产确定保护机构。保护机构应当对世界文化遗产进行日常维护和监测，并建立日志。发现世界文化遗产存在安全隐患的，保护机构应当采取控制措施，并及时向县级以上地方人民政府和省级文物主管部门报告。

2008 年国家文物局发布的《中国世界文化遗产专家咨询管理办法》第六条提出在进行世界文化遗产监测、巡视工作时，国家文物局可征询专家委员会意见，或委托专业咨询机构进行咨询，也可直接听取专家意见。

2011 年，国家文物局颁布《关于加强世界文化遗产监测管理工作的通知》（文物保函〔2011〕1669 号），将世界文化遗产监测预警体系作为"十二五"期间世界遗产重点工作之一，从相关制度、机构建设、监测内容、监测试点等方面明确了要逐步建立我国世界文化遗产监测预警体系。

为推进文化遗产监测工作，国家文物局于 2007 年、2010 年、2011 年先后三次召开世界文化遗产监测工作会议，部署推进相关工作。2007 年 11 月，国家文物局在敦煌召开世界文化遗产监测大会。会议指出"当前建设性破坏、过度旅游开发、日常管理不善和保护不当依然威胁着世界文化遗产地的安全；因此，强化世界文化遗产的监管体制，尽快建立全国的动态监测体系是重点工作之一。"这次会议的一项重要成果就是出台了《世界文化遗产监测规程》（征求意见稿）（简称《规程》）。该《规程》对监测范围、术语、监测实施、监测结果与评价、监测报告的内容格式做了详细规定，是我国在世界文化遗产监测方面第一个具有指导性的技术规范，为下一步各遗产地开展监测工作提出了技术要求和评估标准。

2010 年"世界文化遗产监测工作会议"，国家文物局提出建立一个比较完善的预防为主、先进高效、可操作性强的世界文化遗产监测管理体系；加强日常监测工作，完善年度报告制度。在开展日常监测工作的基础上，认真分析总结监测工作中发现的问题，查找原因，研究对策，并将解决措施融入世界文化遗产的日常管理工作中，避免只监测、不应用的情况；强化省级文物行政部门的监测管理责任。

2011 年"世界文化遗产监测工作会议"提出"十二五"时期世界文化遗产监测管理工作目标是，建设具有世界一流水平和中国特色的世界文化遗产监测预警体系。在世界遗产监测管理方面将重点推动四项工作，一是构建法规体系，二是完善工作机制，三是加强能力建设，四是建立信息系统。

这一阶段，中国世界遗产监测充分学习国际文化遗产监测的理念与方法制定并颁布中国文化遗产监测的一系列规章制度，明确了各级文物保护行政、业务管理机构的监测职责，"监测"成为世界遗

---

① 《中国的世界文化遗产监测预警总平台》，乔云飞、赵云，《中国文物报》，2014 年 10 月 31 日，第 005 版。

产地管理机构一项重要的工作内容。应该说，这一系列管理办法的出台，已经初步构建了我国文化遗产监测管理框架，在法律法规、体制机制方面确定了监测在世界文化遗产保护管理中的重要地位；中国文化遗产遗产监测有了明确的目标——建立国家级世界文化遗产监测预警体系。

（3）世界遗产监测规范化、科学化阶段

随着国际、国内认识、要求的不断提升，各文化遗产地行政管理部门、管理机构也紧跟国家文物局工作部署，着手建立监测中心，结合现代信息技术开展多种形式、多项内容的监测。世界遗产监测从符合国际组织对世界文化遗产监测的基本要求，逐步走向科学化、规范化，并逐步建立起中国世界文化遗产监测预警体系。

单霁翔在2011年中国世界文化遗产监测管理工作会议上的讲话中提出，"十二五"期间要建立中国世界文化遗产监测预警体系。监测预警体系建设涉及我国世界文化遗产保护管理的各个方面，范围广、起点高、难度大，工作任务十分艰巨。为了完成规划目标，如期建成中国世界文化遗产监测预警体系，在"十二五"期间重点推动构建法规体系，完善工作机制，加强能力建设，建立信息系统等四项工作。

2011年6月，中国文化遗产研究院成立中国世界文化遗产监测中心，成为世界遗产监测的专门管理和研究机构。国家文物局先后选取了苏州园林等12个遗产地开展监测系统建设试点工作，建设了遗产地、省（市）文物局、国家文物局（中国世界文化遗产监测中心）三个管理层次，监测预警子系统、遗产地监测预警体系评估子系统、专项监测子系统等多个子系统构成的"中国世界文化遗产监测预警总平台"（以下简称总平台）；初步形成了包括36项世界遗产地高清影像和地形图、所有遗产地的保护区划图、10处遗产地的遗产要素分布图、所有遗产的申遗文本及大会决议等基本资料的数据库。除长城、丝绸之路、大运河以外的所有遗产地都具备了高清影像和地形图，大运河还有了大比例尺地形图。

世界文化遗产地监测工作有了长足的发展。2016年，向国家监测总平台提交年度监测报告81个遗产地管理机构中有近63%的遗产地都建立了专职监测机构。[①] 其中部分遗产地通过建立监测系统以实现监测工作的信息化管理，目前建立并在用的遗产地监测系统14处（其中重建3处），其中，左江花山岩画文化景观、鼓浪屿、新安函谷关、大运河、海龙屯、龙门石窟实现了与总平台的对接；各个遗产地以开展日常巡查为基本手段，安装了摄像头、气象站、风力测速仪、湿度测定仪、温度计、冲蚀探针、位移监测、等前端监测设备；除传统的人工测量之外，使用便携式终端，采用全站仪、数码显微镜、裂缝观测仪、三维扫描仪等各类便携式设备获取监测数据，并利用遥感影像对比等各种技术开展监测工作。

近年来，文化遗产监测工作越来越得到各级文物行政管理部门、遗产地管理机构的重视。尤其是以世界文化遗产为代表文物保护机构在监测体系建设、手段方法等方面都对文化遗产监测进行了深入地实践。这一阶段，我国逐步建立起中国世界文化遗产监测预警体系，文化遗产监测工作逐步规范化和科学化。

2. 其他行业的监测

监测作为风险管理理论的重要支撑手段，在金融、环境、气象、水文、国土资源等领域也得到了广泛应用，对提升上述行业的管理水平起到了良好的作用。

---

① 《中国世界文化遗产2016年度总报告》，中国世界文化遗产中心，2017年6月。

以环境监测为例，中国的环境监测工作起步于 70 年代，经过近 40 年的发展，环境监测工作已经从制度规范、组织机构等方面建立了较为成熟的体系。

其一，法制规范方面，从立法层面确立了监测在环境保护中的法律地位。1979 年的《环境保护法（试行）》提出，"统一组织环境监测，调查和掌握全国环境状况和发展趋势，提出改善措施"，标志着环境监测成为国务院环境保护机构的主要职责。1983 年 7 月，《全国环境监测管理条例》颁布实施，颁发单位城乡建设环境保护部，明确规定了机构的职责与职能、环境监测的任务、监测站的管理、环境监测网、报告制度。之后，环保部门先后颁布实施了《污染源自动监控管理办法》《环境监测管理办法》《污染源自动监控设施现场监督检查办法》等一系列环境监测规章、标准和政策文件。其中，2007 年颁布的《环境监测管理办法》中明确规定，环境监测工作是县级以上环境保护部门的法定职责，各级环境保护部门应当设立环境监测机构，并在本行政区域内分别负责组建国家级、省级、市（州）级、县级环境监测站。

其二，在环境监测体系架构上，1983 年 7 月，《全国环境监测管理条例》颁布实施，明确规定了环境监测机构的职责与职能、环境监测的任务、监测站的管理、环境监测网、报告制度。新《环保法》又从国家、省、县三级，对环境监测法定义务和职责进行了规定，并设置了国家环境质量监测站（点）。

其三，积极建立环境监测政府为主导、政府和市场共同运作、政府和社会共同生产环境监测信息的模式。在现有环境监测组织体系下，为适应社会对环境监测的需求，满足不断扩大的环境监测市场，国家逐步开放了环境监测（实验室等）领域，一些民营机构实验室成立并开展业务。为了加快中国环境监测的社会化、市场化或民营化运作，进入 21 世纪以来，政府有关部门陆续出台了进行环境监测社会化试点、鼓励非政府环境监测机构开展环境监测活动的政策。

目前全国已有各级环境监测站 2587 个，监测人员近 5 万名，形成了以中国环境监测总站为中心，省、市、县环境监测站为区域监测力量的全国 4 级环境监测体系，初步建成了覆盖全国的国家环境监测网，形成了比较成熟的监测体系。中国环境保护部每年发布《中国环境状况公报》，环境监测在环境管理中的作用变得更加突出，社会公众对环境监测公共服务能力的需求也进一步加大。

总体看，环保行业建立了较为完善的法律制度体系、构建了从国家到地方、监测专业机构的权责明确的管理体系，从数据的采集、分析、使用、发布等建立了成熟的工作流程和技术体系，具备了承担专业监测、数据分析能力的专业机构队伍，数据分析、反馈、应对等机制完善。

相较于环境监测，文化遗产监测面临更多复杂的问题，一是，不同的遗产地其本体及环境状况存在不同程度的差异，很难统一监测内容、使用单一的方法采集监测数据，更需要个性化订制；二是，文化遗产监测工作缺乏专业机构的支持。文化遗产地的监测工作往往由遗产地的日常管理机构承担，这些机构除了"监测"之外还需要同时承担本体的保护、安全等其他工作，对于专业化要求较高的监测工作来说，这些机构的专业水平有限。三是，在文化遗产监测法制方面，虽然已在国际公约框架下制定了国内文化遗产监测的各项规章、制度、规范等，但文化遗产监测尚未在立法层面得以确立。因此，文化遗产监测在专业性与制度的刚性方面还较为薄弱。

第一章　监测与文化遗产保护

　　"监测是随着世界遗产保护发展而受到广泛关注的一种保护方式，它可以及时发现和处理文化遗产保护中出现的问题，实现对文化遗产最早和最低限度的干预，最大程度地保护其真实性和完整性"[①]

　　《中国文物古迹准则》作为中国文物保护工作的重要行业规则，使世界文化遗产在保护、监测、展示等方面的先进理念和方法在中国得到了普遍运用。新版的《中国准则》将包括监测在内的系统化和预防性保护进一步融入文化遗产保护体系当中，正说明了"监测"是文化遗产保护的重要组成部分。

　　2013年，在国家文物局的组织实施下，启动建立国家级世界文化遗产监测预警体系，一方面中国世界遗产监测工作取得了长足的发展。另一方面，各个遗产地也不同程度地围于监测系统运转效率不高、缺乏系统性的规划、专业人员缺乏等困境。

一、监测与文化遗产保护的关系

　　"监测是世界文化遗产管理的基本组成部分，它不仅是加强管理的方式，也为保护规划和管理策略提供重要信息依据"[②]。

　　"监测工作在于通过对衡量遗产保护状况指标的测定，确定遗产突出普遍价值以及完整性与真实性的保持状况及其变化趋势，以便于保护管理机构及时采取相应的处置措施，有效防范风险"[③]。

　　监测通常表现为采用各种技术手段采集、分析、评估数据，但究其根本监测并不仅仅是技术手段，"监测是认识文物古迹蜕变过程及时发现文物古迹安全隐患的基本方法"[④]。实际上，对文化遗产的调查记录、日常巡视、保护维修前的勘察测绘等记录本体及环境的各种工作都属于监测。

　　根据《中国文物古迹保护准则》（以下简称《准则》），文物古迹保护和管理工作可以依次分为文物调查、评估、确定各级文物保护单位、制订保护规划、实施保护规划、定期检查规划等程序。监测与文物保护的整个程序密切相关，《准则》明确要求"文物保护规划的定期评估应与文物古迹监测体系建设相结合"，"记录档案……至少应包括5种内容，即历史文献汇集、现状勘测报告、保护工程档

[①] 童明康，《树立科学保护理念完善保护理论体系》，《中国文物古迹保护准则》修订前言，2015年。
[②] 中国世界文化遗产中心，《中国世界文化遗产地监测工作指导意见》，2016年7月。
[③] 中国世界文化遗产中心，《中国世界文化遗产地监测工作指导意见》，2016年7月。
[④] 《中国文物古迹保护准则》第四章保护措施第25条。

案、监测检查记录、开放管理记录"，"保护措施是通过技术手段对文物古迹及环境进行保护、加固和修复，包括保养维护与监测、加固、修缮、保护性设施建设、迁移以及环境整治"。

（一）文物调查

监测可以说是对文化遗产的"持续性调查"。一方面，调查获得的文化遗产本体、环境、有关文献等大量资料奠定了监测档案的基础。另一方面，对遗产本体及其环境的监测补充了遗产本体及其环境变化的信息，是遗产档案实现动态更新的重要途径。

（二）评估

评估的主要内容包括文物价值、现存状态和管理条件。评估是监测的重要环节，也是确定监测内容、采用何种监测技术的重要依据；价值、现存状态、管理条件等评估内容也是重要的监测对象。

价值评估：监测的目的就是要保证遗产价值载体的原真性和完整性。价值评估中对文化遗产历史、艺术、科学价值的研究，是确定遗产价值载体的基础。

现存状态评估：现状评估包括对本体所处自然和社会环境状态的主要问题和对文物古迹的影响[1]，以及本体"结构的稳定和材料残损退化的状况"，这些都与监测指标的确定密切相关，同时也是监测的重要内容。

管理条件的评估：管理状况是监测的重要内容。对文物古迹管理条件的评估反映了保护管理机构实施监测措施、应用监测技术、应对监测风险的能力。

（三）确定各级保护单位

确定各级保护单位和开展"四有"工作是文化遗产保护管理最重要的基础工作。这些工作对将文化遗产纳入"国家科学、法制、有计划的管理体系之中，进行有针对性的保护"[2] 具有重要的意义。同时，确定各级文物保护单位的情况也是监测文物保护管理机构"管理状况"的重要内容。

（四）制定保护规划

制定保护规划为开展更具针对性的监测提供了依据，保护规划中的"保护措施""利用功能"等都是监测的内容。制定保护规划阶段，需要对"实物遗存及其环境现状勘测分析、管理条件评估"，"评估文物本体及其环境的保存、保护、管理和利用现状，分析主要破坏因素"[3]，因此在规划阶段提出监测工作的内容、重点，方法等更具针对性。事实上，监测本身也是保护规划的一项重要内容。《关于〈文物古迹保护准则〉若干重要问题的阐述》[4] 在"文物保护总体规划"章节中谈到"日常保养与监测制度""安全防灾措施""开放容量限制"等是重要的"管理手段"，而这些内容也都与监测直接

① 国际古迹遗址理事会中国国家委员会，《关于〈文物古迹保护准则〉若干重要问题的阐述》，2000 年 10 月承德。
② 国际古迹遗址理事会中国国家委员会，《中国文物古迹保护准则案例阐释》，2015 年。
③ 《全国重点文物保护单位保护规划编制审批办法》，文物办发〔2003〕87 号。
④ 国际、古迹遗址理事会中国国家委员会，《中国长城博物馆》，2013 年第 2 期。

相关。

（五）实施保护规划

实施保护规划主要是为实现保护规划中各项保护措施而制定的专项设计及专项设计的实施。各项保护措施对文化遗产本身产生的影响是重要的监测对象。通过监测，评估保护措施是否对本体的原真性和完整性造成影响，并对不当的保护措施及其造成的不利影响作出决策响应。

（六）定期检查规划

定期检查规划的目的是总结规划实施的效果和经验，如发现缺陷和新的情况，可对规划作适当调整。进行文物古迹的定期监测，有助于及时掌握古迹的各方面情况，为制定、修改保护规划提供重要依据。[①] 文物保护规划的定期评估应与文物古迹监测体系建设相结合。[②]

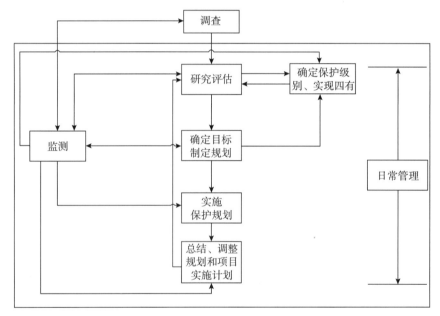

图 1 - 1　监测与文化遗产保护的关系

由此可见，监测并不是孤立于文化遗产保护的技术手段，而是贯穿于文化遗产日常管理各个环节的有机组成部分，监测参与文化遗产保护管理的过程也是文化遗产保护管理水平提升的过程。

二、中国世界文化遗产监测体系分析与评估

2005 年，国家文物局启动建立中国世界文化遗产监测预警体系，极大地推动了各个遗产地监测工作的规范化和科学性。

---

① 国际古迹遗址理事会中国国家委员会，《中国文物估计保护准则案例阐释》，案例 41《世界遗产武当山古建筑群保护状况定期监测》。
② 国际古迹遗址理事会中国国家委员会，《中国文物保护准则案例阐释》，第 23 条。

（一）世界文化遗产监测体系

2012 年，国家文物局在中国文化遗产研究院设立中国世界文化遗产监测中心（以下简称世界遗产监测中心），作为我国世界文化遗产监测的国家研究中心，指导各遗产地共同建立中国世界文化遗产监测预警体系。

按照国家文物局的部署，我国世界文化遗产监测体预警体系包括以运行机制和管理程序为主要内容的制度规范系统，以专业研究能力和综合管理能力为主要内容的人力资源系统，以规范有效的信息记录、分析、传输、响应过程为主要内容的工程技术系统。在国家监测体系下，遗产地按照属地管理的原则，构建遗产地的监测体系。

图 1 - 2 中国世界文化遗产监测预警体系

中国世界文化遗产监测预警体系的运行机制和管理程序，分为遗产地、省、国家三个管理层次，按照"遗产地—总平台"两级建立世界文化遗产监测平台。

国家文物局统一制定我国世界文化遗产监测的总体规划、技术标准和工作规范，推动建设全面覆盖各遗产地的监测信息系统，督促指导各遗产地开展监测工作。省级文物行政部门监督指导本地区世界文化遗产的监测工作。世界文化遗产保护管理机构和所在地方人民政府作为世界文化遗产保护管理和监测的责任主体，负责组织开展监测工作，并根据相关信息及时采取处置措施。[①]

1. 制度规范系统

制度方面，以《文物保护法》及其《实施条例》等法律、法规，《中国世界文化遗产监测巡视管理办法》等部门规章为基础，中国世界文化遗产监测中心制定了《中国世界文化遗产地监测工作指导意见（征求意见稿）》，指导各个世界遗产地开展监测工作。

规范标准方面，制定了《中国世界文化遗产基础数据规范》《中国世界文化遗产监测数据规范》《中国世界文化遗产监测报告体例》《中国世界文化遗产监测预警总平台数据对接技术规范》等规范标准。

其中，《中国世界文化遗产监测数据规范》是指导遗产地开展监测的重要技术性文件，包括监测数据总表、元数据表、监测指标等内容。遗产地可参考该规范并结合自身保护管理需求，设置并采集监测数据，并由此自动生成监测指标值。监测数据包括申遗承诺、机构与能力建设、遗产基础信息、总体格局变化、遗产使用功能变化、遗产要素单体、本体与载体病害、自然环境、建设控制、社会环境、旅游与游客管理、日常管理、安防消防、考古发掘、保护展示与环境整治工程、保护管理规划 16 大类 56 个监测项，并从 56 个监测项中提取 37 项作为世界遗产监测的通用指标。这一指标体系是在综合考虑各类世界遗产地的基本监测需求的基础上设立的，包括本体监测指标、影响因素、保护管理行

---

① 《中国世界文化遗产监测体系建设规划（2013—2020）》，中国世界文化遗产监测中心。

为、安全保障监测等内容，几乎涵盖了遗产保护管理的方方面面，也是各个遗产地监测系统与总平台互通的"规定动作"。37 项监测指标具有可拓展性，各个遗产地可根据自身需要设置监测指标，例如，鼓浪屿在 16 大类 56 个监测项的数据基础上，生成了几百个监测项。

2. 人力资源系统

国家层面，成立中国世界文化遗产监测中心，作为世界文化遗产监测、研究和保护的国家级平台。

按照世界文化遗产监测体系的设计要求所有世界文化遗产地建立专门的监测机构，配置必要的专职监测人员。截止 2016 年 12 月，所有的世界遗产地均设有保护管理机构，其中专职管理机构 61 个，63% 设立了专职监测机构。① 监测机构分为两类，一类是作为遗产保护管理机构的内设部门，如故宫世界文化遗产监测中心、颐和园世界文化遗产监测中心等，另一类是在保护管理机构下设具独立法人资格的二级事业单位，如杭州西湖世界文化遗产监测管理中心，苏州市世界文化遗产古典园林保护监管中心。监测机构承担遗产地监测平台的运维、遗产地监测报告的填报等工作。

3. 工程技术系统

世界文化遗产监测总平台是工程技术系统建设的重点内容，旨在通过信息化手段构建监测世界文化遗产保护管理状况和促进世界文化遗产保护管理水平提升的机制。

工程技术系统主要包括两个方面：遗产地基础数据库建设和系统平台建设。

基础数据库包括遗产基础信息、保护管理、文献 3 大类。基础数据是监测工作的基准，通过数字信息化，使遗产完整性、真实性的资料得以永久保存。

建设以国家级监测中心和遗产地两级为主的中国世界文化遗产监测预警信息系统，国家层面建立总平台，遗产地根据需要建立地方平台并按照规则实现与总平台的对接。截至 2017 年，29 项世界文化遗产、35 处世界文化遗产地（1 项世界文化遗产可包含多处世界文化遗产地）建立了监测预警平台。②

截至 2015 年底，总平台已完成 23 项遗产 25 处遗产地部分基础数据采集工作。其中左江花山岩画、龙门石窟、海龙屯、大运河、鼓浪屿、新安函谷关、乐山大佛 7 处世界遗产实现了与总平台的对接。总平台运转以来，通过遗产地在线填报报告及省、国家在线审阅的方式，实现国家、省（市）、遗产地三级联动的监测体系。截止 2016 年 3 月，共有 35 项遗产 75 处遗产地通过平台提交了监测报告。中国世界遗产监测中心从机构和能力建设、遗产本体监测、遗产影响因素、遗产保护管理体系等 4 个方面，对遗产地监测报告进行整理汇总，编写年度总报告。目前，中国世界遗产中心完成了总平台数据对接规范设计，为下一步全面实现遗产地监测平台与总平台的对接奠定了基础。

（二）遗产地监测工作

各个世界遗产地采用人工巡查、移动终端技术、安装前端监测设备、建立监测平台等各种手段不同程度地开展了监测工作。通过整理故宫、颐和园、丽江古城、大足石刻、龙门石窟、登封"天地之

---

① 《中国世界文化遗产 2016 年度总报告》，中国世界文化遗产中心。
② 《我国世界文化遗产监测预警体系建设现状分析报告》，中国文化遗产，2018 年第 6 期。

中"、周口店北京人遗址、秦始皇陵及兵马俑、莫高窟、天坛、泰山、大明宫遗址等 81 处世界遗产地 2015、2016 年度监测报告，并综合丽江古城、苏州古典园林、周口店北京人遗址、西湖文化景观、大足石刻、高句丽王城（王陵及贵族墓葬）等 6 处世界遗产的监测试点工作，从监测内容、监测方法等方面对中国世界文化遗产地监测成效进行评估如下：

1. 监测内容

遗产本体监测是遗产地监测工作的重点。本体监测主要通过人工观察，并结合自动监测设备及测量、测绘手段对文化遗产本体的总体格局、遗产使用功能、遗产要素单体、病害等遗产本体保护状况进行监测。

影响因素监测方面，包括自然环境、灾害、建设控制、社会环境、旅游与游客。自然环境是影响因素最主要的监测内容，据统计 81 处世界遗产地中共有 61 处开展了自然环境监测，包括气温、湿度、风向、风速、气压、降水、大气质量、水质等。灾害监测包括火灾、病虫害、植物破坏。各遗产地的建设控制监测主要是对新建项目的批准情况进行记录。社会环境监测方面，对遗产地遗产区和缓冲区内工业生产、人口情况进行统计。旅游与游客监测方面，有 70 处遗产地对游客人数、门票收入等旅游数据进行了采集。

各遗产地安防消防、考古发掘、保护展示与环境整治工程、保护管理规划编制与执行、科研课题等有关管理情况进行了记录和统计分析。

安防消防方面包括对摄像头等安防器材的数量，事故类型、处理情况等进行统计；考古发掘情况的统计内容主要包括考古发掘项目名称、经费、发掘面积等；保护展示与环境整治工程是对工程项目的名称、类型、工程起止时间、经费、审批情况进行统计；保护管理规划编制与执行情况，对各遗产涉及的规划公布情况、执行情况等进行统计；科研情况对遗产保护相关课题的研究方向进行了分析。

2. 监测方法

通过对近两年来部分遗产地提交的年度监测报告分析，目前世界遗产地监测主要以人工观察为主，同时辅助前端监测设备、实验室检验等手段，并利用气象、环境、交通等其他行业平台数据的方法开展监测。

1）人工巡查

人工巡查是各个遗产地在日常监测中普遍采用的传统方法，具有直观、经济的优势。但人工巡查仅能发现明显病害及突发情况，只有病害发展到肉眼可以分辨的阶段才能被发现和处置，多为事后监测，预判性差。

世界遗产地的人工巡查主要以手写记录并配备照相、测量工具等辅助设备进行记录。例如，颐和园设置了景观观测点，通过定期拍照对比，进行周边环境借景景观监测。然而，手写记录的追溯性差且存在保管风险，对数据的分析处理困难，可利用程度不高。

为提高人工巡查数据的规范性和科学性，镇江文物执法，湖北熊家冢、大运河、左江花山岩画、鼓浪屿等遗产地还采用手持移动终端开展文物执法巡查及日常监测工作。具体情况如下表：

表 1－1　遗产地移动终端应用简表

移动终端技术		应用遗产地
专门设备	经纬定位仪	大运河
	手持巡视仪	登封"天地之中"历史建筑群
APP	手机、平板电脑	镇江文物执法
		湖北熊家冢巡查
		左江花山岩画
		鼓浪屿

2）设备

通过对 2015—2017 年各个世界遗产地提交的年度监测报告中监测技术应用有关内容进行梳理，目前世界遗产地设备监测按照其使用条件，可以分为固定前端设备、可移动式便携设备、室内检测设备三类。（附录一：部分世界文化遗产地监测设备使用情况一览表）

固定前端设备：是指固定安装在遗产本体或周围环境，用于采集数据的各类设备、仪器，有的前端设备还利用互联网、物联网等与遗产地的监测系统平台连接，以实现数据的实时传输，有的则为离线设备，需要定期拷贝数据。

遗产地监测中所使用的固定前端设备共计 44 种，其中针对本体的 13 种，针对环境的 29 种（其中大环境 24 种，微环境 5 种），人为活动的 2 种。

针对本体的前端设备，一般需要安装在本体上，主要用于监测裂隙、应力应变、变形位移、地基、渗漏水等。

针对环境的前端设备，普遍集中在温湿度、空气质量、风速风向等方面，多数遗产地以安装小型气象站的方式开展环境监测。敦煌等个别遗产地，针对本体赋存的微环境进行监测。

人为活动监测，一般是对客流量及游客行为，主要借助摄像头和门票出售系统、门禁系统等。

可移动便携设备：是指非固定安装，可按照监测周期的需求携带至现场采集数据的各类仪器，共计 23 种，其中针对本体的 11 种，针对环境的 12 种。针对本体的可移动便携设备，主要用于测量本体裂缝、变形数据，针对环境的便携设备主要用于获取水土流失、水分、水质、空气质量等数据。

室内检测设备：是指从遗产地本体或周围环境提取需要分析的监测样本，对监测样本进行分析、检测的各类仪器设备。这类检测设备主要用于对本体的保存状况及某类病害的检测，共计 4 种。

3）监测系统平台

截止 2017 年，29 项遗产的 35 处遗产（大运河、丝绸之路、长城除外）地建立了监测系统。但部分遗产地监测平台由于运维管理、免费运维期限到期等问题出现异常。目前，有系统在用的遗产地 14 处，其中重建系统的遗产地 3 处（苏州园林、西湖、海龙屯），正在建设的 6 处，曾建系统已经弃用的遗产地 2 处（哈尼梯田、元上都），未建系统的遗产地 31 处（正在编制技术方案的 11 处）。

4）相关行业平台

为节约成本，部分世界遗产地与其他行业开展合作，利用气象、交通、环保等数据对遗产地所处的大环境进行监测。情况如下：

表 1 - 2　遗产地利用其他行业平台情况统计表

其他行业平台	获取数据	遗产地
气象	气象数据	丽江
游客疏散中心 （火车站、机场、客运站）	交通数据	丽江
气象、环保、旅游、国土、地质等部门形成了监测机制	气象、环保、旅游、国土、地质等数据	天地之中
北斗卫星降雨量监测系统	通过北斗卫星传输莫高窟周边实时降雨量	敦煌
敦煌气象局系统	莫高窟周边相关气象站点环境数据	敦煌

5）其他

除了采用各类监测设备外，部分世界遗产监测机构通过对比不同时期航片的方法对遗产地所处的大环境及本体的变化进行对比分析。

例如，敦煌对 2011 年、2013 年大泉河上游的卫星影像进行了对比；嘉峪关利用软件，对遗产核心区两期 5 千分辨率卫片进行了对比。

（三）监测成效

通过对中国世界文化遗产监测预警体系以及各世界遗产地监测内容与方法、技术的分析可以看到，世界遗产地监测内容覆盖面广，涵盖了遗产本体、环境、保护管理等各个方面；监测技术多样，采用了人工巡查、安装各种前端监测设备、移动采集设备、建立监测平台等各种方法。监测数据的采集流程日臻完整、效率逐步提高。

但通过对各遗产地监测工作年度报告分析，普遍面临着监测数据分析能力不足、监测辅助遗产保护管理决策效果不明显的问题。这些问题，一方面是由于文化遗产监测工作尚处于起步阶段，经验尚且不足；另一方面缺乏对遗产保护管理深入的需求分析，互相效仿多、针对性探索少，盲目性大。具体表现在：

1. 基础工作有待加强

遗产要素清单尚未完全识别清楚。颐和园、泰山、丽江古城等遗产构成复杂的遗产地，[1] 对反映遗产突出普遍价值的遗产要素识别存在困难，尤其是包括非物质文化遗产的世界遗产地对遗产要素的研究不足。

部分遗产地基础信息采集不够全面，缺少图纸、影像信息等，有的遗产地数据的数字化程度较低，后期统计分析不便；由于监测部门管理权限的限制，对新建项目、保护与展示工程等遗产保护相关数据的搜集、更新存在一定困难。

2. 监测工作缺少科学性、系统性的统筹规划

世界遗产地往往根据保护经验实施监测项目，或结合保护工程开展专项监测，缺乏系统的需求分

---

[1]　《世界文化遗产监测一期评估报告》，世界文化遗产监测中心。

析和研究。在此状况下确定的监测工作范围和内容很难切合遗产保护管理的需求，也不能有效地满足保护遗产突出普遍价值的要求；缺乏对遗产本体现状、病害、安全隐患以及各种可能的影响因素的充分分析，监测指标的针对性不强；盲目依赖设备，存在"过度监测"或设备布设不合理的问题；缺少对监测数据与监测数据之间、监测数据与遗产保护决策之间的关联性分析，监测数据的有效利用率较低；监测体系不够完整，缺少相应的处置机制，监测发现的问题没能及时处理和解决，监测工作为遗产保护管理提供决策支持的效果不明显。

3. 专业人员不足

目前，遗产地管理机构中有50%都建立了监测机构，但这些监测机构作为新成立的部门，人员往往由其他部门选调，存在专业不对口、业务经验缺乏等问题，整个队伍的知识结构、业务水平较低，不能有效地指导遗产地的监测管理工作，使得整个监测工作推进的广度以及深度都有待进一步提高。

4. 缺乏沟通和协调

一方面，监测中心作为遗产地管理机构中一个新建的部门，在与其他业务部门的沟通和协作方面缺少合理的机制，监测不能有效地融入到其他管理业务中去；另一方面，有的遗产地虽然已经与当地环境监测站、气象局建立了固定的合作关系，但由于与旅游、环保、气象、水利等其他行业还未建立常态化的协调与信息共享机制，繁复的接洽工作手续阻碍了准确、及时地采集监测数据，影响了监测工作的效率。

5. 监测系统运转效率不高

据2017年中国世界文化遗产监测年度报告，已有29项遗产的35处遗产地（大运河、丝路、长城除外）建立了监测平台，但遗产地的保护管理业务与系统建设存在脱节，利用效率并不理想。

其一，平台利用效率不高。部分遗产地难以通过监测平台了解遗产保护管理的现状并根据监测信息进行决策分析。平台数据缺乏更新机制或制度，造成大部分监测数据仍停留在存储状态，且更新不够及时。加上监测数据需要长期积累才能通过对比分析得到监测结论和建议，当前阶段为保护管理决策服务的作用还未能凸显。

其二，监测系统与遗产保护管理日常工作存在脱节现象。遗产地通过移动终端、人工巡检的方式开展日常监测工作，但这部分内容没能及时与监测系统衔接。部分遗产地手工填写报表上报的工作方式，需要将巡查记录重新录入监测系统，无形中增加了巡查人员的工作量。

三、世界遗产地监测

早在20世纪60年代，莫高窟就以建立气象站开创了中国世界遗产地监测的先河。大运河、莫高窟、苏州园林集中反映了遗产地在监测方面的做法和经验，是长城监测体系研究的重要借鉴。

（一）大运河

大运河地跨北京、天津、河南、河北、江苏、安徽、山东和浙江8个省、直辖市，共27座城市的

27 段河道和 58 个遗产点，河道总长 1011 公里，包括隋唐运河、京杭大运河、浙东运河的水工遗存、各类伴生历史遗存、历史街区村镇，以及相关联的环境景观等①。

大运河具有线性、活态遗产特性，时空跨度大，遗产要素类型丰富。管理、监测难度大。建立统一的监测系统平台是实现大运河整体保护的重要举措，然而由于管理条件的局限，大运河监测面临着挑战与困境。

1. 运行机制

大运河遗产保护实行统一规划、分级负责、分段管理的原则，在国家文物局、省文物局、遗产区三级管理架构的基础上建设国家、遗产地两级监测平台。

国家级监测机构负责策划、协调中国大运河的总体监测工作，指导各地开展工作；省级负责监督和指导本行政区域内的遗产监测工作；市县级（遗产区）负责协同本行政区域内大运河遗产的管理机构开展日常监测记录工作。

国家实行大运河遗产监测巡视制度，由国务院文物主管部门组织实施，定期发布监测巡视报告。大运河遗产巡视由国家和省级巡视系统构成，包括定期巡视和不定期巡视。

2. 监测方法

以大运河扬州段为例，大运河监测采用设备、遥感影像、人工巡查等方法开展监测工作。如，利用物联网技术安装红外感应器等对运河的水质、水文、船舶通过量、游览点的游客量、游客行为等进行监控；安装监控设备、水位监测仪器并利用空间信息技术对运河遥感影像进行对比。配备具有记录巡查路线、时间功能的经纬定位仪开展日常人工巡查。

3. 监测系统

在大运河三级管理体系下，建立运河遗产监测国家总平台和分布在各遗产区的地方平台。总平台负责策划、协调大运河的总体监测，制订制度与技术规范，组织反应性监测及巡视，定期发布监测报告等；地方平台负责本遗产区内日常监测，进行监测数据采集、分类整合与评估上报，发布预警信息并及时采取相关处置措施等②。

4. 评述

缘起于申遗的大运河监测工作，在后申遗时代面对新的困难与挑战。

第一，统一管理存在困境。

为开展大运河申遗，国家设立大运河保护和申遗省部际会商小组，协调大运河遗产保护中的重大事项，会商解决重大问题，"大运河联合申报世界文化遗产办公室"完成申遗使命后继续存在，并由江苏省文物局批复成立"大运河遗产保护管理办公室"。这一机构实际挂在扬州市文物局技术处，共有工作人员 10 人。作为大运河遗产全线管理机构，这样一个市级文物局下设的机构，实际仅拥有大运河扬州段日常监测管理的权限，至于大运河全线监测管理也主要是配合国家文物局开展其他运河遗产地的巡视巡查，对其他省区运河段并无实际的管理权。

第二，监测平台运行效果欠佳。

---

① 《大运河遗产保护管理办法》，中华人民共和国文化部令第 54 号，2012 年 8 月 14 日。
② 吴育华，《中国实际遗产监测的典范——大运河遗产监测与档案系统建设实践》，《世界遗产》，2014 年第 7 期。

大运河遗产监测平台由大运河遗产监测总平台及各遗产地通用平台共同构成。总平台部署在北京，由中国文化遗产研究院世界文化遗产监测中心①负责管理。通用平台则应用于大运河沿线 31 个遗产区，由各遗产地管理部门分别管理。整个平台覆盖全线 116 个遗产点、对 288 个监测指标的数据采集与预警处置，实现了大运河全线遗产基础数据和监测、保护现状数据的统一展示。②

通过调研大运河扬州段监测平台的使用状况，限于管理体制，目前分平台的各项数据更新不够及时，平台运行缺乏活力。

（二）莫高窟

1987 年，敦煌莫高窟作为首批中国世界文化遗产的杰出代表被列入世界遗产名录，是中国乃至世界上规模最大、绵延最久、内涵丰富、艺术精湛、保存良好、影响最大的石窟。联合国教科文组织世界遗产委员会根据世界文化遗产遴选标准，认为莫高窟符合世界文化遗产的全部六条标准。自公元 4 世纪创建以来，莫高窟经长达千年的不断营建，在鸣沙山东麓大泉河西岸 1.7 千米长的崖体上共有洞窟 735 个，其中有壁画、彩塑的洞窟 492 个，保存了 45000 多平方米壁画，2000 多身彩塑；还有唐宋木构窟檐 5 座，历代修建的舍利塔群和清代所修建的 3 座佛寺、道观。莫高窟文化遗产的构成要素复杂且本体保存现状脆弱，预防性保护是莫高窟长期秉持的管理理念。

莫高窟的监测经历了一个从无到有、从简单到复杂、从直觉判断到使用仪器、从被动到主动的过程。经过 30 年的积累，已经形成了成熟的监测体系，监测成效显著。监测的内容包括对敦煌莫高窟环境监测、洞窟文物本体监测、莫高窟安全防范监测、游客调查与监测等内容。科学的监测结果为莫高窟的保护、管理起到了积极的推进作用。③

1. 管理体制

敦煌研究院作为莫高窟的专职保护管理机构，下设莫高窟监测中心，为莫高窟的专职监测工作机构，负责制定《监测预警系统运维管理制度》，对莫高窟洞窟环境监测预警系统进行运维，确保其软、硬件正常运行及环境监测设备和探头监测数据准确，设备运转良好，并对榆林窟、西千佛洞、麦积山、炳灵寺、北石窟寺等地的监测设备维护进行相关技术指导。

2. 监测方法

莫高窟监测主要使用的各类监测设备包括无线传感设备、探头、视频采集设备、网络设备、环境气象站、监测中心的服务器、监测屏幕等，并结合各种分析检测技术。

莫高窟针对不同的监测内容采用了不同的监测方法，以满足监测的多层次需求。宏观环境方面：利用现代测绘手段；卫星、航拍影像比对地形地貌的变化；建立全自动气象站、风速风向自动采集仪、可移动测风梯站及阶梯式积沙仪，并采用视频监测点复核对风沙进行监测；对整个遗产地气象变化通过建立全自动气象站、携带各个监测探头自动监测，并利用空气质量监测仪定期采集数据；安装雨量监测站监测当地降雨量，安装水位计和流速仪，并采用视频监测点复核；在观测井内放入地下水水位

① 现更名为"中国世界文化遗产中心"。

② 大运河遗产保护管理办公室公网，http：//www.chinagrandcanal.com/view.php? id=6749

③ 樊锦诗，《基于世界文化遗产价值的世界文化遗产地的管理与监测—以敦煌莫高窟为例》，《敦煌研究》，2008 年第 6 期。

计进行水位、水质监测、土壤含水率的监测。采用温湿监测仪、高精度 CO_2 监测仪、大气颗粒物自动监测仪、微振动监测传感器监测和传声器监测、VOC 监测仪、微风监测仪、定期巡查、采样分析检测分别对洞窟的温湿度、CO_2、大气颗粒物、振动及噪声、VOC、空气扰动、微生物等洞窟的微环境进行监测。

3. 监测体系的建立

2012 年，国家文物局批准"敦煌莫高窟世界文化遗产监测体系建设"（以下简称莫高窟监测体系）项目立项。莫高窟监测体系包括前端数据采集系统、监测体系支撑系统两大部分。前端数据采集系统用于采集温度、相对湿度、风速、风向监测指标。监测体系支撑系统包括业务应用系统、软件支撑平台和硬件支撑平台。目前，莫高窟风险监测体系已经完成了部分监测要素采集系统的安装、数据传输系统的构建、部分支撑软件的开发和监测中心的建设，系统已经开始运行并发挥作用。①

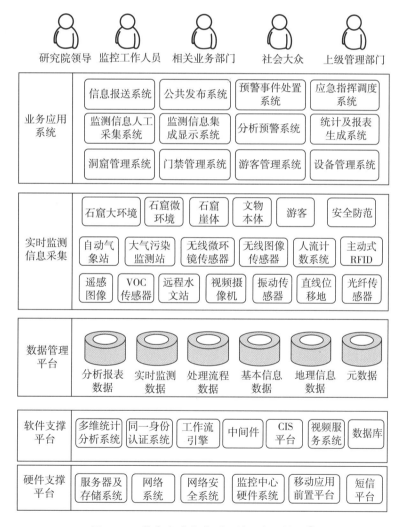

图 1–3　莫高窟遗产监测系统平台架构图②

---

① 王旭东，《基于风险管理理论的莫高窟监测体系构建与预防性保护探索》，《敦煌研究》，2015 年 1 期。

② 同上。

监测体系的用户既包括研究院领导决策层、监控工作人员、相关业务部门，也面向社会大众和上级管理部门。对于领导决策层，可以通过监测体系及时获取监测报表、监测分析报告、重大的预警信息，通过系统做出决策响应。监测工作人员主要由最主要的三个职能部门：总监控中心、游客监控中心、安防监控中心的人员组成。总监控中心负责遗产日常监测，游客监控中心负责游客监测，安防监控中心负责安防监控和遗产监测中的地震、风沙、火灾、洪水监测。各监控中心工作人员负责各自监测内容相关的日常监测、接收、上报、发布相关的普通预警信息，重大预警信息，参与事件的处置工作，并负责生成相关的监测报表和监测分析报告。对于相关业务部门工作人员，可通过本体系及时获取各自相关的预警信息，并参与事件的处置，同时也可以主动向监控中心上报各种事件。对于普通大众，可以从门户网站获取各类监测信息，并可以通过该体系完成参观预约等操作。上级管理部门可以从该体系获取相应的上报信息和资料。

4. 评述

早在 20 世纪 60 年代初，莫高窟崖顶首次建立了气象观测站，监测窟区的气温、相对湿度、降雨量、日照、风速、风向和积沙等。经过长期的数据积累和分析，莫高窟得到了对窟区气象环境的科学评估，并为治沙和壁画保护、崖体加固提供了依据。目前，莫高窟采用无线传感设备、探头、视频采集设备、网络设备、环境气象站、分析检测技术等手段开展监测；在长期的数据积累和对本体及其环境病害调查、评估分析的基础上开展有针对性的监测，逐步完善监测对象和内容。监测工作取得的良好效果，为莫高窟保护管理决策提供了强有力的支撑，受到了业界的好评。尤其是，这种监测体系组织架构上与管理业务相结合、重视监测数据分析，并通过长期数据积累确定科学的监测阈值的做法值得其他遗产地借鉴。

（三）苏州园林

苏州古典园林位于江苏省苏州市境内。1997 年，拙政园、留园、网师园、环秀山庄被列入《世界遗产名录》，2000 年扩展了沧浪亭、狮子林、艺圃、耦园和退思园。

2006 年作为国家文物局世界文化遗产监测试点单位，苏州古典园林率先建立世界文化遗产动态信息系统和监测预警系统，启动了对 9 处世界遗产园林的全面监测。通过试点项目，建立了监测系统平台并开发了移动终端，采用安装前端设备、人工巡查等多种方式开展监测，积累了宝贵的经验。

1. 管理体制

苏州市园林和绿化管理局是市政府责任管理部门，下设遗产监管处、遗产保护监管中心、各遗产园林管理处等专门的管理部门，是苏州园林的行政管理机构。苏州市园林局于 2005 年正式成立世界遗产监测管理中心，现共有专职工作人员 7 名，是苏州园林的专职监测机构。

2. 监测体系

苏州古典园林监测系统确定了"一级平台、二级管理"的基本框架。一级平台是指苏州古典园林管理动态信息系统和监测系统平台，二级管理是指苏州古典园林保护监管中心和各基层遗产单位。

苏州古典园林保护监管中心作为苏州园林专业监测机构，负责世界文化遗产苏州古典园林监测信息平台的建设与维护，制定监测技术标准，开展监测管理工作的科学研究，提供监测管理信息服务。

列入《世界遗产名录》的苏州古典园林各管理单位，负责本辖区内遗产监测信息的采集、校验、录入、分析、预警、处理，根据监测对象的不同类别，确定对应的上级或本级职能科室。[①]

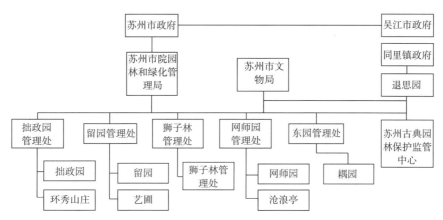

图1-4　苏州园林机构组织图

为进行制度化建设，2008年苏州园林制定并试行《世界文化遗产苏州古典园林监测管理工作规则》，2011年以地方行政法规的形式正式实施，"考虑到职责分工在遗产监测汇总的分量，此《规则》专门设有一章来理顺部门之间的关系……根据《规则》，苏州园林系统内逐步建立和健全了由局遗产监管处和有关业务部门、遗产园林管理部门、遗产监管中心相互配合、上下联动的遗产监测体系"[②]。按照《规则》，苏州市园林和绿化管理局其他相关业务处室根据职能范围，按类别负责细化预警标准，处理预警信息。[③]

3. 监测方法

苏州古典园林监测的主要方法有日常巡测、仪器检测两种，但仍然以日常的巡查、记录为主。据园林监测部门反映，这种依靠目测、观察和经验判断，建立工作日志的方式更为直接、高效。为了便于数据的后期分析、整理，园林监测中心正在开发移动终端配合日常巡视工作。日常巡视作为苏州园林监测中的重要手段，在园林的保护管理工作中发挥了重要的作用。例如，通过日常监测，拙政园工作人员发现"松水风阁"东北部的建筑基础发生明显的沉降，随后对建筑物的基础进行局部抬升，并进一步做了加固处理。

除了日常巡查外，苏州园林采用测绘仪器、数码影像、气象监测设备等便携仪器开展监测，利用视频监控、自动检票系统、红外报警等前端设备进行游客监测，并积极与当地高校和科研部门联合，对园林水质等检测化验，并开展风险管理、病害调查、风险评估等课题研究，以提高监测数据分析的科学性。

4. 评述

从监测试点工作至今，苏州园林成立了专门的监测机构，制定了《世界文化遗产苏州古典园林监

---

① 《世界文化遗产苏州古典园林监测管理工作规则》草案，第八条，内部资料。

② 周苏宁，《提高世界遗产监测有效性的思考和研究——以苏州古典园林监测为例》，《中国园林》，2015年11期。

③ 《世界文化遗产苏州古典园林监测管理工作规则》草案，第六条：规划管理处负责建筑物、构筑物、控制地带、基础设施；园林管理处负责陈设类、植物类、环境类；园林事业发展处负责法律法规、客流量；安全保卫处负责安全管理。

图1-5　视频监测自动检票系统红外报警

测管理工作规则》、建立了监测预警平台、采用多种手段开展监测工作，从人员和经费、制度规范、技术支持为苏州园林的监测体系提供了保障。

苏州园林监测平台中比较系统的监测工作主要应用于环境类，而对建筑、构筑物、陈设和植物类的监测主要还处于测绘记录的阶段。监测平台的数据分析能力还有待加强，日常巡查数据尚未纳入监测平台。将纸质的巡查结果录入到平台无疑增加了巡查人员的工作量，同时数据二次录入也存在降低准确性的风险。再加上没有相应的制度来固定日常巡查与监测平台之间的工作程序，导致监测平台没能成为整个日常监测工作的抓手，部分监测数据更新迟缓，平台运转活力不足。

四、小结

在《中国世界文化遗产监测预警体系建设规划》的指导下，各个遗产地结合遗产地自身的特点积极探索监测的方法与技术手段，积累了大量宝贵的经验：

第一，组织体系是遗产监测体系的基础。

目前，各个遗产地普遍存在监测系统运转效率不高，与相关机构缺少沟通，监测与管理脱节，监测平台运转缺乏活力的问题。这与监测部门在遗产地管理体系中还未真正纳入遗产保护管理体系有着直接的关系。目前，大部分遗产地的监测部门都作为遗产管理部门的二级机构。在组织体系架构上，监测成了"监测中心""监测部"几个工作人员自己的事，监测与其他管理工作未能紧密联系。因此，要保障监测工作的可持续发展，必须构建一个将监测工作纳入遗产管理的组织体系，明确监测部门与其他业务部门之间的关系，明确各个监测层级的责任及其相互关系。

第二，遗产监测体系要规划统筹。

在中国世界遗产监测预警总平台的总体规划下，部分文化遗产管理机构投入建设了监测预警平台。

实际上，大部分遗产地在系统开展监测之前已经有了比较完整和成熟的管理工作流程，要将监测与这些既有的管理工作融合起来，就需要将监测纳入工作规划、工作制度中。因此，可以考虑在已有的管理系统上进行二次开发，让遗产地现有的管理系统与监测业务集成或联通起来，一方面可以节约成本，另一方面避免了日常管理与监测平台不衔接的问题。

第三，监测体系必须结合管理的实际需求。

目前已有36项遗产的53处遗产地建立了（大运河、丝绸之路、长城除外）监测系统，但实际在运转使用的仅有 14 处。

监测需求研究是遗产地科学开展监测工作的基础，应对遗产保护管理现状进行充分调研和评估，了解遗产地其他管理和业务部门对监测的需求，将其他管理业务纳入监测工作流程设计中，避免监测和管理的脱节。

目前，遗产地采用人工和设备两种手段开展的监测工作显现出了各自的优缺点。设备的使用丰富了监测数据的数量、类型，为遗产地实时了解遗产本体和环境的变化提供了有效的手段。但监测设备使用中，有些遗产地对设备的安装地点缺乏科学的依据，真正需要监测的点反而成了"盲点"，尤其是对监测数据后期分析不足，设备的运维成了负担。而人工巡查作为传统监测手段虽然直观、经济，但经验判断无法对很多微观病害缺乏"预知性"，等能够肉眼观察到的时候其实已经对遗产本体造成了破坏，"监"的意义大，"测"的能力小。

遗产地的监测实践证明了，没有"包治百病"的监测手段。方法与手段的选择需要因地制宜，人工与设备需要互相结合。能够通过人工巡查解决的问题要发挥人工巡查经济、直观的优点，需要设备辅助的也要尽量采纳便捷、简易且后期维护保养成本适中的仪器，避免监测为"设备"所累。尤其是大运河、长城这样大型的线性文化遗产，更需要考虑经济实惠的方法解决大范围的数据采集问题。

第二章　长城遗产特性与监测需求

　　"监测需求研究是遗产地科学开展监测工作的基础"①。长城是中国世界文化遗产监测的组成部分，应符合国家对文化遗产监测的基本要求。但由于特殊的遗产特性，长城监测体系需要从本体、环境、管理的特点出发，汲取其他文化遗产监测的经验，构建适用于长城的监测体系。"监测需求研究应先对遗产保护管理现状进行调研和评估，遗产现状的评估内容包括但不限于对承载遗产突出普遍价值的要素现状、遗产地保护管理工作和遗产影响因素。"②

　　长城监测体系需求分析分为长城特性分析、长城保护管理特点分析、长城监测工作现状评估三部分。

　　长城特性分析包括遗产特性分析和风险因素分析。长城的遗产特性决定了开展长城监测采用的技术手段、监测的主要内容和重点等；长城风险因素则是结合《长城保护规划大纲（讨论稿）》③与《长城资源调查工作手册》中对长城风险因素的分类，按照自然因素和人为因素两大类、22小类，以县域为单元分析各类风险因素的影响范围及影响程度。

　　长城保护管理特点分析。长城保护管理现状是开展监测工作的基础，监测体系的组织框架、目标等都要服务于长城保护管理的需要。本章通过对比《文物保护法》《长城保护条例》《世界文化遗产管理办法》等各项法律、法规以及近年来长城保护管理的相关统计数据，总结长城保护管理的特点。

　　长城监测工作现状评估。长城监测体系的建立需要以现有的工作为基础，分析评估与已开展的长城保护工作成果及经验，将其作为系统开展长城监测可供利用的基础和条件。

一、长城的特性分析

（一）长城的遗产特性

　　2011年，国家文物局对经过长城资源调查确认的各类长城遗存进行了认定。与其他文化遗产相比，长城的遗产特性可以概括为以下几点：

　　第一，规模大：时空跨度大、遗存数量多。据国家文物局认定，长城的修建自公元前7世纪的春

---

① 《中国世界文化遗产地监测工作指导意见》（征求意见稿），中国文化遗产研究院拟定。
② 同上。
③ 中国建筑历史研究所编制，2016年。

秋战国时期，至公元 17 世纪的明代，春秋战国、秦汉、南北朝、隋唐、五代、宋、辽、金、西夏、明等不同时代均修建过长城。空间上，长城纵横 15 个省（自治区、直辖市）的 404 个县域，总长度 21196.18 千米，43721 段/座/处遗存，是大运河长度的 6 倍之多、遗存点的数量是大运河的 500 余倍。①

第二，关注度高：长城作为首批列入世界文化遗产名录的中国文化遗产的杰出代表，历来受到国际、国内社会的普遍关注。2016 年，世界文化遗产监测预警总平台共搜集了涉及 39 项世界文化遗产地新闻报道共 543580 篇，其中长城的媒体报道关注为 78418 篇，位列所有遗产地之最。作为中国知名度最高的世界文化遗产之一，长城国家、民族的象征意义被写进国歌里、挂在国徽上，并被奥运会、亚运会等国际盛会、各类庆典活动作为爱国题材以各种形式呈现给世界观众。

第三，遗产内涵复杂：主要表现在构成、材质与工艺、现状、环境四方面。

构成方面，长城是一个复杂的防御体系，主要包括："长城本体：主要指长城墙体及墙体上的设施，如敌台、马面等；附属设施：与长城防御体系相关的其他设施，如关堡、烽火台等；相关遗存：主要指位于长城墙体两侧与长城防御体系相关的遗迹，如壕沟、挡马墙、品字窖、驿站、仓储、居住址、砖瓦窑、采石场、积薪等"。② 但每类长城遗存的构成远远不止于此。例如，烽火台除了独立台体形式外，还有围墙、壕沟、附燧等组合而成的复合类型。关堡，其内有不同的布局、包括堡墙、护城河、瓮城、罗城、衙署等各类设施。

表 2 - 1　墙体类别对照表③

类别	说明	构筑方式
土墙	构筑时的墙体外观以土筑为主。	夯筑：经夯打筑成的墙体。
		堆土：直接堆土而成。
		红柳（芦苇）加沙：将红柳、芦苇等植物和泥沙相互叠压，渐次堆高的墙体。
		土坯垒砌：用黏土做成土坯，垒砌而成，墙面外再抹一层黄泥作保护层。
石墙	构筑时的墙体外观以石筑为主。	毛石干垒：使用较大的石料垒筑，墙体中不夹泥土的石墙。
		土石混筑：泥土和石头混合筑成墙体。
		砌筑：用条石、块石砌筑的墙体。
砖墙	构筑时的墙体外观以砖筑为主。	包土：墙体内部由夯土构成，外部以青砖包砌。
		包石：墙体内部由泥土夹碎石构成，外部以青砖包砌。
		砖石混砌：以条石作基础，砌筑到一定高度后，上面再用青砖砌筑城墙的上层。

① 中国大运河范围：六个省两个直辖市、35 座城市，3200 公里。中国大运河列入《世界遗产名录》范围：31 个遗产区、27 段河道、58 个遗产点。

② 《长城资源调查工作手册》，国家文物局、国家测绘局，2007 年。

③ 同上。

材质与工艺方面：长城的修建秉承"因地形，用险制塞"的理念，"因地制宜、就地取材"的智慧，因此长城在不同时代、不同地域的修筑材质、构成、工艺等都具有各自的特点。长城主要以夯土墙为主（占人工墙体长度的45.5%），包括山西、内蒙古、陕西、甘肃、青海、宁夏、新疆等西部地区在内的长城，大都以土石为主要材质，采用夯筑技术建造。北京、天津、河北、山西、内蒙古、辽宁、山东、河南、陕西等省（自治区、直辖市），石材较为丰富，石砌长城分布较多。除此之外，还有将近四分之一的长城由特殊材质或工艺建造。如，甘肃等西部省区的沙漠、戈壁地区的汉代长城，使用沙土与芦苇、红柳、梭梭木等植物分层夯筑，称为"芦苇夹砂"或"红柳夹砂"墙。而东部长城中的重要地段或关隘附近的长城则为土石夯筑墙芯，外包青砖。

保存现状方面：按照长城保存状况评价等级，长城墙体、关堡、单体建筑等各类遗存可以分为较好、一般、较差、差、消失五个等级。通过整理、统计调查资料，43721 段/座/处长城遗存中保存较好的为 4634 段/座/处、长度 2037.69194 千米，约占长城遗存总量的10%；保存一般的为 9055 段/座/处、长度 4231.874 千米，约占长城遗存总量的21%；保存较差的为 12442 段/座/处、3459.13104 千米，约占长城遗存总量的28%；保存差的为 11180 段/座/处、长度 4993.61822 千米，约占长城遗存总量的26%；消失 2867 段/座/处、长度 6548.10759 千米，约占长城遗存总量的7%；另有一部分长城遗存调查表格填写不明，无法提取保存状况信息（3633 段/座/处，96.36105 千米）。长城不同保存状况下的形态呈现不同的特征。保存较好的长城遗存，保留了大部分的原有形制，以墙体为例，墙体设施保存比例为 1/2 以上，墙基、墙体保存比例为 3/4 以上被认为是保存较好的。[①] 按照我国对不可移动文物的分类，保存较好的长城可以按照建筑类不可移动文物看待。而保存状况差或较差的长城遗存，墙体设施无存，墙基、墙体保存的比例为 1/4 以下，甚至仅存地面痕迹，这类长城遗存应属于遗址遗迹类不可移动文物。

环境方面：大尺度空间内的分布使得长城所在区域的自然地理环境十分复杂多样，长城线性遗存共分布于 317 个县域，其中平原地带 74 个县域、低山（丘陵）176 个县域、山地 230 个县域，不同地域条件下各类材质、构筑方式的长城遗存面遭受着不同自然力的破坏。除此之外，长城分布地域地类类型同样复杂，长城线性遗存分布的主要地类包括耕地、草地、有林地、灌木林地、沙地、岩石等 18 类。土地利用方式集中体现了生产生活方式，是长城所处社会环境的缩影。长城沿线社会经济文化与产生生活方式差异较大，不同社会环境下的长城面临着农牧业生产活动、工业建设生产活动、旅游及开发、基础设施建设、盗掘活动、不合理的修缮活动等多种人为因素的影响。（附录二：长城沿线地形地类分析表）

（二）长城风险因素分析

风险因素分析是开展遗产监测的基础工作，只有对遗产面临的风险进行系统分析，才能辨识哪些是影响遗产本体和赋存环境的风险，进而确定监测内容、监测指标等。

长城监测风险因素分析需要在宏观和微观层面之间平衡。长城遗迹分布广泛，所处自然、社会、

---

① 国家文物局、国家测绘局，《长城资源调查工作手册》，2007 年。

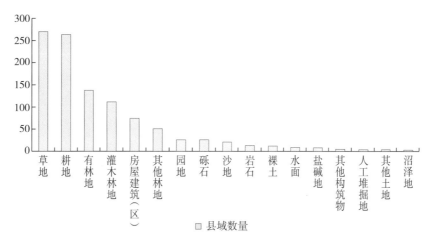

图 2-1　长城分布地域地类类型分布县域数量

经济环境复杂，风险影响因素众多，风险评估和确定监测内容和方法的难度大，需要兼顾整体性、针对性和可行性。长城所依附的自然、社会、经济环境与长城紧密相依，这些宏观因素对长城的保存状况有着直接的影响，对其开展监测至关重要。然而为了有效地实施管理措施，又必须关注不同修筑时代、材料、背景下的长城特性，不同地域、长城不同构成要素所存在的微观风险因素。因此长城风险因素的分析既要找出威胁长城本体及其环境的主要因素，还要得出不同地域环境下特殊的风险因素。在一个县域内，长城的材质、保存状况等本体特征及所处的自然和人文环境基本相同，且中国文物保护管理体制施行的是以县级行政区划为基础的属地管理，因此可以按县域为单元对长城风险因素进行研究、分析。

全国长城资源调查对各类长城遗存的"损毁情况和原因、存在病害"按照地震、山体滑坡、洪灾、暴风雨、腐蚀、污染、植物生长、昆虫破坏、啮齿动物破坏等自然因素，战争、盗掘、生产生活活动、不按原状修缮，不合理利用等人为因素进行了调查，并已录入长城资源管理信息系统数据库。2016 年国家文物局组织编制的《长城保护规划大纲（讨论稿）》（以下简称《规划大纲》），对长城本体破坏因素也进行了初步分类。因此，本章利用长城资源调查一手数据，与《规划大纲》的破坏因素结合，按照自然因素和人为因素两大类对长城风险因素进行统计分析。

基于长城资源管理信息系统数据，可以将长城面临的风险因素分为自然因素和人为因素两大类，分别设有 14 小类和 22 小类。在此分类基础上，对长城资源调查数据中的长城遗存损毁原因描述性信息进行关键字检索。例如，按照"雨"字检索统计，即可将损毁原因描述中"雨水冲刷""雨水渗透""雨水侵蚀"等面临雨水冲蚀类风险的长城遗存筛选出来。

通过对长城分布的 403 个县域①的风险因素分析、整理，长城的自然风险因素可分为自然侵蚀和自然灾害两个子类，每子类再具体到河流、雨水冲蚀、水土流失、沙漠化、风蚀、盐碱等 14 种自然因素；人为风险因素分为旅游发展、保护性破坏、居民生产生活、大型基础设施建设、城镇建设、其他六个子类，每子类之下再具体到不当展示、过度开放、不当修缮、不当发掘等 22 种风险因素。据统计，长城面临自然和人为因素共计 36 种，在长城分布的各个县域内均不同程度地存在。

---

① 长城遗存分布于 404 个县，河南省南召县境内的长城均为山险，未纳入风险因素的统计分析。

表 2 - 2　长城风险因素分类表

破坏因素			长城资源调查表对应关键字
自然因素	自然侵蚀	河流	河流、河水
		雨水冲蚀	雨水冲刷、渗透、侵蚀
		水土流失	冲沟发育、暴雨、坍塌、水涝、水融
		沙漠化	沙漠侵蚀
		风蚀	风化、侵蚀
		盐碱	盐碱侵蚀、酥碱
		冻融	温差变化、冻融坍塌
		植物生长	根系挤压等
		动物破坏	洞穴、野生动物踩踏等
		墙体霉菌	霉菌、细菌、微生物生长
	自然灾害	地震	地震坍塌
		泥石流（山洪冲刷）	洪水、泥石流
		雷击	雷击、雷电
		地质灾害	其他地质灾害
人为因素	旅游发展	旅游发展	其他旅游活动造成的风险
		不当展示（开发）	展示内容、方式不当
		过渡开放	游客量过大
		无序旅游	旅友、自驾游
		游客损害行为	刻画、蹬塌
	保护性破坏	不当修建	不当修缮、不当复建
		不当发掘	不当发掘
	居民生产生活	农业耕作	耕作扰土、作物根系挤压、机耕路、步行路、农田水利
		植树造林	乔灌木根系挤压等破坏
		放牧畜牧	动物踩踏
		生产生活	取土、挖断、挖坑掘池
	大型基础设施建设	道路设施	过境道路穿越
		水利设施	水利设施穿越
		管道建设	输油、输气等
		电力设施	电缆铺设等
	城镇建设	城镇建设	城镇、村镇建设用地侵占
		房屋建设	搬石建房、取土掏挖、房屋建设、拆墙
		厂矿建设	开山、采石、厂房及设施侵占
	其他	污染	涂抹、污损等
		盗掘	烽燧等遗存早盗掘
		部队占用	部队生产生活等活动
		特殊事件	突发事件

　　根据破坏因素的分类，按照下列图示以县域为单元制作长城风险因素分布图可直观地看到各类风险因素分布的集中地域。（附录五：长城风险因素分布示意图）

图 2 - 2　长城破坏因素图例

　　省级长城保护规划对长城的风险因素做了分析，依照上述风险因素的分类，对省级规划中的风险因素按照关键字提取，可以得到各类风险因素在各省涉及的县域数量。

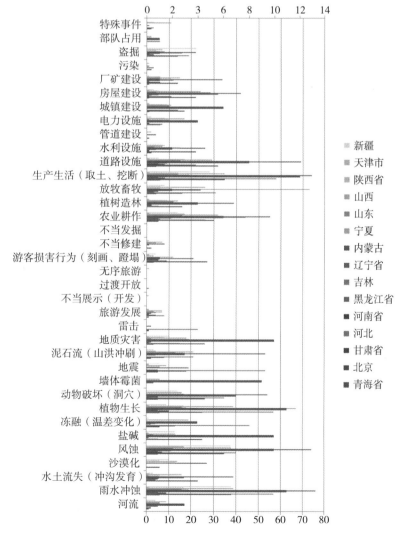

图 2 - 3　各省长城风险因素类型示意图

    从地域来看，面临风险因素压力最大的省份为内蒙古自治区，累计 958 个县域存在各类风险因素，其次河北和辽宁分别累计有 585 个、505 个县域存在各类风险因素。

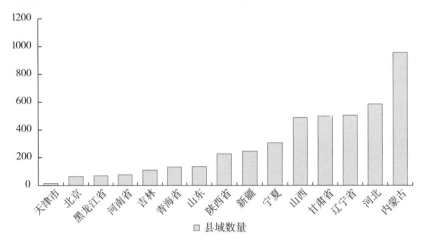

图 2-4 各省长城风险因素综合状况

    从影响范围看，影响较为突出的风险因素（超过 50% 的县域都受到影响）依次为：雨水冲蚀（388 个）、生产生活（365 个）、风蚀（358 个）、植物生长（336 个）、农业耕作（282 个）、道路设施（266 个）、放牧畜牧和动物破坏（均为 212 个）。

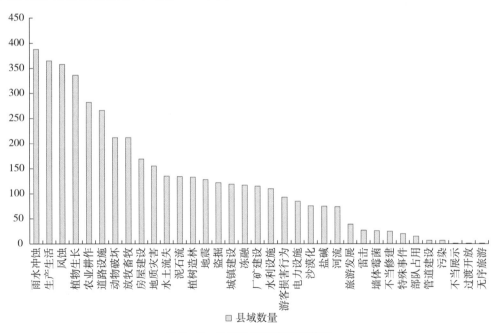

图 2-5 长城风险因素影响范围

    从影响程度看，一个县域内受各类因素影响的程度（以县域总数与其累计各类因素种类总量相商）依次为：宁夏、天津、黑龙江、陕西、甘肃、内蒙古、北京、青海、吉林、河北、辽宁、山东、河南、新疆。（如下图所示）通过下图可以看到，受风险因素影响的 403 个县域内，平均每个县的风险因素约为 10.99 种，超过平均值的省份共计 9 个。（见图 2-6）

1. 自然因素

    自然因素的分析按照风险发生的过程，分为自然侵蚀和自然灾害两种。一般来说，自然侵蚀的发

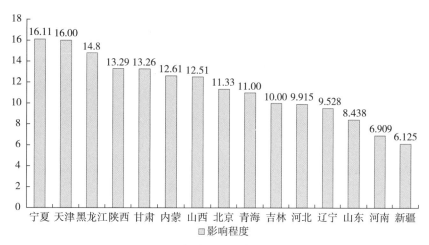

图 2 - 6　长城风险因素影响程度

生、发展一般会经历较长时间，而自然灾害往往不可预见、无法控制，会在短时间内对长城本体造成损毁。研究结果显示，影响长城本体及环境的自然因素主要有 14 种。

从影响范围看，影响范围超过长城分布县域 50%（约 200 个县域以上）的自然因素依次为：雨水冲蚀（388 个）、风蚀（358 个）、植物生长（336 个），动物破坏（212 个）；超过 30%（约 120 个以上）的依次为：地质灾害（155 个）、水土流失（135）、泥石流（134 个）、地震（128 个）、冻融（117 个）；低于 20%（约 80 个）的依次为：沙漠化（76 个）、盐碱（75 个）、河流（74 个）从、雷击（27 个）、墙体霉菌（26 个）。

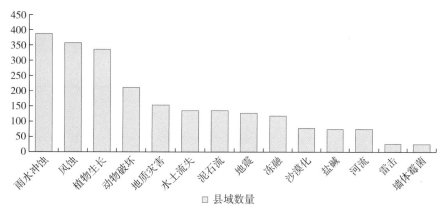

图 2 - 7　自然因素影响范围

从影响程度看，一个县域内受自然因素影响的程度（以某省内县域总数与其累计自然因素种类总量相商）依次为：宁夏、黑龙江、北京、陕西、青海、甘肃、河北、内蒙古、天津、吉林、辽宁、新疆、河南、山东。（如下图所示）

通过 2 - 8 图可以看到，受自然因素影响的 403 个县域内，平均每个县的自然风险因素约为 5.56 种，超过平均水平的共有 9 个省。

按照长城遗存所在地高程，长城分布地域的地形主要有平原、低山（丘陵）、山地、高山地等。不同地域条件下各类材质、构筑方式的长城遗存遭受着不同自然力的破坏。通过统计分析，可以了解不同地理条件下长城的主要自然影响因素。（见图 2 - 9）

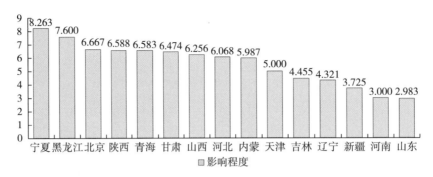

图 2 - 8　自然因素影响程度

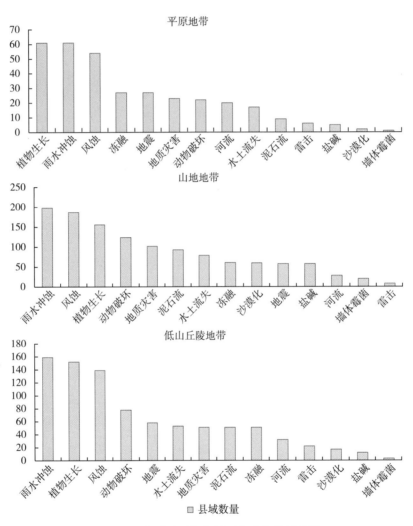

图 2 - 9　长城地形与自然因素分布县域数量

无论平原、山地、低山丘陵带最主要的破坏因素，均为植物生长、雨水冲蚀、风蚀，尤其是雨水冲蚀是山地、低山丘陵地带长城最需要关注的风险。

2. 人为因素

除此之外，长城分布地域地表覆盖物类型，即地类类型同样复杂。土地覆盖分类反映了人类对土地利用改造的形式，与长城面临的人为破坏存在着潜在的关系。根据（《土地利用现状分类》GB21010 - 2007）（国家质检总局、国家标准化管理委员会），长城线性遗存分布的主要地表覆盖物的类型（地类）包括耕地、草地、有林地、灌木林地、沙地、岩石等 18 类。耕地、草地、有林地、灌木地、其他林地和居住是最主要的 6 种用途。（见图 2 - 10）

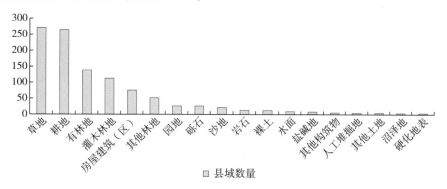

图 2 - 10　长城分布地域地类类型

长城从中国的东部发达地区一直延伸到西部内陆，沿线所经过各省（自治区、直辖市）的城乡人口密度、资源环境、产业结构、经济与社会发展水平具有不平衡性。位于无人区的长城段落，受到人为的扰动很小；而位于人口聚居区的长城则要面临生产、生活、基本建设、旅游活动等人为活动的影响。除此之外，近年来长城保护工程开展过程中的不当修缮等管理行为也是不容忽视的人为风险因素。

通过分析统计，影响长城本体及环境的人为因素共有 22 种。

从影响范围看，影响范围超过长城分布县域 50%（约 200 个县域以上）的依次为：生产生活（365个）、农业耕作（282 个）、道路设施（266 个）、放牧畜牧（212 个）；超过 20%（约 80 个以上）的人为因素依次为：房屋建设（169 个）、植树造林（133 个）、盗掘（122 个）、城镇建设（119 个）、厂矿建设（115 个）、水利设施（110 个）、游客损害行为（刻画、蹬塌）（93 个）、电力设施（85 个）。

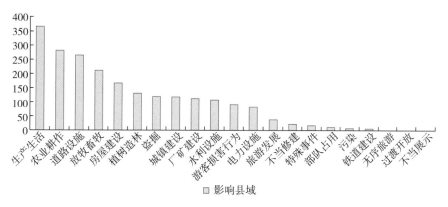

图 2 - 11　人为因素影响范围

从影响程度看，一个县域内受人为因素影响的程度（以某省内县域总数与其累计自然因素种类总量相商）依次为：宁夏、黑龙江、北京、陕西、青海、甘肃、河北、内蒙古、天津、吉林、辽宁、新疆、河南、山东。

通过下图可以看到，受人为因素影响的 403 个县域内，平均每个县的人为风险因素约为 5.8 种，超过平均水平的共有 7 个省。（见图 2 - 12）

3. 管理因素

长城墙体跨越行政区划呈线性分布，造成了一段长城以中心线为基准，两侧分别属于不同的行政

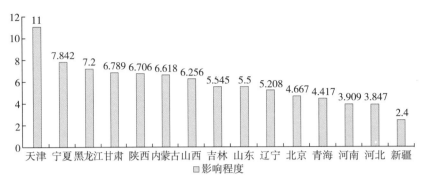

图 2 - 12　人为因素影响程度

区划管辖的特点。处于省、县交界的长城存在的管理风险，一方面来自于为争夺资源，对具有旅游开发价值的长城段落过度开发、不当利用而造成对长城本体和环境的破坏，另一方面地处偏远地带、不具备开发利用条件的长城点段又会出现交界省、县互相推诿保护责任，造成保护管理空白地带的状况。

　　利用长城保护管理信息系统总平台中的地理数据，通过地理信息技术将长城线性墙体行政区划边界线做重叠分析，行政区划边界线与长城线性墙体相交或包含的则判定为长城落在行政边界上，即为交界长城段落。通过分析，长城线性墙体共分布于 14 个省区、310 个县域，其中 259 个县域有交界长城段落①，共计 2304 段。具体情况如下表：

表 2 - 3　各省交界长城统计表

省域	长城墙体分布		交界长城分布量		交界长城分布比例		长城段落数量			
	县域	市域	县域	市域	县域	市域	省界	市界	县界	合计
北京市	0	6	0	4	0%	67%	121	25	—	146
甘肃省	35	11	24	6	69%	55%	31	21	46	98
河北省	48	9	23	5	48%	56%	112	220	365	697
河南省	11	7	3	4	27%	57%	1	36	15	52
黑龙江省	5	2	1	0	20%	0%	123	—	5	128
吉林省	10	4	3	3	30%	75%	—	16	3	19
辽宁省	33	13	12	2	36%	15%	6	50	59	115
内蒙古自治区	75	12	41	10	55%	83%	201	67	160	428
宁夏回族自治区	18	5	12	2	67%	40%	70	4	17	91
青海省	9	4	2	2	22%	50%	—	4	3	7
山东省	16	8	6	8	38%	100%	—	100	27	127
山西省	33	8	14	4	42%	50%	176	69	20	265
陕西省	17	4	10	3	59%	75%	13	23	40	76
天津市	0	1	0	1	0%	100%	55	—	—	55
合计	310	94	151	54	49%	57%	909	635	760	2304

---

①　部分县域同时处于县界和省界，故存在重复统计。

（三）长城重点点段分析

大型文化遗产的保护管理存在着超大的遗产体量、分布空间与有限的管理条件（人员、经费等）之间的矛盾。长城的遗产特性和现实管理条件决定了不可能对其所有段落按照统一方法和标准的开展监测。应考虑长城保护管理压力的轻重缓急，选取那些面临保护问题，建设压力大，本体保存状况较差，遗产价值突出的长城点段作为监测重点。

面临建设压力，需要抢险加固和保护维修的长城保存状况存在着较大的风险，存在旅游开放压力的长城，通常遗产价值较高。按照《长城保护规划大纲》的要求，省级长城保护规划（初稿）按照抢险加固、保护维修、旅游开放、建设压力、价值突出、保存压力、监测等因素列出了各省长城保护重点点段的名称、编码（河南省除外）[①]，共计 6807 段/座/处，占全部认定点段的数量的约 16%。

通过长城资源管理信息系统，将 13 个省级长城保护规划中所列的重点点段与长城认定数据中的点段名称与编码对应、校核，按照抢险加固、保护维修、旅游开放、建设压力对长城的重点点段进行分类整理，并以县域为单元分类统计类型、时代、长度。[②] 以此得到长城监测的重点点段的分布、数量等数据。（附录六：各省长城重点点段分布示意图）

1. 选取原因分析

从选取原因看，抢险加固（2921 段/座/处）是最主要因素，其次为建设压力（2557 段/座/处）、旅游开放（2476 段/座/处）、保护维修（844 段/座/处）、保存压力（763 段/座/处）、监测（169 段/座/处）、价值突出（74 段/座/处），居民生活（953 段/座/处）、日常维护（246 段/座/处）。[③]（附录七：长城重点点段分布图—选取原因）

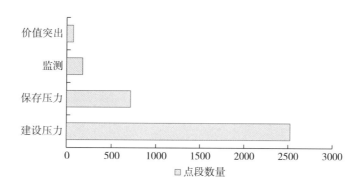

图 2–13　省级长城重点点段选取因素

2. 数量分析

经国家文物局认定的长城点段共计 43721 段/座/处，列入各省重点点段的共计 6807 段/座/处，约

---

① 《河南省魏长城遗址总体保护规划》列出魏长城保护问题突出的长城点段（1）"南五岭寨堡段""小顶山寨堡段"，保存状况相对较好，急需进行加固维修。（2）"石尖路至镇远炮台段"段，受到旅游开发影响。（3）"石尖路至蜡烛山段"段，受到村庄建设影响。无法对应具体的点段，没有纳入报告的统计分析。

② 陕西、河北两省共有 58 处点段长城以区域为单位描述，未能查找到所对应的编码。

③ 选取原因分析，按照每类因素分别统计，存在重复统计的情况（某处重点点段会因为多种选取原因入选）。

占认定点段总数的 15.5%；经认定的各时代长城长度共计 21169.18 千米，列入重点点段的长城长度为 3345.72 千米，约占认定长度的 15.8%。

各省长城重点点段数量依次为：内蒙古（2284）、河北（1311）、北京（696）、宁夏（604）、甘肃（432）、辽宁（383）、山东（239）、新疆（205）、陕西（196）、山西（162）、天津（112）、青海（111）、吉林（63）、黑龙江（10）；长城重点点段数量占该省长城认定点段总数的比例依次为：新疆（96.70%）、山东（91.92%）、天津（40.73%）、宁夏（33.02%）、北京（29.54%）、青海（29.13%）、吉林（27.39%）、内蒙古（16.55%）、河北（15.84%）、辽宁（12.75%）、甘肃（11.21%）、陕西（6.71%）、山西（3.80%）、黑龙江（0.50%）；长城重点点段长度占认定总长度的比例依次为山东（97.13%）、天津（70.68%）、北京（33.84%）、辽宁（24.14%）、吉林（22.76%）、宁夏（22.24%）、陕西（14.44%）、青海（13.47%）、河北（12.99%）、内蒙古（12.48%）、山西（12.03%）、甘肃（6.09%）、黑龙江（0.39%）。

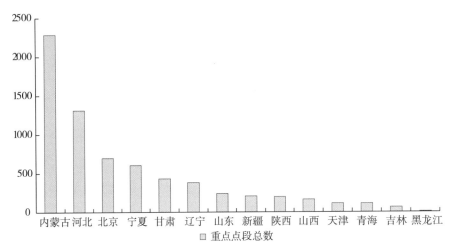

图 2 - 14　重点点段总数

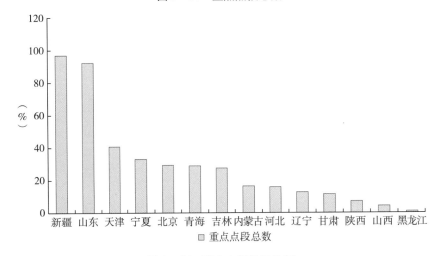

图 2 - 15　重点点段数量比例

3. 时代分析

各省选取的重点点段共涉及春秋、战国、秦、汉、南北朝、隋、唐、宋、金、明、时代不明 13 个时代类型，几乎涵盖了认定的所有长城时代。其中数量最多的是明代（3682 段/座/处），其次为金

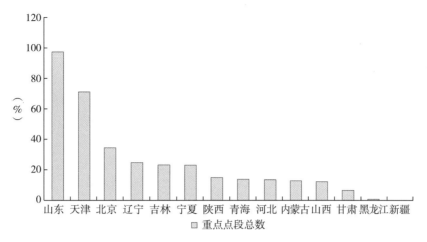

图 2 - 16　重点点段长度比例

（1266 段/座/处）、春秋战国（903 段/座/处）、秦汉（621 段/座/处）、唐（209 段/座/处）、宋（49
段/座/处）、南北朝（38 段/座/处）、隋（22 段/座/处）、时代不明（18 段/座/处）。《长城保护总体
规划》明确了长城保护的重点是秦汉长城和明长城。但从认定与选取点段的比例上看，明长城中仅有
15.26%、秦汉仅有 5.49%。保存状况较差的春秋战国仅有 23.99% 的点段纳入了重点点段。

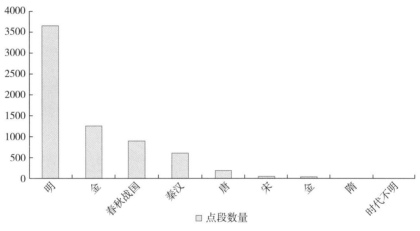

图 2 - 17　各时代点段数量

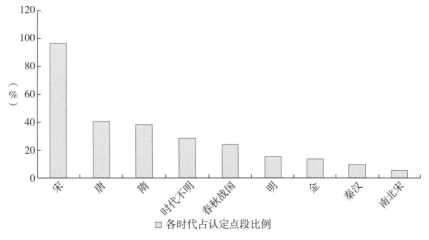

图 2 - 18　各时代点段比例

4. 类型分析

从长城重点点段选取的遗存类型看，6087 段/座/处的重点点段中，墙体 2185 段、单体建筑 4149 座（敌台、马面、铺房等墙体设施 2249 座，烽火台 1900 座）、关堡 462 座、其他相关遗存 11 处。长城监测巡查工作中，不同类型的长城遗存需要投入不同的人力，例如墙体及墙体设施以及距离长城墙体较近的独立烽火台、关堡等长城附属设施，可根据便利原则安排相应人员进行监测巡查，但一些烽火台、关堡距离墙体较远，则需要统筹安排监测人力、物力资源。

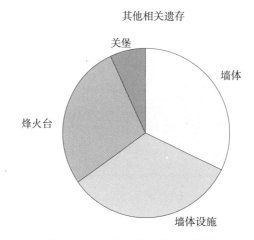

图 2-19　长城重点点段遗存类型

5. 保护级别分析

《长城保护条例》要求，已认定为长城的段落要"依法核定公布为全国重点文物保护单位或者省级文物保护单位"。截止 2016 年，共有 37924 处长城段落被公布为省级以上保护单位，占所有长城认定段落的 86.6%。①

通过将长城重点点段与其对应的保护级别分析，各省选取的 6807 段/座/处重点点段中，全国重点文物保护单位 3970 段/座/处、省级重点文物保护单位 2315 段/座/处、市县级文物保护单位 27 段/座/处、未公布为保护单位 495 段/座/处。

除此之外，《长城保护总体规划》提出要从世界文化遗产构成要素，全国重点文物保护单位组成部分，或部分价值突出的省级文物保护单位的长城点段中遴选国家级长城重要点段。

文物行政主管部门作为各级长城点段监测的责任主体，可通过委托专业机构开展监测工作。国家文物局应重点对国保单位长城点段进行不定期监测；省级文物行政主管部门负责直接对国保单位长城点段进行定期监测、负责对管辖范围内的省保单位长城点段进行不定期监测；所在地的市县级文物行政主管部门负责所辖范围内省保单位长城点段的定期监测，长城管理机构负责日常监测。（附录三：长城全国重点文物保护单位名录）

（四）世界遗产监测适应性分析

大运河、敦煌在文化遗产监测中积累的丰富、宝贵的经验，将长城自身的特点和监测需求与这些

---

① 《长城执法专项督查总结评估报告》，中国文化遗产研究院，2017 年 3 月。

遗产地相比较，可以为长城监测工作提供思路与借鉴。

1. 大运河与长城监测适用性对比

大运河与长城同为线性文化遗产，他们的遗产特性与长城具有相似之处，大运河在监测的技术方法、监测指标的确定等方面对长城都有着重要的借鉴意义。

目前大运河、长城都利用空间信息技术和数据库、多媒体及互联网技术开展大型文化遗产的综合保护，大运河建立了监测总平台、分平台，长城以调查、认定数据为基础建立了长城资源空间信息数据库、长城保护管理信息系统总平台。但由于管理机制有所不同，在构建监测系统平台方面有着较大的差异。

表 2 - 4　长城与大运河监测对比表

分析项目		大运河	长城	相似度/适用性
遗产特点		线性，时空跨度大，遗产类型丰富，活态 自然环境：差异大，自然灾害情况复杂 社会环境：经济、人口发展不均衡	线性，时空跨度大，遗产类型丰富 自然环境：东、西差异大 社会环境：经济、人口发展不均衡	相似
管理机构		专职管理机构 多行业、部门协作管理	各级文物部门主管 专职管理机构少	部分相似
制度规范		《文物保护法》《世界文化遗产保护管理办法》《大运河遗产保护管理办法》《大运河遗产保护与管理总体规划》，国家的航运、水利、环境保护等相关专项法规	《文物保护法》《世界文化遗产保护管理办法》《长城保护条例》《长城四有工作指导意见》《长城保护维修工作指导意见》《长城保护总体规划》	相似 长城有专项法律
管理机制		国家—省—市（遗产区）	国家—省—市县（管理机构）	大运河有专职的管理机构
工作流程	监测对象	运河遗产要素	长城遗产要素	相似
	制定通用指标	指标与国家监测平台对接，分为大运河遗产本体监测指标、影响因素监测指标和保护管理行为监测指标	满足通用指标的基础上，增加长城特有的监测指标	相似
	监测数据采集	人工采集 设备采集 地理信息技术	人工采集：长城保护员可定期拍照、记录 设备采集：对外开放地段已安装监控设备，可利用手机等移动终端 地理信息技术：调查已使用	适用
	平台	遗产地平台、各行业平台互联上报大运河总平台	长城资源管理信息系统，以县为单位填报信息	不适用

2. 莫高窟与长城监测适用性分析

莫高窟作为我国世界文化遗产监测的典范，在精准化监测方面突出，尤其是监测对遗产地管理、决策的辅助作用方面受到了业界好评，积累了大量的遗产监测方面的经验。

监测是长期的、持续的，长城应借鉴莫高窟从保护管理工作需要出发，通过长期的数据积累和对本体及其环境的病害调查、评估分析，逐步完善监测对象、内容，使监测服务于遗产管理机构的保护管理决策的监测工作经验。

但是，莫高窟与长城在遗产特性和管理体制上存在较大差异，某些监测方法在实际操作上不适于长城大范围采用数据的需求。

表 2-5 长城与莫高窟监测对比表

对比项	莫高窟	长城	相似度/适用性
遗产特点	遗产要素丰富，本体现状脆弱 自然环境：戈壁沙漠间绿洲	线性，时空跨度大，遗产类型丰富 自然环境：东、西差异大 社会环境：经济、人口发展不均衡	不相似
管理机构	有专职管理机构（敦煌研究院）及监测机构（莫高窟监测中心）	各级、各类非专职保护管理机构	不相似
管理体制	省文物局—遗产地	国家文物局—省文物局—县级文物局（保护管理机构）	不相似
监测方法	无线传感设备、探头、视频采集设备、网络设备、环境气象站、监测中心的服务器、监测屏幕等；分析检测技术	不同保护管理状况下需要采用多终端、便携式设备、大尺度的监测手段	不适用

二、长城保护管理工作的特点

"监测"作为提升管理水平的手段，要立足于文化遗产保护管理工作的特点，通过对比《文物保护法》《长城保护条例》《世界文化遗产管理办法》等各项法律、法规，梳理其中关于遗产保护管理工作的责任主体、内容等，长城的保护管理工作具有以下特点：

（一）"整体保护、分段管理"与属地管理结合

《长城保护条例》提出"国家对长城实行整体保护、分段管理"。"整体保护"体现在将长城作为一个完整的文化遗产实体开展工作，保存长城的整体线路、分布及完整构成，保存长城的风貌和环境景观，总体协调长城存在的管理问题。

例如，《长城保护总体规划》就是对"整体保护"的贯彻。"分段管理"是应对长城超大型文化遗产管理难题的重要措施，与属地管理相结合，将长城的"四有""保护规划""保护维修"等具体的管理工作通过点段落实。

（二）保护管理工作的"协调"职责

长城保护管理工作的协调包括两方面，一方面，文物部门与其他部门的协调。国家文物局要负责长城保护管理中重大问题的协调。如，长城保护总体规划，就要由国家文物局会同国务院有关部门进行制订；另一方面，跨界长城保护管理工作的协调。由于长城跨行政区域的特性，相当数量的长城段落位于行政区划交界上，需要临界区县共同协商保护管理的具体问题，尤其是有的长城段落还存在管辖权争议，需要"县级以上人民政府和文物行政主管部门"[①]在毗邻长城的保护管理问题上进行协调。

（三）"点、段"特性

长城保护管理工作的基本单元是点、段。长城认定、公布（要明确包含哪些点、段）、工作划定保护范围和建设控制地带等"四有"工作、保护员责任范围划定都是以点、段为基本单元。[②]

（四）县域管理的重要性

与具有专职管理机构的遗产地不同，长城所在地县级人民政府和文物行政主管部门在长城的保护管理中有重要的责任。以"四有"工作为例，县级行政区域文物部门负责长城保护标识位置记录工作，长城记录档案要以县域为单元，县级以上人民政府设置专门机构或者指定机构负责管理本辖区内的长城，并指定专人负责长城保护管理工作。另外，县级以上人民政府作为最基层的行政管理机构，"协调"长城保护管理中的重大问题。

（五）管理力量薄弱

按照《文物保护法》《长城保护条例》的要求，长城要明确或设置专职保护管理机构。截止 2016 年，长城所在地专门保护管理机构仅有 43 个，长城保护管理工作主要由各级文物行政主管部门及其下属文物保护业务机构承担。他们不但要承担所辖范围内长城的保护管理工作，同时还要负责辖区内其他文物保护管理工作。限于长城规模和文物行业人员匮乏之间的矛盾，短时期内设置大批长城专职保护管理机构不具有可行性。因此，保护管理机构的非专职性是长城的现实管理条件。

（六）社会管理的突出特色

长城的保护管理特点之一是社会力量的参与。《文物保护法》《长城保护条例》《世界文化遗产保护管理办法》等都对动员社会力量参与遗产保护作出了要求。《长城保护条例》中明确提出"地处偏远、没有利用单位的长城段落，所在地县级人民政府或者其文物主管部门可以聘请长城保护员对长城进行巡查、看护，并对长城保护员给予适当补助"，以此来解决文物行业管理力量薄弱与长城分布范围广之间的矛盾。《长城保护员管理办法》是目前唯一一部对社会力量参与文化遗产保护做出规定的规范性文件。目前，全国长城保护员队伍已超过 3000 多人，县级文物行政主管部门通过委托文管所等基

[①] 《长城保护条例》第四条，中华人民共和国国务院令第 476 号。

[②] 《长城"四有"工作指导意见》，文物保发〔2014〕4 号。

层文物保护业务单位作为长城保护管理机构，以及聘请长城保护员，实现了长城段落看护的全线覆盖。

社会参与长城保护管理还体现在，长城拥有大量的社会团体、志愿者组织。据不完全统计，我国现有经过正式注册的长城相关社会团体、志愿者组织近30个，此外还有大量由长城爱好者自发组成的非正式团体、活动群、兴趣小组等。这些社团汇聚了多种社会资源、集合了各类社会力量，积极投身长城研究、宣传与教育工作，开展了一系列形式多样、内容丰富的活动，对长城保护知识、理念和意识的普及，推动长城保护管理水平提升起到了积极作用，他们长期活跃在长城沿线，有机会发现长城现状变化、面临的风险和损毁，是长城监测工作的重要力量。

（七）特殊要求多、工作基础差

长城的保护管理与其他文化遗产相比，在诸多方面都有"特殊要求"。例如，长城公布各级文物保护单位要先进行认定将其纳入长城体系，保护标识的数量、位置都有更高的要求，不但要设立专职的保护机构还要有专人负责，设置长城参观游览区也有特殊的要求。

但与特殊的工作要求相比，长城的基础工作又相对滞后。具体分析如下：

1. 公布各级文物保护单位

《文物保护法》《长城保护条例》（简称《条例》）《世界文化遗产保护管理办法》都对各级人民政府公布文物保护单位作出了规定。长城相较于世界文化遗产、其他文物保护单位在公布文物保护单位方面的特殊性在于，1）程序：认定是将长城公布为文物保护单位的前提。2）时限要求：对于新调查认定的长城，自认定之日起1年内依法核定公布为省级文物保护单位。对于《条例》实施前已认定的长城，应在条例实施之日起1年内依法核定公布为全国重点文物保护单位或者省级文物保护单位。3）级别：长城的文物保护单位级别为省保以上。4）公布保护单位的责任主体：国务院、省级人民政府。

2011—2012年，长城认定工作全部完成。截止2018年，河北、山西、内蒙古、黑龙江、山东、河南、甘肃、青海、宁夏、陕西等十个省份的长城资源已经公布为省级以上文物保护单位。[①]

表2-6　长城与其他文化遗产公布保护单位工作情况对比

对比项	长城	世界文化遗产	其他不可移动文物
责任主体	国务院 省级人民政府	国务院 省级人民政府 市、县级人民政府 县级文物行政主管部门	国务院 省级人民政府 市、县级人民政府 县级文物行政主管部门
级别	国保 省保	国保 省保 市、县保 尚未核定公布的不可移动文物	国保 省保 市、县保 尚未核定公布的不可移动文物
时间	认定1年内或《长城保护条例》颁布1年内	无	无

---

① 中国文化遗产研究院，《中国长城保护报告（2017-2018）》，《中国文化遗产》，2020年2期。

2. 保护规划

文物保护单位保护规划是实施文物保护单位保护工作的法律依据，是各级人民政府指导、管理文物保护单位保护工作的基本手段。[①] 保护规划的制定是保护管理工作的重要内容，既是监测的依据，同时也是重要的监测对象。

《长城保护条例》《世界文化遗产保护管理办法》《全国重点文物保护单位保护规划编制审批办法》中对长城、世界文化遗产、全国重点文物保护单位的规划编制做出了有关规定。长城实行总体规划制度，由国家文物局作为编制主体，解决规划编制中边界协调问题。长城保护较其他世界文化遗产地、重点文物保护单位规划层次更为复杂，长城的保护规划分为《长城保护总体规划》《长城保护规划纲要》《省级长城保护规划》《重点地段专项规划》[②]。目前，《长城保护总体规划》已发布，省级长城保护规划需要在《总规》的指导下进行进一步修订。

表 2 - 7　长城与其他文化遗产保护规划编制情况对比

对比项	长城	世界文化遗产	全国重点文物保护单位
公布主体	国务院 省级以上人民政府	省人民政府	省人民政府
批准/审定主体	国务院 省级以上人民政府	国家级文物行政主管部门	省人民政府批准前，征得国家文物局同意
编制主体	国家级文物行政主管部门 省级文物行政主管部门	省级文物行政主管部门	省文物局指导，县级以上人民政府组织编制。跨省的由国家文物局制定或协调省编制，跨地、市、县的由省文物局制定或协调有关政府机构组织编制

3. 保护范围和建设控制地带的划定

对比《文物保护法》《文物保护法实施条例》《长城保护条例》《长城四有工作指导意见》（简称《指导意见》）《世界文化遗产保护管理办法》，长城建设控制地带的划定特点有：1）保护范围与建设控制地带一起划定，世界文化遗产、其他文物保护单位则是分为不同的程序进行；2）备案：国家文物局要对省级划定的所有已认定长城的保护范围和建设控制地带进行备案；3）其他要求：长城要以点、段为基本单元，并要在图纸上明确标识等。

目前，长城保护范围和建设控制划定状况仍不理想。以长城墙体为例，根据 2016 年长城执法专项督查情况统计，仍由超过 40% 的长城段落尚未划定保护范围，且各地基准不同、范围也存在差异。更为紧迫的是，最新的国家土地政策提出，2018 年底除一些少数民族及边疆地区外，农村基本完成土地确权。大量分布于农田内的长城如不能在确权之前完成保护范围和建设控制地带的划定，未来的保护管理工作将面临非常被动的局面。

---

① 《全国重点文物保护单位保护规划编制审批办法》，文物办发〔2003〕87 号。

② 《长城保护工程（2005—2014 年）总体工作方案》，将"200 处长城段落作为近期规划重点"。

表 2 - 8　长城与其他文化遗产保护范围和建设控制地带划定情况对比表

对比项		长城	世界文化遗产	其他文物保护单位
保护范围	责任主体	省级人民政府	各级人民政府	各级人民政府
	备案	国家文物局	国家文物局备案国保	国家文物局备案国保
	时间	《指导意见》下发一年内（2015 年）	国保、省保单位公布一年内	国保、省保单位公布一年内
	其他要求	1. 以认定公布的长城墙体段落、关堡、单体建筑和相关遗存点为基本单元 2. 须在地图上明确标识边界范围，印制相应的图纸	应当符合世界文化遗产核心区和缓冲区的保护要求。	—
建设控制地带	责任主体	省级人民政府	省级人民政府批准	省级人民政府批准
	划定与公布主体	省级人民政府	省文物局 市、县级文物局	省文物局 市、县级文物局
	备案	国家文物局	—	—
	时间	《指导意见》下发一年内（2015 年）	—	—
	其他要求	1. 以认定公布的长城墙体段落、关堡、单体建筑和相关遗存点为基本单元 2. 须在地图上明确标识边界范围，印制相应的图纸	—	—

4. 保护标志

对比《文物保护法》《文物保护法实施条例》《长城保护条例》《世界文化遗产保护管理办法》《长城四有工作指导意见》《长城保护员管理办法》《长城保护工程（2005—2014 年）总体工作方案》，长城保护标志的设立有如下特点：1）对长城保护标志的位置、数量有明确较高；2）县级文物行政部门具有记录、标识的任务。

目前，长城沿线已设立的保护标志牌 6 千余座，保护界桩 7 万余根，与实际需要存在差距且分布不平衡。一些地区在长城墙体两侧加装了保护围栏，有些区县设置的围栏虽然可以有效防止沿线居民、游客或牲畜对长城进行踩踏，但围栏距离墙体过近，甚至直接安置在墙体基础之上，反而对长城造成了破坏。

表 2 - 9　长城与其他文化遗产保护标志设立情况对比表

对比项	长城	世界文化遗产	其他文物保护单位
责任主体	省级人民政府	省级人民政府	省级人民政府 市、县级人民政府
其他责任	长城沿线各县级行政区域文物部门应做好长城保护标识位置记录工作，并在相应的地形图上注明长城保护标识位置	—	—
形式	标志牌、保护界桩、说明牌	世界遗产标志	标志牌、保护界桩、说明牌
时间	《指导意见》（2015 年）	—	公布一年内

续表

对比项	长城	世界文化遗产	其他文物保护单位
特殊要求	县域内至少设立 1 块长城保护标志牌；具有两条或两条以上独立走向或不同时代长城的情形，各长城线路或不同时代长城至少分别设立 1 块保护标志牌。 敌台、马面、关堡和相关遗存，原则上，每个基本单元两侧设立不少于 2 个保护界桩。	世界文化遗产标志说明应当包括世界文化遗产的名称、核心区、缓冲区和保护机构等内容，并包含联合国教科文组织公布的世界遗产标志图案。	全国重点文物保护单位范围较大或文物分布点多线长的，可设置若干分标志。

5. 建档

长城、世界文化遗产、文物保护单位都有建档的工作内容。《文物保护法》《文物保护法实施条例》《长城保护条例》等法律法规，《世界文化遗产保护管理办法》《中国世界文化遗产监测巡视管理办法》《长城四有工作指导意见》《全国重点文物保护单位保护规划编制审批办法》《全国重点文物保护单位保护范围、标志说明、记录档案和保管机构工作规范（试行）》《长城保护员管理办法》《长城四有工作指导意见》等规范性文件均涉及了长城建档的内容。长城在建档方面有以下特点：1）档案种类多，其中调查档案是长城特有的档案类型；2）以县级行政区域为基本单元建档；3）建档内容丰富，且有特殊的工作要求。

据《2016 年长城执法专项督查报告》统计，建立长城记录档案点段占认定长城点段总数的的 55.1%，已经建立长城档案的只是对长城调查资料的初步整理，尚未规范化和标准化。

监测档案方面，长城日常巡查工作涉及数千名包括一线管理机构的专业人员、各级执法人员，以及各级保护管理机构聘用的长城保护员，他们的专业素质参差不齐，收集的记录非常零散，且大部分巡查记录都没有整理成专门的监测档案。

表 2–10　长城与其他文化遗产建档情况对比表

对比项	长城	世界文化遗产	其他文物保护单位
建档单元	以县域为单元	遗产点	保护单位
建档责任主体	国家文物局 省级人民政府	国家文物局 省级人民政府	各级人民政府
建档承担主体	国家文物局 省文物行政主管部门 保护管理机构	国家文物局 省文物行政主管部门 保护管理机构	各级文物行政主管部门
建档类型	调查档案 记录档案 监测档案	记录档案 监测档案	记录档案
时间要求	《指导意见》印发一年（2015 年）	—	公布一年内
数据要求	长城记录档案建设应纳入国家级长城资源管理信息系统	国家文物局应当建立全国的世界文化遗产保护记录档案库	—
内容要求	记录档案要求增加：调查资料档案卷、认定档案、定期更新长城巡检和维护保养记录档案、提供长城保护范围、控制地带和保护标识位置的图形数据		—

续表

对比项	长城	世界文化遗产	其他文物保护单位
工作要求	长城记录档案建设应纳入国家级长城资源管理信息系统、县级人民政府及其文物主管部门应至少每年续补一次，及时对长城年度记录档案进行补充和完善	—	—

6. 保护机构

《文物保护法》《长城保护条例》《世界文化遗产保护管理办法》对各级文物保护单位、长城、世界文化遗产地设置保护机构做了要求。长城保护机构设置的特点包括：1）国家文物局备案；2）既要有专门机构，还要有专人负责；3）需要协助实施保护修缮等工作。

据中国世界文化遗产中心 2016 年的统计数据，目前，我国 38 项世界文化遗产，其中文化与自然双重遗产 4 项的 75 个遗产保护管理机构中，57 个为专职管理机构，50% 的保护管理机构中都设有监测机构，而 602 处长城保护管理机构中，仅有 11 处为专职管理机构。

表 2 – 11　长城与其他文化遗产保护机构设立情况对比

对比项	长城	世界文化遗产	其他文物保护单位
责任主体	省级人民政府 县级以上人民政府	省级人民政府	各级人民政府
备案	国家文物局：未设置的将汇总情况汇总后报国家文物局；机构和人员备案信息发生变更的，一个月内报国家文物局备案		
工作要求	确定保护机构 设置专门机构或者指定机构负责管理本辖区内的长城，并指定专人负责长城保护管理工作	确定保护机构	设置专门机构或指定专人负责
职责	长城调查研究、日常养护、巡视监测、社会宣传和群众组织等工作，建立保管日志，并应协助实施保护修缮等工作	日常维护和监测，并建立日志。发现安全隐患的，采取控制措施，并及时向县级以上地方人民政府和省级文物主管部门报告。具体实施参观游览区服务项目	文物保护单位的调查征集、保护管理、维护修缮、藏品保管、宣传陈列和科学研究等工作，并可根据不同情况建立多种形式的群众性保护组织
时间	《指导意见》下发一年内（2015 年）	—	公布一年内

7. 参观游览区的管理

长城和其他世界文化遗产一样都是重要的旅游目的地，因此都不同程度地被开辟为参观游览区。长城与世界文化遗产在开辟游览区的要求上不同之处在于：1）长城游览区要向国家文物局、省级人民政府备案；2）游览区的旅游容量指标由国家文物局、省级人民政府核定；3）开放条件要求更具体，具有"明确的保护机构，已依法划定保护范围、建设控制地带，并已建立保护标志、档案"① 等硬性要求。

---

① 国务院，《长城保护条例》，2006 年 10 月。

表 2–12　长城与其他世界文化遗产参观游览区管理情况对比

对比项		长城	世界文化遗产
备案	责任主体	省级文物行政主管部门 国家文物局备案	省级文物行政部门
	内容	应包括旅游容量指标	应包括参观游览服务管理办法
核定容量指标		省级文物行政主管部门 国家文物局	—
开放条件		安全、"四有工作"、符合总体规划	宣传教育、符合保护规划的管理要求 与历史和文化属性相协调

8. 日常管理与监测、巡视

《长城保护条例》虽然规定了长城保护机构应当负责日常维护与监测，并建立监测日志，但尚未出台细化上述规定、可实际指导长城监测的规范性文件。《世界文化遗产监测巡视管理办法》对世界文化遗产监测制度、内容等方面做出了具体说明，对比长城目前的监测、巡视，我们可以看到：

制度方面，世界文化遗产在专职管理机构的组织基础上，监测建立了三级监测、两级巡视制度。然而，长城专职管理机构数量少，各级文物行政主管部门及其下属文物保护业务机构是长城的主要管理机构。这些单位大都不是长城专职机构、人员也有限。为补充长城日常巡查力量，县级文物行政主管部门通过聘用长城保护员的方式，将长城的日常管理、监测工作委托给毗邻长城沿线的村民。因此，长城所谓的"遗产地"监测，实际由各级文物行政主管部门及其下属文物管理所等业务机构、长城保护员等共同承担。

内容方面，世界遗产监测分为日常监测、定期监测、反应性监测。日常监测按照明确的监测指标，由专门的管理机构承担；定期监测即重点监测，主要针对《濒危世界遗产名录》或者《中国世界文化遗产警示名单》上的遗产地。目前，长城没有明确的监测指标，日常监测还停留在看护阶段，缺乏规范性和系统性；定期监测重点不明，尚未明确重点监测的对象及内容。

手段方面，因《中国世界文化遗产警示名单》或《濒危世界遗产名录》的压力，世界文化遗产监测引起了省级文物行政部门、遗产地管理机构的关注，部分世界遗产地还将监测工作纳入各级文物行政主管部门的绩效考核。长城监测还未纳入各级长城保护管理机构业务考核内容，如何能够督促文物行政部门、管理机构提高对监测工作的认识还需要做大量的工作。

三、长城监测工作现状

目前，除了嘉峪关、玉门关、八达岭等个别长城点段开始或启动了长城系统监测工作外，其他点段的长城监测主要以日常巡查为主。近年来，国家文物局通过建设长城资源保护管理信息系统国家总平台，编写世界遗产组织第二轮定期报告，实施陕西省府谷县明长城无人机＋卫星遥感监测试点项目，开展《重大文化遗产地综合保护与利用研究——长城重要点段保护监测与利用试点》等课题研究①，组织各省编写省级长城保护规划，为长城系统监测积累了一定的工作基础。

对长城监测工作现状进行分析，是下一阶段系统开展长城监测的基础。充分利用已有的工作基础，并对已开展的监测工作进行总结既有利于提升已有的监测工作水平，避免重复开发和资源浪费，同时通过总结已开展的长城监测工作，有助于详细梳理长城监测的实际需求。

总体来看，长城沿线各级、各类管理部门、研究机构通过开展人工巡查，建立监测预警平台，采用无人机、便携式移动设备、安装前段监测设备、卫星影像对比、开发手机 APP 等监测技术开展了大量的监测实践工作，并取得了一定的经验。

（一）人工巡查

人工巡查是目前长城监测的主要方式。人工巡查，既包括各级文物行政主管部门的各类巡查，也包括长城保护管理机构和长城保护员按照《长城保护条例》《长城保护员管理办法》等开展的定期或不定期日常巡查，还包括各级文物行政部门、文物执法机构按照《文物保护单位执法巡查办法》对长城沿线各级文物保护单位进行的执法检查。

长城保护管理机构或长城保护员在对长城进行巡查的过程中进行文字、影像记录，是包括长城在内的大部分遗产地普遍采用的最基本的监测方法。2016 年的长城执法专项督查工作，对基层长城保护管理机构的日常巡查工作进行了较为深入的调研。督查结果显示，目前长城保护管理机构基本为长城所在地文管所等基层文物部门，长城仅作为其承担的诸多文物保护单位日常巡查工作中的一项。这些基层文物部门工作人员，往往是在做文物安全检查过程中兼顾长城巡查，多数没有对所管辖长城巡查工作做出计划，也没有明确巡查的内容、重点等。另外，数据采集与记录缺乏规范性，基本为手工填写且多为定性判断，缺少影像资料和测量数据，可追溯性差，数据的后期整理、分析难度大，可利用价值不高。

长城保护员有力地加强了长城日常的巡查和监管，但通过对北京、新疆等地长城保护员日常巡查工作调研了解到，长城保护员日常巡查工作的质量还有待提高。一是由于委托其开展长城日常巡查的长城管理机构对其工作约束较为松散。对长城保护员日常巡查的内容、形式、周期等缺乏相应的制度和规范要求。二是长城保护保护员专业水平十分有限，且平均年龄偏大，对长城发生的损毁情况很难准确、详实地描述与记录。

执法巡查是长城日常巡查的重要内容，执法巡查中查处的问题往往已经对长城本体及其环境造成实质性破坏或重要影响，是长城本体及其环境现状从"量"到"质"的变化，导致这些破坏或影响产生的因素是长城遗产价值变化的重要风险。另一个角度来看，长城监测发现的问题或安全隐患，也能为长城执法巡查提供更具针对性的线索。2005—2014 年，各级文物行政主管部门、文物执法机构对长城开展的执法巡查中，共发现长城自然损毁、人为破坏、自然与人为双重破坏共计 233 次。根据《文物保护单位执法巡查办法》的规定，巡查记录、文字和影像资料等都进行了整理归档。《长城执法巡查办法》除了整理归档巡查资料外，还在执法机构的职责、重点检查的内容、方式和手段、巡查人员的工作要求、报告与反馈等方面更做出了特殊的要求。

---

① 2016 年财政部项目，中国文化遗产研究院。

（二）长城监测技术实践

除了进行人工巡查外，一些长城点段利用监测设备、航摄影像判读等技术开展监测工作。中国文化遗产研究院以长城保护管理信息系统总平台数据为基础，开发了用于长城日常巡查的 APP，并结合东西部长城特点进行无人机监测试点。这些监测技术实践，对于探索各类技术、方法在不同地域、不同材质、不同保存状况长城监测中的应用效果、问题等具有重要的参考意义。

1. 监测预警系统平台

监测平台，是利用空间信息、网络通讯、物联网等现代科技手段，实现监测数据的实时传输、信息化处理、资源共享、预警提示和及时处置的重要工具。目前，长城监测预警体系监测平台建成并投入使用的有嘉峪关、玉门关两处。

表 2－13　长城监测预警体系建设一览表

长城监测系统建设项目	建设情况
嘉峪关世界文化遗产监测系统平台	已建成（一期）
玉门关遗址监测体系	已建成投入
八达岭长城监测体系	完成方案设计
金山岭长城监测平台	已编写方案

1）嘉峪关长城

嘉峪关长城遗产构成要素包括嘉峪关关城、天下第一墩及周边长城墙体和堡址。[①]，主要包括了关城木结构古建筑和夯土长城两大块。

① 管理体系

2016 年，经嘉峪关市委、甘肃省编办、甘肃省文物局批复同意，撤销原嘉峪关市世界文化遗产监测中心、市文物局计划财务管理中心，组建正处级建制的嘉峪关丝路（长城）文化研究院，负责嘉峪关全境文物保护工作，研究院下设文化遗产监测中心（挂信息资料中心），负责境内包括长城在内的文化遗产地监测系统项目的建设和运行，编制监测报告，开展日常监测和监测数据采集、分析，建立监测信息档案和数据库。

嘉峪关文化遗产监测预警体系构建以嘉峪关监测中心为主，文物管理部门和其他相关职能部门为辅。建立了"监测中心——监测站"两级监测管理体系，协同气象、国土、测绘、环保等职能部门，以嘉峪关文化遗产监测预警管理平台为载体实现信息化、科技化和智能化监测管理。在监测管理体制上协同各遗产点管理单位，形成以关城为核心，辐射全市的横向监测网络和监测中心主监测，遗产地主巡查的纵向监测管理机制。各遗产点管理单位负责开展日常巡查和管理工作，定期监测和反应性监测则由监测中心专职监测人员来完成，建立完善合理的日常监测、定期监测、反应性监测三级预警管

---

① 嘉峪关市境内共有各类长城遗存 64 处（段/座），包括单体建筑 23 座，关堡 3 座，壕堑 6 段（约 15 千米），墙体 26 段（约 40 千米），其他相关设施 6 处。

理体制，实现"及时反应、及时处理、科学应对"的监测预警管理机制。①

在嘉峪关文化遗产监测体系中，嘉峪关文化遗产监测中心、嘉峪关市文物局、嘉峪关市文物景区管理委员会、嘉峪关市其他相关政府职能部门（环保、气象、旅游、交通、公安等）相互协作，共同对嘉峪关文化遗产实施保护管理工作。②

② 监测技术

在监测系统平台下，通过前端固定仪器自动采集传输、便携式监测仪器定期采集、人工巡查测量和记录获取监测数据，上传平台进行存储分析。

预警平台自动监测方面，通过前端的固定监测仪器实时传输数据，包括各类传感器、监控器等，实时监测环境变化，即时向预警平台传输数据。

表 2 – 14　嘉峪关世界文化遗产监测系统固定监测仪器分类统计表

序号	类别	数量	序号	类别	数量
1	土体位移计	52	10	固定测斜仪	2
2	多点位移计	2	11	土体应力仪	7
3	风速传感器	36	12	温度计	15
4	水平测斜仪	4	13	悬挂测斜仪	10
5	客流量监测设备	3	14	安防视频探头	8
6	湿度计	15	15	气象站风速计	4
7	气象站风向仪	4	16	气象站气温急	4
8	气象站湿度计	4	17	气象站气压计	4
9	气象站雨量计	4	合计	178	

便携式监测仪器定期监测方面，采用地质雷达、全站仪、三维扫描仪、墙体水分仪、土壤盐分计、远距离裂隙观测仪、非金属超声探伤仪、测量卡尺、光谱仪、应力波段成像仪等定期采集数据上传至监测平台。

表 2 – 15　嘉峪关世界文化遗产监测系统便携式监测仪器分类统计表

序号	仪器名称	序号	仪器名称
1	数码相机	7	数码显微镜
2	三维扫描仪	8	应力波断层成像仪
3	游标卡尺	9	水分仪
4	米尺	10	盐分仪
5	卷尺	11	全站仪
6	靠尺	12	地质雷达

---

① 《2018 年度嘉峪关长城监测年报》，嘉峪关丝路（长城）研究院。

② 《嘉峪关文化遗产监测体系总体规划设计方案》，嘉峪关丝路（长城）研究院。

图像对比方面，对不同时期卫星遥感影像比对，发现长城本体与环境发生的变化。

人工观测方面，专业工作人员通过肉眼观察，记录野外巡查、日常保养、异常情况，将上述内容整理成格式化的电子记录表并导入遗产监测管理平台，并进行统计分析。

③ 评述

嘉峪关文化遗产监测中心（以下简称中心）是目前已建成、并实际运转的长城专门监测机构。中心作为整个嘉峪关保护管理机构的组成部分，开展日常监测工作，但这种设置专职管理机构开展监测工作的模式并不完全适合在长城全线推广。

嘉峪关世界文化遗产监测系统工程分为两期。监测项目启动后，中心在日常监测和定期监测时采集了大量的监测数据，但由于缺乏专业监测数据分析人员和科学的分析方法，所采集的监测数据未能进行有效分析研究。因此，监测数据对提升遗产保护管理的效力不足，监测工作还未能为长城的科学保护提供数据支撑。前端设备绝大多数安装于嘉峪关关城城墙上及城内，对本体的影响缺乏评估；一些便携式监测仪器闲置，没有专业人员使用；部分监测设备造价高，既无必要也不适于在长城沿线推广使用。

2）玉门关长城

玉门关长城包括汉玉门关遗址、汉河仓城遗址、汉长城玉门关段烽燧遗址、汉长城玉门关段塞墙遗址，计烽燧82座，墙体长约150公里，城障11座。其中20座烽燧遗址，18段长城墙体被纳入监测体系。

① 管理体制

敦煌市文物局下设"敦煌市玉门关汉长城管理所"作为玉门关长城保护管理的专职机构，管理所设立专职监测部门（专职人员3人），负责玉门关的日常监测。

② 监测方法

与嘉峪关监测系统平台相同，玉门关也通过前端固定仪器自动采集传输、便携式监测仪器定期采集、人工巡查测量和记录获取监测数据，并将数据上传至平台进行存储分析。

表2-16　玉门关监测内容与方法对照表

监测内容		方法	备注
环境监测	地形地貌及周边环境	卫星立体影像对比	定期将卫星影像图录入系统服务器
	气象监测	全自动气象站、携带各个监测探头自动监测	建立无线网自动传输、自动录入系统进行简单统计、报送
	空气质量监测	空气质量监测仪定期采集数据	建立无线网自动传输、自动录入系统进行简单统计、报送
	地下水监测	安装地下水水位传感器人工采样	地下水水位传感器实验室人工测定
	风沙监测	风速风向自动采集仪、可移动测风梯站及阶梯式积沙仪	自动采集、人工下载，定时录入系统

监测内容		方法	备注
本体	本体	现状定点拍照，通过手持式平板电脑进行历史照片现场对比	每三个月
	温、湿度	固定红外表面温度传感器 温湿度监测仪	实时查看
	可溶盐运移监测	采样分析	人工定期上传
	稳定性监测	高精度位移传感器	无线自动传输

③ 评述

为配合丝绸之路申遗，玉门关建立了长城监测体系，其监测的模式和方法与嘉峪关基本相同。自 2014 年运行以来采集了大量的监测数据，但因技术力量并没有对这些监测数据做出有效分析，截至 2017 年底还尚未形成任何形式的监测和评估报告。据了解，下一步在完成机房改造升级后，计划将全部监测数据交由专业机构分析处理。

2. 无人机监测

随着我国对地观测系统等遥感空间信息技术的发展，无人机影像的获取和处理系统也逐渐成熟，作为空间数据获取的一种重要手段具有高实效、高分辨率、灵活等性能，是承担中、小区域遥感数据获取任务最经济有效的技术手段。对于处于破坏频发的长城地段，其监测周期越短越好。与卫星遥感相比，无人机克服了卫星遥感重访周期长、应急不及时的缺点，更加方便、快捷、对气候条件要求低，对地形适应性较强。

2016 年，国家文物局结合"长城执法专项督查"在陕西府谷县开展了"明长城无人机 + 卫星遥感监测试点"工作，深入、详尽地掌握了长城遗存现状，发现了很多新问题，验证了这一技术手段应用于长城巡查的可行性。

此次试点工作的原理是利用无人机获取监测区域当前高分辨率影像，然后采用卫星遥感技术分别获取监测区域历史、近期的卫星影像，结合长城的保护资料、位置信息以及描述信息在影像上提取长城遗址边界，再通过影像叠加分析、对比，根据影像的颜色、色调、大小、形状、纹理、结构、高度、阴影、组合构型等信息，判读长城遗址的保存情况，对解译消失或疑似变化遗址点结合现场复核进行佐证，从而得到监测区域内长城遗址的整体保护情况。

试点证明，无人机对于小区域文物，尤其是线状分布的长城本体及周围环境线状普查更具有优越性。对影像分辨率要求高的长城遗存，如敌台、马面、烽火台、庙宇等需要观察独立单体形态特征的长城遗址，无人机低空航拍能拍摄 1：2000 分辨率的高清影像，并能够保障短期完成航摄、正射影像生产，变化信息提取，可快速呈现长城遗存本体及周围环境原貌，是进行小区段长城现状巡检强有力的技术支撑。

此次试点中采用了固定翼无人机和多旋翼无人机两种无人机。固定翼无人机具有飞行速度快、抗风能力强、经济实惠、运载能力大的特点，是类型最多、应用最广的低空遥感平台。适用于遗址点分布集中、大航程、起伏高度较大的长城监测；多旋翼无人机具有更快地搜星和定位速度，可实现稳定定高定点悬停，并且能自动记录航线、飞行时间、飞行距离、飞行地点等飞行细节，并实时缓存飞行过程中所拍摄的照片和视频。适用于遗址点分散的长城段落，一般适用于小范围动态监测。

3. 卫片对比

嘉峪关监测中心曾购买过两期关城 1:5000 的遥感影像，采用软件进行对比分析，效果欠佳。一方面是影像分辨率不能满足监测的需要；另一方面是没有专业的航片分析技术人员进行判读，仅依靠软件很难做到分析的准确性。

但对于长城来说，卫片影像对比仍具有较好的适用前景。卫星遥感影像与无人机遥感影像对比分析，无人机航拍较卫星遥感能获取到更高分辨率影像，能够满足较小面积的烽火台、敌台马面等长城单体对影像分辨率的要求，而对于较大面积的烽火台、敌台马面等长城单体卫星遥感影像即可以满足要求。

1）高分辨率遥感

卫星遥感是利用卫星遥感监测技术手段制作的叠加监测发现的地形地貌变化位置信息及有关要素后形成的专题影像图片。这种技术已经广泛应用于环境、水文、国情普查、国土资源监督执法等领域。卫星遥感监测适合大范围长城的长程变化监测，对于空间位置准确、无植被遮挡的较大型建筑遗迹的监控准确率高，但对于面积较小的遗迹监测准确度低，对于地下遗址和植被茂密情况下的文物本体辨识能力有限。对于内蒙古、甘肃、宁夏、青海、新疆植被不茂密的草原、戈壁、沙漠地区可以采用大尺度遥感监测。

2）雷达遥感

雷达传感器可不受天气影响，具有穿透云雾、全天时、全天候工作能力。一般的光学影像受云雾的影响，部分地物信息被遮挡时也无法进行工作。而雷达影像能够穿透云雾获取全面地物信息，在多云多雨的区域优势更为明显，而且可以穿透一定深度的植被和地表，具有测量距离和形变的能力，雷达卫星遥感的独特优势在海洋溢油监测、农作物监测、地表沉降监测、应急响应等方面已经在逐步尝试，并得到了较好的应用结果。

《重大遗产地保护利用综合研究——以长城为例》① 项目，以金塔县、青铜峡市和张家口崇礼区明长城异常形变监测为突破口，采用星雷达干涉数据，通过长城赋存场景及本体毫米级形变的提取与时空分析，通过光学卫星影像解译及实地勘察，确定引发病害的驱动因子，进而对卫星遥感长城动态监测与科学保护提供良好示范。实验结果表明，相对于人工走访和无人机观测等作业方式，卫星雷达干涉监测手段的成本更低，且自动化程度更高。与传统遥感监测技术事后评估相比，雷达干涉技术，通过对病害形变（毫米级）以及形变趋势的时序分析，可在事发之前发现长城病害情况，进而实现其健康诊断。此外，除了监测其本体之外，该技术还可获取遗产周边场景因人工活动（矿物和地下水开采）和山体滑坡等地质灾害导致的异常地表形变，进而可指导规范作业，降低并防范自然灾害对长城本体的破坏。

4. 移动终端

为满足长城日常监测需要，中国文化遗产研究院与国信司南（北京）地理信息技术有限公司合作

---

① 中国文化遗产研究院，2016－2018 专项业务费项目。

开发了"长城监测巡检系统"（以下简称巡检系统）。这款软件以长城保护管理信息系统总平台为基础，集成了长城资源调查认定数据和电子地图等，可用于长城执法和日常巡查工作。巡检系统按照长城管理权限划分为不同的管理端，由管理端下发巡查任务。移动端为巡查人员使用，可以对长城信息进行查询、拍照对比和记录，并向管理人员实时上报数据。移动端分为文物部门执法巡查人员、长城保护员两个版本，前者集成了现有文物和长城管理法律规定的内容，可以进行执法操作；后者对使用者要求相对较低，功能较为简单，更容易操作，主要用于日常巡查记录。管理端通过共享轨迹的方式，对巡查人员进行监控，监督其完成日常巡查任务。

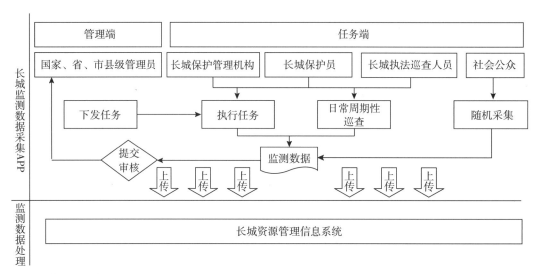

图 2-20　长城监测数据采集工作流程图

5. 与保护工程结合的监测

2010 年，山海关结合古城墙保护维修工程开展监测，对山海关关城及东罗城 6000m 城墙范围外包墙体、城墙夯土与地基基础的变形情况进行系统的岩土工程监测，对有可能影响到地基基础的地下水位变化情况进行监测。监测采用了钢尺量测、全站仪、GPS 测量仪表面应变仪、锚杆应力仪、沉降仪、钻孔倾斜仪、地下水位观测仪等仪器设备选择墙体裂缝等具有代表性的部位、基准点，对墙体的裂缝、鼓空、沉降、位移等进行监测。

开展保护工程时会对长城本体病害、险情进行详细地勘察，此时开展监测更具针对性，相对于"日常监测"这种"常规检查"来说，更像是针对性更强的"专项体检"。在保护维修阶段开展的监测，会将监测手段直接应用于病害或损毁的发生点，在一段时间内对其进行持续的观察和记录，既避免了因安装监测设备对本体造成的"二次破坏"，还能够对施工前后各类病害或险情的变化进行跟踪，为评估施工方法、技术等提供了重要依据。

（三）填报世界遗产第二轮定期报告

定期报告机制是世界遗产委员会要求缔约国将其通过的法律和行政条款以及实施《世界遗产公约》采取的其他行动报告提交教科文组织大会，是对世界遗产的一项周期性监测方式。2000 年至今，世界遗产委员会共开展了 2000—2006 年、2008—2015 年两轮定期报告。

2011 年，按照世界遗产委员会的要求国家文物局组织中国世界文化遗产地在线填写问卷。山东、吉林、宁夏、天津、湖北（参加长城资源调查）等长城沿线省区的省级文物行政主管部门填写《长城世界遗产第二轮定期监测报告》（简称《长城定期报告》），主要内容包括遗产影响因素、管理和制度因素、负面因素评估、保护措施等相关内容。中国文化遗产研究院负责汇总、整理各省反馈的问卷，形成反映我国长城整体保护管理状况的《长城世界遗产第二轮定期监测报告》。山海关、嘉峪关、八达岭三处长城遗产地，还提交了世界文化遗产回顾性地图。

《长城定期报告》是长城遗产地管理机构按照世界遗产组织的要求，对长城保护管理措施、突出普遍价值等进行的全面评估，通过填写报告从侧面反映出地方文物主管部门对世界文化遗产监测内容、指标等理解的深度和水平。

1. 对填写定期报告缺乏必要的了解

各省填报阶段，除八达岭、慕田峪、嘉峪关、金山岭、山海关几处世界遗产地外，要求所有参加全国长城资源调查的省区也参与《长城定期报告》的填写工作。除八达岭曾填报过《世界文化遗产定期监测第一轮报告》外，其他长城世界遗产地及长城沿线各省均是首次开展此项工作。因此，各省普遍反映出对《长城定期报告》填报工作的缘起、意义、要求等缺乏完整的认识等问题。

中国文化遗产研究院查阅、研究了世界遗产委员会相关会议材料《世界文化遗产定期监测报告用户指南》《世界文化遗产定期监测第一轮报告——八达岭》《亚太地区世界遗产保护报告》等大量相关资料，指导各省填写报告内容。但由于首次承担此类任务，缺乏相关工作经验、对报告内容的语境理解存在偏差，对世界遗产委员会对缔约国监测工作的相关要求认识不足。

2. 缺乏数据支撑

《长城定期报告》要求对遗产的突出普遍价值进行全面评估。需要根据长城保护状况的关键指标信息分析长城现状，提供每个关键指标的最新信息。填写第二轮定期阶段，各省已完成了所有时代的长城资源调查，但还未对调查资料做系统梳理。因此，《长城定期报告》中需要填报的项目基本是对以往长城保护工作状况的总结积累和定性判断。如，对长城破坏因素的陈述，只能笼统地说明有自然和人为两种因素，自然因素的种类也只是依照《长城资源调查手册》中列举的一些破坏因素进行了填写。评估部分需要对世界遗产管理者（协调者、工作人员）之间的合作（关系）进行评估，需要提供与遗产保护相关的成本、参与管理世界遗产工作人员的情况等财政和人力资源方面的数据资料。由于缺乏长城管理数据的记录和积累，各省这部分内容大都没有准确数据，只能大致估算。问卷第二部分的"影响遗产地因素"评估要求就"入侵物种""污染""气候变化""畜牧业""林业/木材生产"等内容进行填报，这些内容需要文物部门与其他行业建立合作机制才能获取，在填写这部分内容时只能靠主观判断，完全没有专业数据支撑。

3. 对报告内容不理解

《长城定期评估报告》共列出了"建筑物和开发""运输基础设施""服务基础设施""污染""生物资源使用/改变""物理资源提取""影响物理结构的地方条件""遗产的社会/文化用途"等 14 类遗产影响因素，并要求对每类细化要素的影响因素做出"正面"或"负面"的评价，并对影响因素的存在状况进行选择（目前/潜在），对影响因素的起因做出"内部"或"外部"的判断。

各省由于不理解题目内容以及上下问题的逻辑关系，有的没有做勾选，或做出的描述也答非所问，尤其是影响因素的起因（内部、外部）项较多空缺。

表 2 - 17　《长城第二轮定期报告》节选

名称	影响				起因	
属矿污水	正面	负面	目前	潜在	内部	外部
3.4.3　地面水污染	严重影响当地居民饮用危害健康	河水浑浊不清，生态平衡遭到破坏	水中酸碱度增高	影响地下水质量	尾矿属兴隆县管辖地区不同	

3.4.3——地面水污染

例如：

· 酸雨
· 矿山/尾矿污水
· 农业污水

4. 日常监测与定期报告的要求存在差距

《长城定期报告》中的很多指标为定性表述，例如对"目前负面因素的评估""保护性措施""管理活动"等，这些问题需要对日常监测数据进行提炼和概括。实际上，在长城日常的巡查工作中文物保护管理机构业务人员、长城保护员等会对破坏长城的因素、长城损毁情况等进行记录，但由于缺乏相应的技术指导，这些记录既分散又缺乏规范性，数据很难统计分析。另外，日常巡视的重点内容主要是本体的保存状况，对《长城定期报告》中"影响物理结构的地方条件"（风、相对湿度、温度、辐射/光、尘土、水、害虫、微生物）等环境因素关注不够，系统的记录和监测更无从谈起。因此，造成定期报告的内容与实际工作中关注、获取的信息存在偏差。

（四）建立长城保护管理信息系统总平台

2014 年，国家文物局委托中国文化遗产研究院组织开展长城资源管理信息系统升级工作。升级后的长城资源管理信息系统总平台（以下简称长城总平台）从数据支持、管理业务、空间数据展示等方面为长城监测预警平台的建立奠定了重要基础。

1. 具备了系统、完整的长城资源信息数据库

建立系统、完整、规范的基础数据库是中国世界文化遗产监测系统建设的基本要求。截至 2016 年 6 月，包括明长城（含补充调查数据）、早期长城在内的各时代长城调查资料都已全部整合入库，并完成了调查数据与认定数据一一对应，建立了长城资源保护管理信息系统基础数据库。2016 年，为全面总结《长城保护工程（2005 - 2014 年）》（"长城保护工程"）以及《长城保护条例》的实施情况，由国家文物局组织，委托中国文化遗产研究院承担"长城保护工程十年评估"项目。此项工作中，根据《长城保护条例》及"长城保护工程"要求的十二项内容，长城所在地十五个省（自治区、直辖市）文物部门统一填报了包括"四有"工作、考古发掘、保护规划编制、保护工程实施、长城日常保护管理、展示利用等长城保护管理业务数据，并被纳入长城资源保护管理信息系统基础数据库。

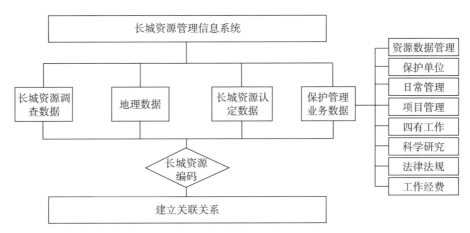

图 2-21 长城资源管理信息系统数据结构图

在长城资源保护管理信息系统的基础上建立了国家开展长城保护管理的总平台（简称长城总平台）。

2. 实现了长城保护管理工作的业务需求

长城总平台对全部长城资源调查数据、业务数据进行了备份、更新、实现了数据的查询与统计分析，同时与空间数据的对应，可直观了解长城分布、保存状况，并支持各级文物部门对长城进行信息化管理，也是未来开展长城监测预警的平台基础。

查询检索：具备长城资源的全文及分类搜索功能，并可进行地图定位，关联保护项目和日常保护管理等业务；具备长城资源数据的高级属性查询及空间查询，以及坐标定位功能；具备长城保护级别、日常管理、项目管理、四有工作等业务数据的查询检索。

统计分析：可实现长城资源的保护状况、类型、材质、朝代、文保级别等属性数量、长度的交叉统计，并能快速对统计结果进行输出；可实现长城点段与长城保护规划、"四有"工作、保护工程等长城业务数据的综合统计分析。

为保证长城管理业务数据的更新，中国文化遗产研究院编制了《数据填报规则》。根据填报规则，总平台可以实现长城资源数据、保护管理业务数据的在线报送、审核、数据更新维护等管理需求。

各省、市级文物局能够通过总平台对管辖范围内的长城资源数据进行综合分析利用。具体包括：对下级权限用户提交的长城资源调查数据、认定数据、保护管理数据、基础地理数据进行系统审核，数据查询统计、下载、更新入库；对长城保护管理数据所有相关资料定期或是按照规定提交。

基层文物部门能够通过平台在线管理日常保护管理业务数据。对本辖区长城资源调查数据、认定数据、保护管理数据、基础地理数据进行数据查询统计、下载、更新入库；按照上级文物行政主管部门的要求定期或不定期提交长城保护管理数据所有相关资料。

3. 拓展了长城空间数据的展示、利用

长城总平台涵盖了所有长城点段的空间数据还可直观展示长城资源的分布、走向，也可按需求形成长城资源电子地图，支持将保护划定范围等空间信息叠加到电子地图上，支持将保护规划数据、联系人信息与长城档案数据关联，实现互联互查。各级文物行政主管部门审批长城保护维修工程、各类建设工程时，可直观地看到审批对象划定的保护范围与建设控制地带与实施工程范围之间的关系，为审批决策提供了重要的支持。

4. 达到了世界遗产监测的基本要求

中国世界文化遗产监测预警体系将世界遗产委员会定期报告中的内容与我国世界文化遗产保护管理工作的基本内容相结合，形成了一套指导中国各遗产地监测工作的监测指标体系。这套监测指标体系在日常监测 16 大项 56 个监测数据中提取了 37 项监测指标作为通用指标，各个世界遗产地可在此基础上增加个性化指标。

长城监测的内容，一方面需要与中国世界文化遗产监测预警总平台指标体系保持一致，因此要对照补充长城总平台缺少的内容。另一方面，要满足长城监测的特殊需求，补充建档、保护工程评估、工作经费、科学研究等方面的监测指标。

通过对照中国世界遗产监测预警指标体系与长城总平台现有数据，长城总平台的内容涵盖了中国世界遗产监测预警指标体系中的大部分内容，但本体与载体病害、自然环境监测工作情况记录、遗产区和缓冲区社会环境年度监测记录、总体格局变化、遗产使用功能变化等长城调查没有涉及的内容还需要进一步补充完善。（附录四：长城总平台与世界遗产监测总平台监测数据内容对比表）

本体及其环境是目前各个遗产地开展监测的主要对象。但值得特别注意的是，遗产地保护管理状况在世界遗产委员会要求缔约国填报的定期报告中占有相当比例的权重（问卷第二部分的第四章）。长城第二轮定期报告填写过程中发现，地方各级文物行政主管部门及其下属文物保护业务单位、长城保护管理机构对长城的保护措施、管理系统、财政和人力资源的投入等管理状况没有系统的资料积累和科学的数据统计，对保护管理方面的内容缺乏足够的重视。在"长城保护管理工作特点"部分的分析可以看到，长城保护管理相较于其他世界文化遗产地、国保单位还有一些特殊规定，也需要将这些特殊的管理需求补充进长城总平台中。综合来看，长城监测指标体系还应补充以下方面的内容：

第一，社会参与。长城保护员、民间组织参与保护是长城保护管理的重要特色，长城监测平台应对保护员的数量，民间组织参与长城保护管理的状况进行监测。

第二，建档。长城档案的建立是管理工作的重要内容，且长城档案相较于其他世界遗产地具有更高的要求，应在日常管理监测项中补充长城档案的建立与更新状况。

第三，保护工程评估。长城监测体系的目标之一就是要辅助长城保护规划、保护维修项目等保护管理工作，尤其是近年来，社会公众对长城保护维修工程尤为关注。因此有必要对工程实施的效果进行监测。此项内容可在"保护展示与环境整治工程记录"中补充。

第四，工作经费。世界遗产组织的定期报告中共有 5 个关于遗产地经费方面的问题。长城保护经费的数量、来源结构，长城景区等利用场所的经济利益及其使用等都与定期报告有关，可在长城保护管理信息系统"工作经费"的基础上补充完善。

第五，科学研究。科研项目是第二轮定期报告的一项内容，共涉及科研项目的发布情况、学术成果的发表情况、科研项目的研究方法等 5 个方面的问题，可在长城保护管理信息系统"科学研究"的基础上补充完善。

（五）长城保护规划中的监测需求

按照国家文物局的工作部署，根据《长城保护总体规划编制指导意见》[①]的要求，各省组织编制了分省长城保护规划。省级长城保护规划中对本省长城监测现状进行了梳理，并提出了本省长城的监测需求。

通过对省级长城保护规划分析，既可以找到目前各省在长城监测中存在的问题，也能够梳理长城监测中的需求。

1. 目前各省监测存在的问题

第一，对监测工作认识不足。各省在长城保护维修、工程施工、管理工作中尚未具备"监测"意识，主要体现在保护工程实施过程中没有将长城本体的勘察结果、病害等纳入监测记录，使"监测"与长城保护的实际工作割裂；遗产危害要素不明，尤其是对长城保存状况、赋存环境、旅游利用等监测工作薄弱。

第二，缺乏完善的监测体系。目前的监测工作零散，缺乏理论与方法指导，规范性、科学性不够；监尚未真正纳入保护管理环节，没有在制度上确立监测与其他管理业务的关系；没有建立相应的制度和工作机制；各项监测措施不完善。

第三，研究工作滞后。缺乏针对长城本体及其周边环境的病害调查，建立科学的长城监测指标体系存在困难。

第四，缺少必要的保障。一是开展监测工作的人员力量不足，基层文物管理部门人数有限，专业素质不高，对监测工作缺乏必要的了解，长城保护员的日常巡查也仅停留在看护水平；二是日常维护经费不足。长城巡查是日常维护的重要内容，需要投入一定的人力，但除了少数辟为景区的长城点段有一定的日常监测及管理维护资金外，偏远长城点段日常管理经费仍存在很大缺口。

2. 监测需求分析

针对长城监测存在的问题，为加强长城监测工作、推动建立监测体系等，各省长城保护规划提出了监测规划，集中体现了地方文物部门对长城监测的主要要求。

第一，建立监测制度，制定监测规范。将长城监测纳入长城日常管理、保护维修、工程施工等环节；落实长城规划监测制度，以属地管理为基础，将长城监测纳入各级政府的领导责任和绩效考核，使长城监测工作常态化、制度化，规范化。

第二，充实完善文物管理部门设置，建立管理机构体系，成立长城遗产监测中心，为长城监测制度、规范的落实和执行提供组织保障。

第三，根据长城的特点，建立动态监测预警系统平台。各省在长城保护规划中普遍提出了建立长城监测预警系统平台的需求。主要模式有两种，一是建立省级和市两级管理层级，二是，将中国世界文化遗产监测预警总平台作为总平台，各省建立省级和区县级两级平台。

第四，整合长城所在地各部门的科技资源，实现资源、设备、监测数据共享。鼓励县市文物部门

[①]　国家文物局，关于征求《长城保护规划编制指导意见（征求意见稿）》意见的函，办保函〔2015〕1203 号。

与当地气象、国土、水利、测绘、林业、农业和规划建设等部门开展合作，建立联合监测机制。

第五，充分考虑长城遗产和保护管理的特殊性，建立以长城的管理、保护和监测为主要资金投入方向的资金保障体系。

（六）小结

通过分析长城遗产特性，梳理长城保护管理特点，评估长城监测工作现状，总结长城监测体系建设需求，得到如下结论：

第一，长城面临的风险因素庞杂，遗产特性复杂，同步开展全线监测没有可行性。应利用长城风险因素的分析结论，首先关注各类风险因素中影响范围最广、影响程度最大的几类，并综合考虑长城保护维修工程、长城周边基础设施建设、旅游开发利用等确定长城监测的重点点段。

第二，长城保护管理的特点决定了监测体系的架构。充分考虑长城管理力量薄弱的现状，建立长城分级监测体系。充分发挥"县级"文物行政主管部门、基层文物保护管理机构、长城保护员的作用，并突出长城社会管理的特色。

第三，长城复杂的遗产特性决定了必须采用系统化的数据管理手段才能做到对长城的"整体保护、分段管理"，长城监测体系的建立同样也需要借助信息管理平台。长城保护管理信息系统总平台已经形成了完整的长城资源的信息数据库，基本实现了长城保护管理工作的基本需求，并部分满足了世界文化遗产监测的要求，是开展长城监测的重要基础。

第四，监测技术手段的应用要以服务长城的监测内容和监测目标为前提。一是利用手机 APP、便携式工具辅助日常监测，提升长城日常监测水平为主要目标；二是要发挥大尺度监测手段满足长城重点点段的定期监测；三是以经济为原则，避免过度监测。利用社充分利用气象、水文、环境等其他行业的数据，避免盲目安装监测设备造成闲置和浪费。

第三章　长城监测信息系统的分析与建设

长城监测信息系统平台，是指在对长城遗产特性和监测需求分析的基础上，通过运用计算机硬件技术、软件技术、网络技术和数据库技术，以及空间信息、网络通讯、物联网等现代科技手段，实现监测数据的科学采集、高效管理、统计分析、资源共享、预警处置等一体化的信息化平台，为长城的保护和管理工作提供辅助决策。

本章划分为三部分内容：

一是对长城监测信息系统建设的初步分析。为满足长城的遗产特性和管理需求，根据监测工作现状的分析结果，初步分析长城监测信息系统的建设思路，进一步明确系统的建设要求和重点建设内容，并对系统的构成和使用者进行说明，实现将监测信息系统建设成为可服务于长城保护管理及应用研究的综合性服务平台，辅助提升长城保护水平。

二是长城监测信息系统建设。根据系统建设的初步分析，初步明确长城监测系统的总体框架和各部分组成，确立长城监测系统在长城保护中的定位和作用。

三是长城监测信息系统运行相关保障。为了保证系统的活力、制度规范落地和信息更新持续，提供人力资源保证和沟通协调机制以确保监测系统建成后切实服务长城保护和管理。

一、长城监测信息系统分析

（一）建设要求

1. 实用性

最大限度的满足长城保护工作的需要。一方面，要满足长城各点段特有的遗产特性，选择与监测手段、监测方法相匹配的监测系统。另一方面，长城资源应用平台已经成为各级保护管理机构日常工作的信息平台，监测系统的建设要兼顾用户已形成的系统操作习惯，还要充分利用长城资源信息平台的资源，加强资源调用和信息共享。

2. 开放性

系统体系架构要求灵活、开放和易扩展。要保证可整合接入已有的监测试点数据，充分和有效利用资源数信息数据。系统在扩展、升级及不可预见的管理模式改变方面要留有余地；系统要支持与大环境相关的气象、地震、环保等相关业务系统高效集成，要加强与中国世界文化遗产监测预警总平台的衔接，实现信息共享。

3. 先进性

系统在建设中要在满足实用性要求的基础上，尽可能采用国内外先进的计算机技术、硬件技术、信息技术和通信技术；采用先进的结构体系和主流产品，保证系统高效运行。

4. 安全可靠性

根据系统业务处理要求，考虑在系统负载峰值情况下，相关系统设备要安全可靠的运行，系统具有双机或多机备份机制，确保系统不宕机，数据不丢失。

要重点考虑系统的抗干扰能力和抗破坏能力，需采取多种手段确保数据安全，保证信息传递的及时、准确。主要技术系统及监测设备必须为成熟产品，并在长城或其他类似遗产中成功运行。

（二）建设思路

长城监测信息系统是长城监测体系的重要组成部分。依托"整体保护、分段管理与属地管理"相结合的长城既有的管理模式，充分运用互联网、大数据、云计算等信息技术，实现长城监测方式的融合创新，借鉴已有的较为先进的监测系统建设技术和经验，在长城资源信息平台基础上实现资源的整合利用，搭建覆盖全线，重点突出的国家级长城监测平台，实现国家、省、地市（县）多级联动，逐步推进和实现对长城文物本体、环境、管理等情况的动态监管，满足长城保护管理现状和需求，形成适合国情和长城特点的监测系统，实现技术监测（如系统、设备等）与人工监测有机结合。

长城监测信息平台是一套适应长城遗产特性，满足长城各级保护管理机构工作需要、集监测数据采集、汇总、分析、评估、预警处置等监测业务于一体的信息化系统，辅助实现长城的保护管理和决策分析。

（三）建设要点

1. 总体架构要求

监测信息系统建设应以实际的监测业务和管理需求为驱动，促进平台建设及基础设施设备的建设，并通过技术手段与业务相结合的模式，满足遗产监测的实际应用。

2. 系统基础数据

监测的基础数据可参考《中国世界文化遗产地基础数据采集规则》中关于整体要求、命名规则、采集规则、编码规则、元数据等内容，根据长城资源和遗产特性等要求进行采集，同时也要对基础数据进行编码，以便于与中国世界文化遗产监测预警总平台互联对接。

3. 系统监测数据

长城监测数据要包括全线及重要点段的本体、环境和管理等相关的监测数据类型，其中隶属世界文化遗产的长城点段，参考《世界文化遗产监测数据总表、元数据表、监测指标》中要求的16大项56小项监测数据。监测数据的采集应在满足数据需求的前提下，优先选择采取整合日常巡查移动客户端、外部系统自动接入等方式，避免过度依赖技术监测。同时也要按照《中国世界文化遗产监测总平台数据对接规范》的要求对监测数据进行编码，以便于与中国世界文化遗产监测预警总平台互联对接。

4. 监测指标体系

在满足遗产保护管理机构要在监测数据的基础上，扩张和深化长城监测数据项，参考《世界文化遗产监测数据总表、元数据表、监测指标》制定长城监测指标，满足并以此自动生成监测指标，建立满足长城遗产保护需求的监测指标体系。

5. 预警管理与处置跟踪

长城监测信息系统平台要能通过采集的监测数据和预先设定的预警值进行判断并自动预警，根据预警预案及时通知相关责任人，及时对处置结果进行跟踪核查。

6. 技术选型

监测信息系统建设应用 GIS 技术，结合长城业务数据实现对遗产的时空一体化监测管理。开展专项监测的重要点段，在确保将实时获取的监测数据接入监测预警平台外，还要保证监测设备通过对比试验论证其可行性，优先采用易维护、易操作的设备。设备的布设应以最小干预为原则，设备外形应与遗产整体风貌保持一致。

7. 机房建设

长城监测系统运行机房主要用于数据存储、网络运行和运维管理，要严格遵循国家《电子信息系统机房设计规范》（GB50174－2008）标准进行设计规划与建设，应不低于 C 级信息系统机房建设标准。

（四）系统构成与用户

1. 子系统构成

根据长城遗产特性和监测工作的实际需求，长城监测系统平台划分监测业务管理、移动数据采集、监测数据采集、基础数据管理、监测数据审核、数据服务与管理、监测数据管理、监测工作监管、数据分析评估和动态预警监测数据管理业务模块，根据监测流程划分相应的监测模块，监测模块的定位、分工各不相同。长城监测系统平台还提供遥感监测、舆情监测等专项宏观监测以弥补局部小范围监测的不足。长城监测系统平台囊括长城信息网，优化提升后的长城信息网具有监测信息展示、社会公众互动面板，为长城监测不可或缺的途径。

2. 系统用户

长城监测信息系统在长城资源信息系统基础上进行完善和提升，长城点、段特性和各项管理工作特点决定长城监测系统的用户包括各级文物行政主管部门、文物保护管理机构、长城保护员，此外，系统还要为文物专家提供数据和系统使用权限，必要时对长城本体保存及健康诊断、病害及影响因素的态势分析等提供咨询服务。社会力量对长城保护具有极高的热情，因此各种社团等在长城监测保护管理中同样具有举足轻重的地位。

二、长城监测信息系统建设

（一）总体框架

长城监测信息系统平台以实现长城的保护、管理、利用和研究为目的，以建成基于长城资源信息平台的综合监测业务平台为手段，以标准的制度规范、人力资源和组织运行体系为保障，既要满足国家文物局及各级文物保护管理机构/部门对长城管理的需要，也要与中国世界文化遗产监测预警总平台互联互通。

长城监测信息平台总体框架包括支撑环境层、监测数据库层、监测系统层、监测应用层和用户层，如下图所示：

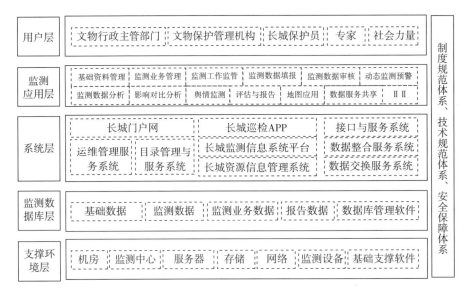

图 3 - 1　长城监测信息平台总体框架

1. 支撑环境层

支撑环境层是长城监测系统平台赖以存在和运行的基础，主要有机房、监测中心、服务器、存储资源、网络、监测设备、基础支撑软件，充分整合现有资源提升资源利用率，降低建设成本。

2. 监测数据库层

监测数据库层主要有四大类，分别是基础数据库、监测数据库、监测业务数据库和监测报告数据库，同时配备有支撑数据库存储的管理软件。

基础数据库包括地理基础数据和监测基础数据，其中地理基础数据即按照行业标准规范制作的空间数据，包括数字正射影像（DOM）、矢量数据、地形数据、病害分布图等，覆盖范围可涵盖长城全线指定范围的信息，其中内容表达需要根据我国互联网地图公开发布的相关标准规范进行制作；监测基础数据参考世界文化遗产相关标准规范，可包括长城的四有档案、保护管理、文献等。此类数据在长城资源信息管理数据库基础上进行整合处理。

监测数据库储存长城开展的各类监测数据。监测数据的具体内容、类型和形式可参考《世界文化遗产监测数据总表、元数据表、监测指标》制定，整合日常监测和技术监测，实现多源监测数据的汇总和统一存储。

监测业务数据库主要为开展监测工作必须的资源数据，内容包括监测人员、监测设备、监测点位、系统用户和日志等。

报告数据库存储长城各种监测年度报告、评估报告和专家分析报告等。

数据库管理软件选择要支持跨平台、跨语言，具有高可靠性和安全性，数据库的建设要遵循信息化建设的相关行业标准规范。

3. 系统层

监测系统层是以监测数据、基础数据和相关的业务数据为数据来源，通过监测信息系统对以上各类数据实现业务整合，为各种监测应用提供整合后的信息服务，通过监测服务提高长城保护管理和研究利用的水平。

监测系统层主要包括整合后的长城门户网站，长城巡检 APP、长城监测信息系统平台、长城资源信息管理系统，接口与服务系统、运维管理服务系统、目录管理与服务系统、数据整合服务系统、数据交换服务系统。

长城门户网：基于原有长城门户网为各种社团等社会力量提供参与长城监测保护的途径。

长城巡检 APP：根据长城监测指标升级原有的长城巡检移动端，为长城全线提供日常巡查手段和工具。

长城监测信息服务系统平台：基于长城资源信息管理系统进行改造，融合监测相关主题，提供长城保护管理和监测的一体化服务。

长城资源信息管理系统：提供原有的长城资源信息管理功能，侧重管理和保护相关应用。

运维管理服务系统、目录管理与服务系统、数据整合服务系统、数据交换服务系统分别支撑系统的管理、数据和服务的内外交换。

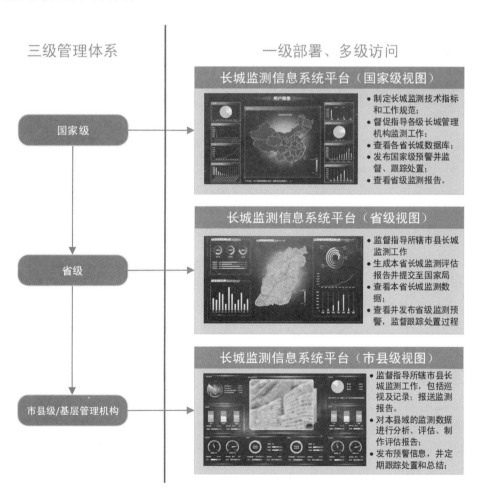

图 3 - 2　长城监测信息系统平台运行模式

4. 监测应用层

主要体现监测信息系统平台的主要业务应用，通过建设集监测数据采集、审核与管理，预警信息发布、处置与跟踪，遗址状态分析与评估，监测工作监督与管理为一体的监测平台，满足长城监测和保护的需求，通过监测业务动态配置、用户权限分级控制，建设监测工作职责明确、业务灵活配置的运行模式。

5. 用户层

用户层为系统的主要用户，具体包括文物行政主管部门、文物保护管理机构、长城保护员、专家和社会力量。

（二）运行模式

1. 系统部署

通过对比分析分散部署和集中部署两种方式的优缺点，深入分析其他同类文化遗产多级分散部署带来的监测数据收集率低、系统维护困难等问题，建议长城监测信息系统平台采用一级部署多级访问的运行模式，以此降低系统建设成本和后期维护成本，提升系统维护管理和使用效率。

由于长城全线跨越多个行政区域，为便于后期的管理和监测指导，建议可参考海上丝绸之路监测预警平台，将系统部署在国家级文物管理行政部门或长城保护管理机构。省级、市县级/基层管理机构通过互联网访问权责一致的系统视图，完成所辖长城点段的监测、管理工作。

2. 系统视图

系统视图指根据用户职责适配系统应用界面，辅助用户完成长城的监测和保护管理工作。

系统视图划分三级，由宏观到微观分别为国家级视图、省级视图和市县级/基层管理机构。其中国家级视图用户为国家级文物保护管理机构和部门，主要关注长城全线的整体保护和监测工作；省级视图用户为省级文物保护管理机构和部门，主要关注所辖市县域内的长城保护和监测工作；市县级视图用户为市县级/基层管理机构，主要聚焦长城具体部位的监测和保护管理工作。

此外，社会力量通过门户网站参与长城监测和保护具体工作，专家具有监测数据查看、分析的权限视图。

三、长城监测信息系统配套运行保障

（一）人力资源保障

长城监测信息系统平台要保持持续运行，在系统服务对象之外，各级长城管理机构还需要配置必要的专职监测人员，国家级长城监测机构还需要配置系统运维人员，其中监测人员作为监测系统保持活力、健壮运行的灵魂角色，可以确保监测数据持续汇集到系统；而系统运维人员在系统突发紧急状况时可以快速响应与处置，使系统对外服务快速恢复。

（二）沟通协调机制

长城作为跨越多行政区域的大型线性遗产，其监测系统的运行和管理必须制定切实可行的工作协调机制。其中国家级长城监测机构/部门，主要负责设立长城监测总平台，明确长城监测指标，制定监测工作规程，指导长城所在地省（区、市）开展长城监测工作，并做好长城监测总平台与中国世界文化遗产监测总平台衔接；省级长城监测机构/部门负责指导、督促本行政区域内相关市县开展长城监测工作，汇总、整理、分析各市县提交的长城监测数据，并及时将相关数据、分析结果及处置情况提交长城监测总平台；县级长城监测机构/部门具体负责本行政区域内长城日常监测工作，维护监测设备设施，采集报送监测数据，开展日常巡查，实施预警事件处置，并及时将相关情况报上级文物主管部门。属国家级长城重要点段的，由其保护机构负责相关日常监测工作的具体实施。

第四章　长城监测专题研究

　　长城监测专题研究部分是以长城为对象，开展的各项监测方法与技术研究。近年来，中国文化遗产研究院通过对金塔、崇礼、敦煌、嘉峪关等地区的长城开展监测专题研究，探索了建立长城风险因素指标的方法以及遥感、雷达、手机终端在长城监测中的应用。

一、长城破坏风险因素与监测方法研究——以金塔县为例

　　金塔县长城资源调查记录与研究者的实地复查为基础，共识别出 16 种金塔县长城破坏风险影响因素及其主要的风险源，确认了金塔县长城本体存在的 10 种病害，提出在各风险影响因素与长城本体病害之间建立关系的重要性，并对方法进行初步探讨。

（一）金塔县长城破坏影响因素

　　研究者通过梳理金塔县长城相关历史、考古文献和当代研究成果，走访金塔县国土、水务、农林、建设等相关政府部门，获取金塔县发展建设情况的第一手材料，结合长城资源调查记录与实地抽样复查结果，并参考中国世界文化遗产监测预警总平台监测数据内容与框架进行综合分析，将长城破坏风险因素分为自然环境因素与社会环境因素两类，共 24 种。其中，根据金塔县长城资源调查记录与实地抽样复查结果，共识别出县域内 16 种长城破坏影响因素。具体如下：

1. 自然环境

　　据长城资源调查记录，长城的自然环境破坏影响因素主要包括日常影响因素、突发因素（自然灾害）两类。

　　1）日常因素

　　日常影响因素有气温（具体表现为温度围绕 0 摄氏度上下变化导致的冻融）、湿度（具体表现为干湿变化，以及水浸泡）、风沙、降水、空气质量、酸雨、动物、植物、微生物等 9 类。其中金塔县可见温度、湿度、风沙、降水、动物、植物等 6 类。

　　2）突发因素

　　突发因素（自然灾害）包括洪水、雷暴、滑坡与崩塌、泥石流、地震等 5 类，其中金塔县可见洪水、地震 2 类。

图 4 - 1　猫头鹰在马庄营城城墙上做窝

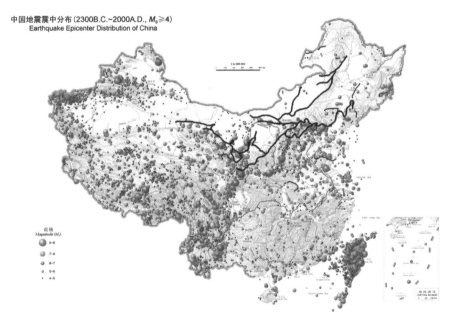

图 4 - 2　长城资源与中国地震带分布图

2. 社会环境

社会环境影响因素同样可以分为日常因素与突发因素两类。其中日常因素又可以分为外部环境影响和内部管理工作影响两个层次。

1）日常因素

① 外部环境因素

外部环境影响因素主要指人类生产生活对长城构成影响的因素，包括农、林、牧业生产、工业生产、基本建设、过度旅游开发等 6 项。在金塔县，除过度旅游开发外的 5 项影响因素均可见。

金塔县地广人稀，人口密度仅为 8.5 人/平方千米，人类活动对长城破坏的压力总体上相对小，但地域差异较明显，部分长城分布地区人口比较密集，生产建设活动频繁，对长城造成一定威胁；交通与土地利用的影响则比较明显。金塔县境内的长城与农田、林地、牧区和工矿企业所在地多有重合。

图 4 - 3　长房墩垛口受地震影响前后对比（2011—2013）

图 4 - 4　水库中的花庄墩烽火台

道路修建对长城的穿越、工农业生产与基本建设对长城的破坏（包括在长城本体之上及附近区域取土、建房、采矿等活动、放牧导致的牲畜踩踏、水库蓄水冲刷浸泡等）威胁较大。

② 内部管理因素

内部管理工作的影响包括"四有"工作不完善、管理权矛盾和不当保护管理措施等 3 项。金塔县长城的内部管理工作影响因素具体表现为管理权矛盾。

根据《中华人民共和国文物保护法》等相关法律规定，文物保护单位应当开展"四有"工作（有保护范围、有保护标志、有保护管理机构、有文物记录档案）。据长城资源调查记录，截止 2011 年，仍有一部分长城段落并未划定保护范围和建设控制地带。管理范围的不确定成为长城破坏的潜在风险。

2006 年由金塔县人民政府颁布的《金塔县境内长城及其沿线城障烽燧遗址保护范围和建设控制地带划定方案》已经对金塔县境内的长城遗存全线划定了保护范围和建设控制地带，因此金塔县长城并不存在此类风险。

据研究者调查，金塔县与北部相邻的内蒙古自治区额济纳旗对于东北部黑河沿岸的长城遗存，长期存在管辖权争议，至今未解决。以汉代关堡东、西大湾城遗址为例，双方均在遗址附近竖立了文物保护标志。

图 4 – 5　金塔县与额济纳旗文物部门分别竖立的长城保护标志

图 4 – 6　砖瓦窑长城墙体上的车辙印

2）突发因素

突发因素主要包括机动车对长城本体的碾压、盗掘、游人的踩踏与刻画行为等。金塔县境内没有正式的长城旅游景区，因此当地并不存在过度旅游开发的情况。但部分长城遗存位于交通线路附近，游人易至，在这些长城遗存本体之上也能见到游人踩踏、刻画的痕迹。

图 4 - 7   尖山子坞障所见盗洞

图 4 - 8   五分墩墙体上的游人刻画

表4－1　金塔县长城破坏影响因素分类统计表

长城破坏影响因素			
自然环境	日常因素		气温（冻融）
			风沙
			降水
			野生动物侵害（踩踏、筑巢）
	突发因素		洪水
			地震
社会环境因素	日常因素	生产生活	农业生产
			林业生产
			畜牧业生产
			工业生产
			基本建设
			水库蓄水
		文物管理	管理权矛盾
	突发因素		机动车碾压
			盗掘
			旅游（游人踩踏、刻画）

（二）风险源分析

水源不但是长城破坏的诱发因素，也是多种长城破坏风险因素产生的根本原因，而人口的分布又与水源关系密切，成为人类活动造成长城破坏风险的根源。

表4－2　金塔县部分长城破坏风险影响因素及其风险源

风险源	风险因素
气候环境	风沙
地质环境	地震
水	气温（冻融）
	降水
	野生动物侵害（踩踏、筑巢）
	洪水
水／人口	农业生产
	林业生产
	畜牧业生产
	工业生产
	基本建设
	水库蓄水
	管理权矛盾
	机动车碾压
	盗掘
	旅游（游人踩踏、刻画）

1. 水源

黑河与北大河故道的诸湖泊是金塔县境内主要的水源地，主要分布于县域东部与中部。一方面，河流、湖泊是洪水发生的源头，长城与水源的空间距离越近，则受洪水的威胁越大。由于长城墙体分布地区地势平缓，海拔较低，受洪水影响最大。黑河流域调水增加了金塔县境内各河流湖泊的水量，洪水对长城的威胁也随之增加。以水面边缘外扩 5 千米为范围，金塔县境内约有三分之二以上的长城遗存分布于其中。

另一方面，金塔县境内绝大部分地区为荒漠戈壁，仅有的绿洲全部沿黑河及北大河故道分布。绿洲内分布着县域内全部林地、耕地和 90% 以上的人口。金塔县境内长城的修建，尤其是汉代长城的修建，其目的正是为了保卫水源和绿洲。因此，很多长城遗迹分布于绿洲内，或与绿洲的距离很近。

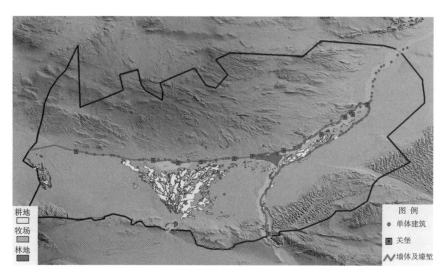

图 4 - 9　河湖岸向外延伸 5 千米范围内的长城遗存

2. 人口

根据金塔县人口分布情况判断，整体来看，金塔县地广人稀，但人口分布不平衡，主要集中分布于北大河故道及黑河河谷地带中部。后者为长城遗存分布区，这一地区人类活动对长城遗存的威胁性也相对较大。

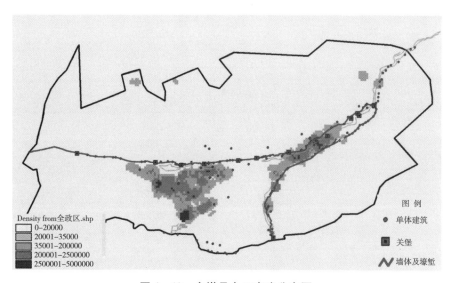

图 4 - 10　金塔县人口密度分布图

（三）金塔县长城破坏影响因素的影响结果

上述长城破坏各影响因素对长城本体具有潜在或现实威胁，产生或可能产生一系列的长城破坏影响，主要表现为长城本体产生的各种病害，包括表面风化与结构失稳。根据长城资源调查记录，长城本体表面风化类病害共有生物病害、裂隙、片状剥蚀、构件变形、构件材料风化、渗漏、装饰陈设损坏、掏蚀、冲沟、酥碱等 10 种；结构失稳包括崩塌、滑坡与不均匀沉降等 3 种。

表 4 - 3　长城资源调查记录所见长城病害分类

长城病害分类		金塔县长城病害
表面风化	生物病害	○
	裂隙	○
	片状剥蚀	○
	构件变形	—
	构件材料风化	—
	渗漏	○
	装饰陈设损坏	—
	掏蚀	○
	冲沟	○
	酥碱	○
结构失稳	崩塌	○
	滑坡	○
	不均匀沉降	○

每一种长城破坏影响因素可能对长城造成多种病害；而每一种病害也可能由多种因素导致。这就需要对每一种长城破坏影响因素及其所造成的结果进行定性分析。继而通过定量分析，确定各影响因素对长城的影响程度，并为长城监测预警指标的建立提供依据。

（四）金塔县长城资源破坏风险评估方法

1. 金塔县长城破坏风险因素比较评估

本节试图通过直接筛选长城破坏风险影响因素的可比较的指标，对各影响因素对长城的威胁程度进行排序。

1）评估指标、计算方法示例及相关分析

① 长城破坏风险因素的发生概率

即单位时间内，各类长城破坏风险影响因素发生频率。发生频率越高，则危险性越大。

以金塔县地震因素为例。据记录，金塔县境内自 1919 年以来的 95 年间，共发生地震 12 次。据此，则金塔县境内地震发生的概率为 12/95 = 约 0.13 次/年。这一方法，主要适用于突发影响因素的发生频率计算，而对于金塔县大多数长城破坏日常影响因素而言，并不适用。如农、林、牧、工业生产、基本建设等因素的发生，无法使用"次/年"这一单位来量化。因此，长城破坏风险因素发生频率无法在各风险因素之间用统一的标准进行比较。

如果将指标具体到风险影响因素导致的影响事件的发生频率，那么长城破坏风险因素间的比较将成为可能。仍以金塔县地震为例，前面提到 1919 - 2014 年间当地共发生地震 12 次，发生的概率为 0.13 次/年。根据各类文献和长城资源调查记录的记载，结合研究者的实地调查，这 12 次地震中仅有 1 次对长城造成了破坏。据此则地震导致的金塔县长城破坏影响事件发生频率为 0.13/12 = 约 0.011 次/年。

这种计算方法可以适用于金塔县境内的全部 18 类长城破坏风险影响因素，但由于长城分布地域广泛，用以支撑计算的基础数据来源多样，内容不完整，标准也不统一，有待进一步调查与数据整理。

② 各破坏风险因素对长城的影响度

前面已经讲到，长城破坏风险评估的关键是使各长城破坏风险影响因素可以进行比较。长城各破坏风险影响因素有不同的量化标准与计量单位，要使各影响因素具有可比性，则需要对不同因素根据一定的标准赋予相应权重。

权重是指某一个对象在多个对象的整体评价中的相对重要程度。权重的设置，通常是凭设置者的经验对评价对象进行两两比较和排队来实现的，即所谓"层次分析法"。

表 4 - 4　层次分析法的配对比较原则

重要程度	定义	解释
1	同样重要	行元素对于列元素二者有相同的贡献
3	稍微重要一点	行元素与列元素相比，经验和判断稍微倾向于前者
5	比较明显的重要	行元素与列元素相比，经验与判断比较倾向于前者
7	明显地重要	行元素与列元素相比，经验与判断强烈倾向于前者
9	绝对重要	行元素与列元素相比，有足够的证据肯定绝对喜好前者
2，4，6，8	中间取值	经验和判断分于上述某两个相邻判断之间

表 4 - 5　淮安清口运河遗产破坏风险影响因素判断矩阵构造与权重计算结果

	土地利用	旅游开发	水污染	洪涝灾害	人为破坏	指标权重
土地利用	1	3	4	6	7	0.48
旅游开发	1/3	1	3	5	6	0.27
水污染	1/4	1/3	1	3	4	0.14
洪涝灾害	1/6	1/5	1/3	1	2	0.06
人为破坏	1/7	1/6	1/4	1/2	1	0.04

这种方法具有很明显的主观色彩。为使权重值的设置尽量科学，仍然需要采用一些客观标准作为依据。对长城各破坏风险影响因素的影响度比较，实际就是对各因素影响结果的比较。各破坏风险影响因素的影响结果，则主要体现为各因素导致的长城病害种类及其严重程度。

因此，长城破坏风险影响因素比较评估的关键有三：一是明确各影响因素所导致的长城病害种类；二是各影响因素发生强度与其所导致的病害程度的对应；三是对长城病害严重程度进行评估。前者属于定性研究，后二者则是定量研究。

　　根据长城资源调查记录，我们已经掌握了金塔县254处长城遗存各自存在的病害种类与数量；通过相关研究，也可以了解金塔县各长城破坏风险影响因素所导致的病害类型。在将金塔县各长城破坏风险影响因素及其强度与其所导致的病害类别和程度之间的对应的基础上，做好病害评估，作为各因素权重设置的依据，最终实现金塔县各长城破坏风险影响因素对长城影响度的比较。

表4-6　金塔县长城破坏风险影响因素可能导致的长城本体病害统计表

长城破坏影响因素	病害分类									
	表面风化							结构失稳		
	生物病害	裂隙	片状剥蚀	渗漏	掏蚀	冲沟	酥碱	崩塌	滑坡	不均匀沉降
气温	—	○	—	—	—	—	—	○	—	—
风沙	—	—	○	—	○	—	—	—	—	—
降水	—	—	○	○	—	○	—	—	—	—
野生动物侵害	○	—	—	—	—	—	—	—	—	—
洪水	—	○	—	—	○	○	—	—	○	○
地震	—	○	—	—	—	—	—	○	—	○
农业生产	○	—	—	—	○	—	—	○	—	—
林业生产	○	—	○	—	—	—	—	—	—	—
畜牧业生产	○	—	○	—	—	—	—	—	—	—
工业生产	—	○	—	—	—	—	—	○	—	○
基本建设	—	○	—	—	—	—	—	○	—	—
水库蓄水	○	—	—	—	—	—	—	—	—	○
管理权矛盾	—	—	—	—	—	—	—	—	—	—
机动车碾压	—	○	—	—	—	—	—	—	—	○
盗掘	—	—	—	—	○	—	—	○	○	—
旅游（游人踩踏、刻画）	—	—	○	—	○	—	—	○	—	—

　　金塔县境内的长城遗存以土遗址为主要存在形式。关于土遗址的病害评估，已经有学者在实践的基础上，按照定性评估与定量评估相结合为原则，提出评估体系建立的思路，而其他材质长城遗存的病害评估，以致整个长城病害评估体系的最终建立，还有待文物保护科技专业人员对长城开展更加专业的调查与深入的研究。

　　2）需要注意的问题

　　以长城为代表的线性文化遗产一大特点是所处的环境具有十分明显的地域差异。

　　一方面，在不同的环境中，其破坏风险影响因素种类不同，发生强度与影响程度也不同。金塔县作为西北地区土遗址的典型代表，其16种破坏风险影响因素影响度的比较结果，与华北、东北等地区的长城很可能完全不同。

　　例如，在金塔县，风沙对长城的影响明显高于植物侵害，而在东北、华北地区则相反。因此，在对长城全线各风险影响因素设置权重时，需要考虑地域差异，以不同的环境为单元进行分别设置。

即使是在金塔县境内，环境也存在地区差异。如降水因素，在空间上，金塔县年降水量随海拔高度、纬度的增加而减少；随经度的增加而增加。因此，可以认为，金塔县长城遗存受降水的破坏风险影响程度随长城遗存的海拔高度、纬度增加而减小；随经度增加而增加。但由于降水量大小与其导致的长城破坏程度之间的对应关系尚缺乏研究，因此目前还无法计算金塔县降水对长城的影响度。

另一方面，同一类长城破坏风险影响因素发生时，对不同地区的长城遗存造成的影响程度可能迥异。在强度相同的情况下，各因素对长城产生影响的大小与长城遗存的空间位置有关。各风险因素的发生，都有一定的影响范围。在其范围内的长城遗存与风险源的空间距离越大，则受影响的可能性越小。以金塔县洪水因素为例。黑河是金塔县境内的主要河流，也是金塔县洪水发生的源头。金塔县长城资源调查记录描述了距离黑河河岸5000米以内的各处长城遗存与河岸的距离，因此，我们可以了解距黑河河岸5000米以内各处长城遗存受洪水影响的大小。根据调查结果，与黑河河岸距离越近，则洪水对长城的影响越大，反之则越小。

图 4-11   河湖岸向外延伸 5 千米范围内的长城遗存

图 4-12   大墩门大墩烽火台位置

同时，还应考虑长城遗存的海拔高度因素。海拔高度越高，则受洪水的影响越小，当长城遗存的海拔高度高于洪水水位时，则不受影响。由于我们未能获取金塔县境内黑河历史洪水水位数据，因此无法进行具体计算。

综上所述，长城的巨大规模和长线性特点，决定了当我们对其进行破坏风险评估时，需要划分遗存单元，具体问题具体分析。

2. 金塔县长城破坏风险影响评估

除了对不同风险影响因素影响程度的比较评估外，每一类风险影响因素的变化也是长城破坏风险影响评估的重要内容。

长城所处的环境并不是恒定的，其风险影响因素会随风险源的变化而变化，从而导致长城病害的变化发展，进而影响长城破坏的速率。

长城破坏风险评估以长城监测为目的，而长城监测则是为了更好的保护长城。通过对长城破坏风险的变化情况进行趋势预测，以满足长城监测预警的需要，是长城破坏风险评估的重要内容。

趋势预测，是对层垒的历史数据进行分析的过程。长城破坏风险变化趋势预测，建立在对既有风险影响因素和长城破坏结果的变化进行总结的基础之上。

1）评估指标、计算方法示例及相关分析

每一类破坏风险影响因素的变化有其不同的表现形式。如冻融、风沙、降水、地震、洪水等因素主要通过单位时间内发生次数的变化的周期性比较；农、林、牧、工业生产、水库蓄水等因素则主要表现为土地利用功能和面积，以及风险源（人口数量与活动范围）变化等。洪水因素的风险还与水库建设与蓄水，以及河流的水位变化等有关。人为因素，还与地区发展规划等相关政策法规有关。

① 单位时间发生次数变化的周期性比较

以金塔县地震因素为例。通过对金塔县历史上的地震记载进行梳理，我们看到，地震的发生频率变化具有一定的周期性，通过对1919年以来的12次地震发生时间的分析，我们认为，金塔县境内的地震发生频率在这段时间之内有一个先下降后上升的趋势，因此地震对长城的影响风险也在近期相应呈增加趋势。

表 4 – 7　1919—2014 年金塔县地震发生次数统计表

时间段（年—年）	地震发生次数
1919—1928	4
1929—1938	2
1939—1948	0
1949—1958	1
1959—1968	1
1969—1978	1
1979—1988	0
1989—1998	0
1999—2008	0
2009—2014	3

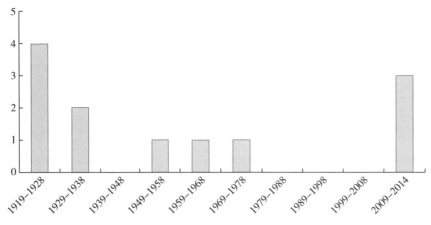

图 4-13 1919—2014 年间金塔县地震发生次数统计表

② 规划信息、土地利用类型与面积的变化

如土地利用诸因素。通过航片与卫星图片的观察，可以直观的了解金塔县境内各土地利用类型的面积变化情况。

表 4-8　2006—2030 年金塔县总人口数量变化表

年份	县域总人口（人）
2006	145197
2007	147276
2008	148768
2009	149452
2010	148718
2015	160053
2020	167801
2030	182622

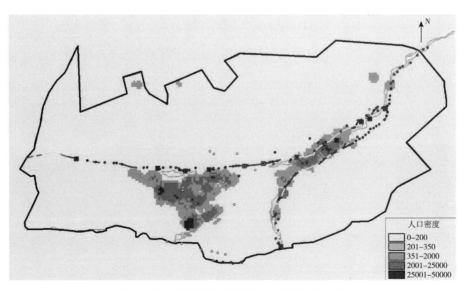

图 4-14　金塔县长城资源与人口密度分布图

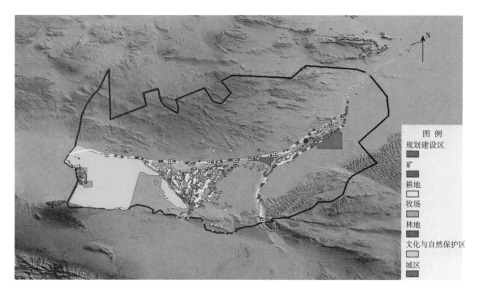

图 4–15 金塔县土地利用类型分布图

图 4–16 金塔县黑河东岸土地利用情况变化 1957—2010 年对比

基本建设因素方面，通过对金塔县黑河东岸长城沿线 1957 年航片与 2010 年卫星遥感图片的对比观察，我们看到县域东北部黑河东岸的航天镇一带，在近 60 年的时间内，基本建设的开展情况，如城区面积向东扩张、鼎新机场的修建等。根据《金塔县城市总体规划》，到 2030 年，预计在县域东北的航天镇新增建设面积 150 平方千米，区内有 20 千米长城及 11 座烽燧遗存分布。另，根据《规划》，作为基本建设因素风险源的人口，也有增长预期。因此，基本建设因素对金塔县长城形成的破坏风险影响处于增加状态。

农业生产活动，在金塔县发展迅速。通过对金塔县黑河东岸长城沿线 1957 年航片与 2010 年卫星遥感图片的对比观察，明显看到，黑河东岸耕地面积的扩张情况。

由于研究成本的限制，研究者仅获取了 1957、2010 年两个时相的航片或卫星图片，因此，仅能判断土地利用面积有所增加。如能获取 1957—2010 年更多时相的航片或卫星图片，则能够通过单位时间内增加的各功能类型土地利用面积的对比，计算扩张速率，从而对长城遗存面临的各土地利用类型破坏风险影响进行趋势判断。

③ 人口数量与活动范围

机动车碾压、盗掘与游人活动具有随机性与不可预测性，主要通过人口数量与活动范围的变化情况，判断影响事件在一定时期内的发生概率，并进行有针对性的定期巡查或实时监控进行风险控制。

通过分析，我们得出金塔县 16 种长城破坏风险影响因素的变化情况如下表：

图 4 – 17　金塔县黑河东岸耕地扩张 1957—2010 年对比

表 4 - 9 金塔县长城破坏风险发展趋势一览表

金塔县长城破坏风险影响因素	风险发展趋势预测指标	风险发展趋势预测结果
气温（冻融）	单位时间发生次数变化的周期性比较	相对稳定
风沙		相对稳定
降水		风险下降
野生动物侵害		相对稳定
洪水		相对稳定
地震		风险增加
农业生产	规划信息、土地利用类型与面积变化、人口数量与活动范围	风险增加
林业生产		相对稳定
畜牧业生产		相对稳定
工业生产		风险增加
基本建设		风险增加
水库蓄水	规划信息、土地利用类型与面积变化	相对稳定
管理权矛盾	人口数量与活动范围	相对稳定
机动车碾压		风险增加
盗掘		风险增加
旅游		风险增加

2）存在的问题

长城破坏风险并不是一成不变的，而针对长城破坏风险进行评估，也不是一劳永逸的工作。

长城破坏风险评估需要周期性开展，而风险趋势预测则需要长时段累积的数据进行周期性分析与比较，这有赖于对长城遗存进行周期性的调查。而趋势预测的结果，也有赖未来的调查数据加以验证。

另外，以上分析建立在各破坏风险影响因素对长城造成的既有影响的定性分析基础之上，并没有解决各风险影响因素发生强度与影响度之间的对应关系问题，即各风险因素发生的强度有多大时，会对长城造成影响，以及何种程度的影响。这还有待长城各破坏风险影响因素所涉及的环境、地质、水利、规划、工程等各专业与文化遗产保护的综合研究，最终成果服务于长城监测预警，成为预警值设置的依据。

3. 金塔县长城破坏风险影响分布情况分析

1）分析过程

本报告以每一个长城资源调查编码所对应的墙体、壕堑、单体建筑、关堡等长城遗存作为单元，对金塔县境内254处长城遗存进行逐段、逐处风险评估。具体方法如下：

（1）根据金塔县长城资源调查记录，确定每一处长城遗存的破坏影响因素类别、数量。

（2）每一类影响因素对长城的破坏风险影响程度均可以分为四个等级。

a 无风险：某一类影响因素对某一处长城遗存没有影响，不存在破坏风险；

b 潜在风险：某处长城遗存存位于某一类影响因素影响范围内，但该影响因素尚未对该处长城遗存造成实质影响；

c 一般风险：某影响因素对某处长城遗存已造成明显病害，并存在进一步破坏的可能，但对该对象的结构稳定性尚未造成明显影响；

d 高风险：某影响因素已影响某处长城遗存的结构稳定性，并存在进一步破坏的可能。

根据以上分级，对金塔县境内254处长城遗存进行逐处打分。分值越高，则某一项影响因素对同一打分对象造成的破坏风险越高；

（3）对金塔县16项长城风险影响因素进行逐项打分，得出每一项风险因素对金塔县境内每长城遗存的风险影响，并绘制每一类风险因素在金塔县的风险分布图。

表 4 – 10   长城破坏风险打分标准及说明

风险等级	分值	说明
无风险	0	某一个影响因素对打分对象不存在破坏风险
潜在风险	1	打分对象位于某一个影响因素影响范围内，但对该对象尚未造成实质影响
一般风险	2	某一个影响因素对打分对象已造成明显病害，并存在进一步破坏的可能，但对该对象的结构稳定性尚未造成明显影响
高风险	3	某一个影响因素对打分对象已影响该对象的结构稳定性，并存在进一步破坏的可能

2）分析结果

研究者将16种风险因素的分值分别带入 arcview 软件处理，即获得金塔县各类长城破坏风险影响因素的风险分布图。根据每一类风险影响因素的分布图显示，颜色越深的长城遗存，受该类风险影响因素的风险影响约大，在开展金塔县长城监测工作时，越应当为重点关注的对象。具体如下：

① 气温变化

图 4 – 18   气温变化对长城的破坏风险分布图

　　由上图所见，气温变化因素对金塔县长城造成的破坏风险对个别关堡和墙体段落造成了实质的破坏，对大部分长城遗存而言，尚属于潜在威胁。

　　② 风沙

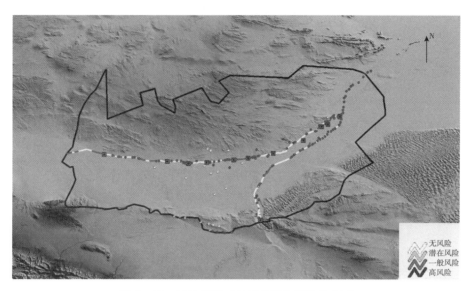

图 4 - 19　风沙侵蚀对长城的破坏风险分布图

　　由上图可见，风沙对金塔县长城造成的破坏威胁范围较为广泛，根据长城资源调查记录，除已消失段落外，全县长城遗存均受到风沙侵蚀。

　　③降水

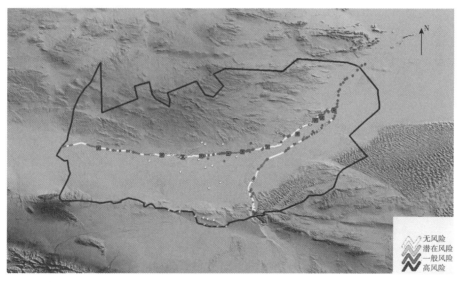

图 4 - 20　降水对长城的破坏风险分布图

　　由上图可见，降水对金塔县长城的破坏风险影响也较大，影响程度与风沙相当。

④ 动物侵害

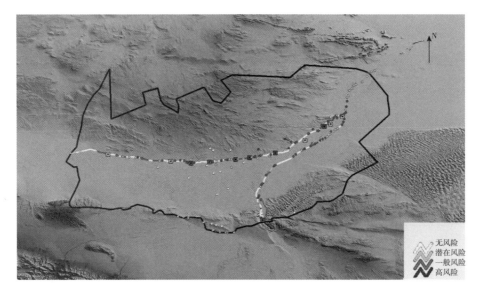

图 4 – 21　动物侵害对长城的破坏风险分布图

由上图可见，动物活动对金塔县长城的影响范围亦较为广泛。还可以看到，受动物侵害影响较大的长城遗存多临近水源分布，可见动物活动与水的关系比较密切。

⑤ 洪水

图 4 – 22　洪水对长城的破坏风险分布图

由上图可见，洪水对金塔县长城造成的破坏威胁较为严重，且受威胁地区和长城破坏程度与水源地的空间距离不存在必然联系。根据调查记录，降水造成的山洪暴发对于金塔县西部地区的长城遗存影响比较普遍。

⑥ 地震

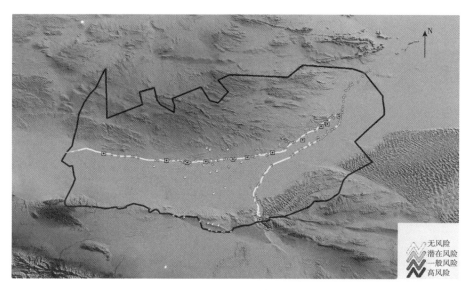

图 4-23　地震对长城的破坏风险分布图

金塔县属于地震多发地区，但调查中，受地震影响破坏的长城的现象发现较少，由上图可见，地震对金塔县长城遗存的破坏风险整体上仍然属于潜在风险。

⑦ 林业生产

图 4-24　林业生产对长城的破坏风险分布图

由上图可见，林业生产导致的植物侵害对金塔县长城造成的破坏威胁较小。

⑧ 土地利用——农业、牧业、工业生产与基本建设

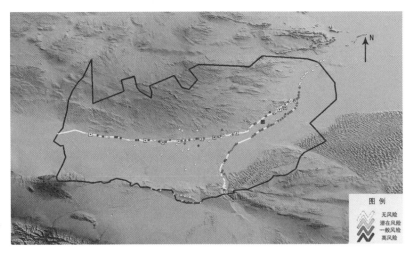

图 4 - 25　土地利用对长城的破坏风险分布图

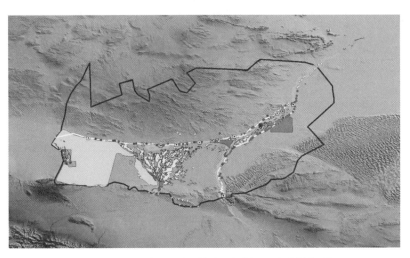

图 4 - 26　土地利用类型与长城破坏风险分叠加图

　　由上图可见，土地利用情况对金塔县长城的破坏有两个特点：一是分布面广，二是受威胁大的长城遗存主要呈点状分布。这与人类活动对长城的破坏的偶发性、分散性以及单次破坏事件的影响较大有关。

　　⑨ 水库蓄水

图 4 - 27　水库蓄水对长城的破坏风险分布图

由上图可见，除县域中部个别单体建筑外，水库蓄水对金塔县长城的破坏风险影响较小。

⑩ 管辖权矛盾

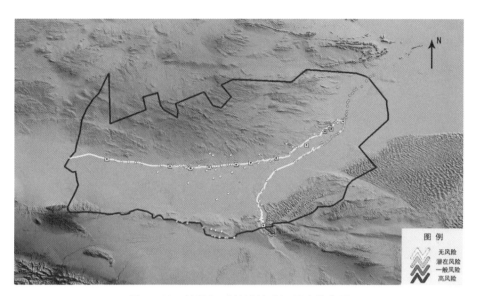

图 4 - 28 管辖权对长城的破坏风险分布图

根据研究者的实地考察，金塔县与邻近区县存在管辖权争议的长城遗存点/段标注如上图。

⑪ 机动车碾压

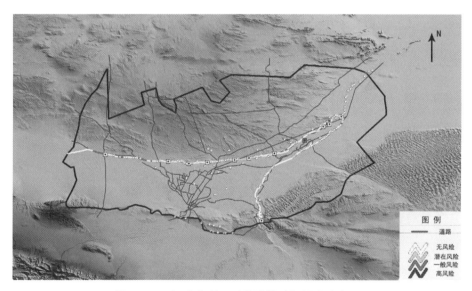

图 4 - 29 机动车碾压对长城的破坏风险分布图

由上图可见，道路穿越长城的现象在金塔县较为普遍，但根据金塔县城市总体规划，近期内，没有新的道路建设项目，因此可以认为，道路建设对长城的破坏影响较小。但由于交通的相对便利，人类活动能力的增强对金塔县长城遗存造成了破坏威胁，如机动车碾压墙体遗存等行为，时有发生。

⑫盗掘

图4－30　盗掘活动对长城的破坏风险分布图

　　由上图可见，盗掘活动的发生地点，主要集中在人烟稀少，没有特定土地利用类型的地区，并且以单体建筑为主。

⑬游人踩踏、刻画

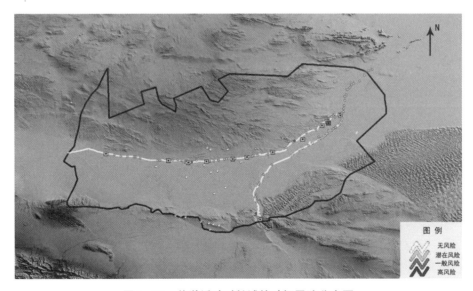

图4－31　旅游活动对长城的破坏风险分布图

　　旅游活动对金塔县长城造成的破坏目前仍然较小，但根据金塔县的交通情况分析，游人可到达的地区范围很大，因此，根据研究者的实地考察，将一些可能遭受游人破坏的长城遗存点/段标注如上图。

4. 金塔县长城监测重点分析

　　本章对金塔县长城资源破坏风险评估方法提出了总体思路，但由于数据的不完整，以及研究者专业背景的限制，未能完成方法的整体设计，并得出最终的评估结果。上一节中研究者关于金塔县16处长城破坏风险影响因素对于254处长城遗存的影响程度判断，是以长城资源调查记录为基础得出。而调查记录中的结论主要是基于调查者的肉眼观察与经验判断而得出，主观色彩比较浓厚。要更加客观地反映金塔县各长城破坏风险影响因素与其所导致的病害之间的对应关系，我们还需要进行更加专业的长城病害调查研究。本节仅就金塔县长城监测重点提出一些倾向性意见。

1）长城本体监测重点分析

根据破坏风险影响分布图的观察，金塔县东北部黑河两岸的长城遗存，受各类破坏风险影响因素的风险影响程度大都高于其他地区。推测与这一地区距离水源地、人口等主要风险源空间距离较近有关；

从长城遗存类别看，关堡与单体建筑受各类破坏风险影响因素的风险影响程度总体大于墙体和壕堑。推测与长城遗存的材质、建筑工艺与保存状况有关。

金塔县境内的长城遗存材质与建筑工艺可综合分为三类五型：

Aa：夯土　主要用于修筑烽火台、敌台等单体建筑及关堡；

Ab：土砌　主要用于修筑烽火台、敌台等单体建筑；

Ac：土掘　主要用于壕堑；

B：石砌　较少，主要用于单体建筑；

C：红柳夹砂　主要用于墙体。

从保存状况看，以红柳夹砂为主要建筑工艺的墙体，和以土掘为建筑工艺的壕堑保存状况整体较差，而土筑、土砌、石砌为主要建筑工艺的单体建筑与关堡的保存状况则相对好。总体上看，保存状况越好的长城遗存，受各类长城破坏风险因素的影响越小。推测是由于保存较差的长城遗存已经大部坍塌或消失，结构稳定性不易发生变化，以及不易受某些特定影响因素（如地震、游人刻画等）的影响有关。

表 4 - 11　金塔县长城建筑工艺与破坏风险等级分类统计表

工艺 \ 风险值	较好	一般	较差	差	消失	合计
土筑	5	39	30	12	7	93
土砌	1	16	18	2	—	37
土掘	—	—	21	—	8	29
石砌	—	7	12	1	—	20
红柳夹砂	1	5	39	—	30	75
合计	7	67	120	14	45	254

综上所述，研究者建议在金塔县长城监测工作中，在区域上，以县域东北部黑河两岸的长城遗存为重点；长城遗存类别上，以单体建筑与关堡为优先。

另根据打分结果，金塔县境内共有 27 处长城遗存受不同破坏风险影响因素的影响，破坏严重。其中，受气温变化、地震、水库蓄水影响严重的各有单体建筑 1 座；受农业生产影响严重的有墙体 6 段，共约 11.2 千米，关堡 1 座，单体建筑 16 座。现将金塔县境内破坏风险高的长城遗存及其最主要的风险影响因素列举如下：

表 4－12　金塔县境内高风险长城遗存及其影响因素一览表

序号	风险影响因素	长城资源名称	长城资源调查编码	材质与建筑工艺	保存状况
1	气温	双岔敌台	6209921352101040043	土砌	较差
2	地震	长房墩（烽火台）	6209213553201170013	土筑	较差
3	水库蓄水	石梯子西 1 号烽火台	6209213532010040017	石砌	一般
4	农业生产	红口子 2 号烽火台	6209213553201170002	土筑	较差
5		沙桥墩（烽火台）	6209213553201170004	土筑	一般
6		半截红墩（烽火台）	6209213553201170005	土筑	一般
7		湾北烽火台	6209213553201040040	石砌	较差
8		头墩（烽火台）	6209213553201170023	土筑	差
9		尖泉子烽火台	6209213553201040010	土筑	一般
10		长头山烽火台	6209213553201040022	石砌	一般
11		北海子烽火台	6209213553201040025	石砌	较差
12		黄水沟烽火台	6209213553201040026	石砌	一般
13		常家岗烽火台	6209213553201040027	石砌	较差
14		生地湾烽火台	6209213553201040028	土砌	一般
15		床窝子井北烽火台	6209213553201040032	土砌	一般
16		床窝子敌台	6209213552101040029	土筑	一般
17		盆坑西烽火台	6209213553201040030	土砌	较差
18		廿里小墩（烽火台）	6209213553201040031	土砌	较差
19		高腰墩南烽火台	6209213553201040056	土筑	较差
20		麻莲井敌台	6209213552101040069	土砌	较差
21		双城子堡	6209213553102040013	土筑	差
22		二杰长城	6209213582101040042	红柳夹砂	较差
23		沙门子长城	6209213582101040045	红柳夹砂	较差
24		茇茇长城	6209213582101040062	红柳夹砂	较差
25		高腰墩长城	6209213582101040064	红柳夹砂	较差
26		天号东长城	6209213582101040069	红柳夹砂	较差
27		金关长城	6209213582101040085	红柳夹砂	较差

2）长城破坏风险影响因素监测重点分析

金塔县 16 种风险影响因素的影响范围和程度各不相同。

从影响范围来看，风沙的风险影响范围最广，可以覆盖全县长城遗存，其次是降水、野生动物侵害、洪水和畜牧业生产；其中风沙造成既有风险的长城遗存数量最多，其次是洪水、降水和畜牧业生产。

从威胁程度来看，农业生产对长城的威胁最为严重，造成高风险，即因农业生产而影响到长城结构稳定性的长城遗存数量最多，此外气温变化、水库蓄水和盗掘活动也分别对个别长城遗存形成高破坏风险。

表 4 – 13　金塔县长城破坏风险分布统计表（单位：段/座/处）

风险影响因素/风险分布情况	无风险	有风险			既有风险合计	有风险合计
		潜在风险	既有风险			
			一般风险	高风险		
气温（冻融）	70	135	48	1	49	184
风沙	—	45	209	—	209	254
降水	45	22	18	—	197	209
野生动物侵害	45	218	1	—	1	209
洪水	45	4	205	—	205	209
地震	109	144	1	—	1	145
农业生产	106	61	64	23	87	148
林业生产	250	3	1	—	1	4
畜牧业生产	45	87	122	—	122	209
工业生产	208	44	2	—	2	46
基本建设	125	28	1	—	1	29
水库蓄水	241	9	3	1	4	13
管理权矛盾	216	38	—	—	—	38
机动车碾压	192	52	10	—	10	62
盗掘	123	78	52	1	53	131
旅游	116	132	6	—	6	138

此外，根据对金塔地区风险因素的预测，地震、农业生产、工业生产、水库蓄水、机动车碾压、盗掘和旅游等因素对金塔县长城的风险影响呈增加趋势，也应当予以关注。

（五）小结

本章对金塔县长城破坏风险评估的层次、内容进行阐述，并提出了方法设计的总体思路、步骤和问题。认为长城破坏风险评估的核心是实现对各风险影响因素的量化比较。评估工作应当分为各风险影响因素横向比较评估与同类风险影响因素变化情况的纵向比较评估两个层次进行。

影响因素评估是对各风险影响因素的横向比较评估。主要方法是提取长城破坏风险影响因素的衡量指标，并筛选其中具有可比性的指标进行量化和比较。

各风险影响因素之间的横向比较评估分为以下四个步骤：

1. 通过专业调查与分析研究，确定各长城破风险影响因素与每一处长城遗存的各类病害的因果对应关系。

2. 对各破坏风险影响因素对长城的影响结果，即长城本体的病害进行评估和比较。

3. 以长城资源调查记录为基础，对金塔县境内 254 处长城遗存受 16 种长城破坏风险影响因素影响程度进行逐段、逐类评价。

4. 对各风险因素设置相应的权重，使评价结果具有各风险因素之间的可比性。权重的设置，以各风险因素对长城造成的影响结果为依据。对以长城为代表的线性文化遗产进行风险影响因素权重设置时，需要考虑环境的地域差异，并对不同环境中的长城破坏风险影响因素分别设置权重。

其中，各破坏风险影响因素与长城病害的对应、长城本体病害评估是风险影响因素评估的关键环节，需要通过更加专业的调查与研究得出。

同类风险影响因素变化情况的纵向比较评估，用于对长城进行破坏风险的变化趋势预测。方法可以分为四个步骤：

1. 通过周期性的调查工作，对长城破坏风险影响因素基础数据进行定期记录与更新；

2. 通过对长时间累积的各类长城破坏风险影响因素、风险源的相关数据进行周期性比较，得出变化规律；

3. 根据规律预测未来一段时间内，每一类长城破坏风险影响因素可能发生的变化；

4. 通过预测时段内的调查数据，对预测结果加以验证。

基础数据不足、标准统一困难、同一破坏影响因素对长城的影响存在地域差异等是长城破坏风险评估存在的问题和方法设计的难点，根本上是由长城的巨大规模和长线性特点决定的。根据长城这一特点，在对其进行破坏风险评估时，需要对长城遗存划分单元，进行逐段、逐处的分析。

本章遵循这一思路对金塔县长城破坏风险分布情况进行分析判断，对 16 类长城破坏风险影响因素进行了风险发展趋势的预测，确定了 27 处长城遗存作为监测重点；同时根据每处长城遗存受各类破坏风险影响因素的影响程度，认为农业生产是金塔县最主要的长城破坏风险影响因素。

二、高分辨率遥感影像对比在长城监测中的应用分析

（一）需求与目标

本节所说的高分辨率遥感影像，是指地面分辨率高于 10 米的卫星遥感影像。其在国土资源管理、城乡规划、自然与人文环境监测、军事行动等方面均有广泛应用和重要意义。无人机巡查技术，目前也已广泛应用于大气环境监测、地理国情普查、市政管理、防洪、安保等领域。

本案例结合国家长城资源调查工作获取的长城地理信息数据成果（2005—2008），以及从国家测绘部门获取的监测区近年的高分辨率遥感影像（2013—2017），通过分析比对两期遥感影像

数据，提取变化信息，分析长城周围环境景观格局变化的性质及其对长城的影响因素，同时引入无人机技术，对监测区地物变化区进行现场验证，以实现对长城本体及沿线环境变化的控制和预警。

（二）已有技术实践

无人机巡查技术，目前已广泛应用于大气环境监测、地理国情普查、市政管理、防洪、安保等领域。在文物保护领域，也有较成熟的实践基础。在文物保护领域，高清遥感影像和无人机技术也有较成熟的应用实践基础。

国家文物局启动文物法人违法案件三年专项整治行动以来利用无人机对包括长城在内的一些重要文物进行巡查。其中对陕西省府谷县境内长城分别采用旋转翼和固定翼无人机进行了全线巡查，利用无人机技术获取 2016 年 11 月高分辨率影像，结合长城保护资料，通过与 2007—2009 年、2015—2016 年两期的卫星影像对比，发现了长城本体及环境的变化，效果显著。

2015 年，陕西省、西安市与公安部门联合启动文物安全大防控体系建设，并将无人机巡查监测预警纳入其中。

2018 年，河南省采取政府购买社会服务方式，租用无人机对包括战国长城遗址在内的全省 22 处大遗址、国家考古遗址公园等共计 35 处重要文物资源每月进行两次飞行巡护。

浙江安吉县文物局、岱山县文物监察大队等也启用无人机开展当地文物巡查。

以上实践充分证明了无人机巡查技术在长城保护领域进行推广的可行性。

（三）项目实施

1. 试点县域的选取

项目选取河北省宣化区－崇礼区 2008、2017 年；甘肃省嘉峪关市 2006、2017 年；敦煌市 2005、2013 年各两个不同时期，开展了无人机高分辨率遥感影像（0.5 米）两期对比分析。监测区覆盖东、西部的石质、土质长城，既有未开放点段，又有景区。

宣化－崇礼监测区以东望山乡明长城为中心，周边分布村落有西高山、大老虎沟、大沟、黄土梁、庙沟、青边口村等，及离长城专题要素距离较远的西洼沟、西板沟村、西门沟村、水晶屯沟和水晶屯村等，全部包含在雷达干涉监测区范围内。坐标范围在东经 115°1′—115°5′，北纬 40°47′—40°50′之间，面积约为 25.76km²。

敦煌市监测区以南湖镇汉长城遗址为中心，周边分布有玉门关遗址、阳关胜景等长城景区，村落有石盆、大墩、大墩湾农场、党河口、沙枣园等，坐标范围在东经 94°9′—94°20′，北纬 39°54′—39°59′之间，面积约为 178.15km²。

嘉峪关市监测区以嘉峪关明长城为中心，周边分布有关城文物景区、长城第一墩旅游景区等，村落有边墙滩、嘉峪关滩、岳王山、排房梁、蔺家庄等，全部包含在嘉峪关－酒泉－高台雷达干涉监测区范围内。坐标范围在东经 98°11′—98°14′，北纬 39°44′—39°48′之间，面积约为 29.8km²。

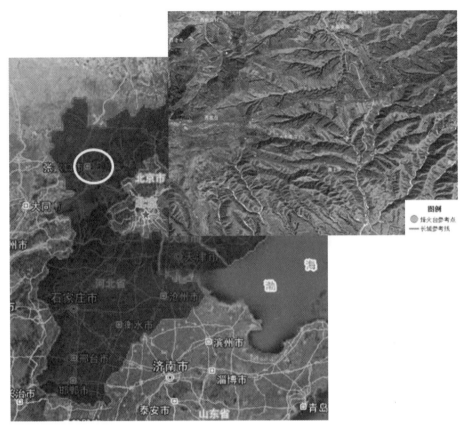

图 4 - 32　宣化 - 崇礼监测区范围示意图

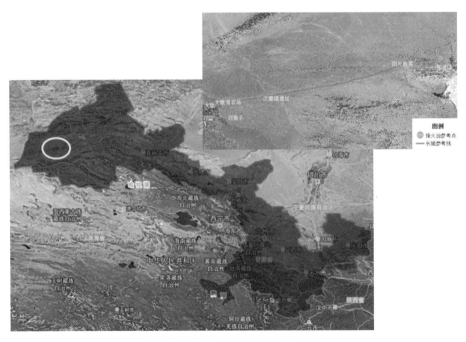

图 4 - 33　敦煌监测区范围示意图

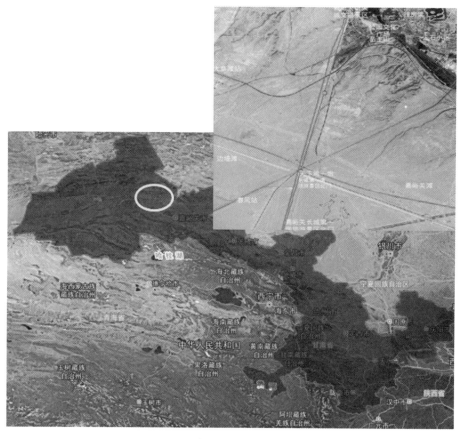

图 4 – 34　嘉峪关监测区范围示意图

2. 基础数据来源

根据项目需求，主要数据源包括每区各两期遥感影像数据、长城资源专题信息数据及无人机采集的当前影像数据。其中遥感影像取自国家基础地理信息中心制作的监测年度 3 月至 11 月的亚米级分辨率遥感影像数据，同一监测区内的两期影像，尽量选择相同月份，或时间较近的遥感影像作为基础数据源，以保证对地物变化情况的准确解读。

3. 无人机设备的使用

课题选用大疆精灵 4 Pro 旋转翼无人机采集监测数据。为了实现对无人机的自动控制，对高分辨率照片的无缝拼接、影像匀色、正射制图以，依次使用了 DJI Go4、DJI Go Pro 等应用程序规划航线和监控飞行状态，以及使用了 Agisoft Photoscan 进行空三加密（即空中三角测量，在立体摄影测量中，根据少量的野外控制点，在室内进行控制点加密，求得加密点的高程和平面位置的测量方法）。

4. 数据处理

无人机监测巡查工作的主要技术流程包括遥感影像处理和变化信息提取与分析两个主要步骤。

（1）影像处理

影像处理包括影像配准、匀光匀色两个环节。

影像配准，即以与长城专题数据精度吻合度较高的遥感影像作为控制基础，对另外一期遥感影像进行精确校正。

表 4 – 14 河北监测区长城专题数据统计表

序号	长城类别	名称	序号	长城类别	名称
\multicolumn{6}{宣化 – 崇礼监测区}
1	石墙	青边口长城 2 道	16	烽火台	青边口村 10 号烽火台
2	石墙	青边口长城 1 道 2 段	17	烽火台	青边口村 11 号烽火台
3	石墙	青边口长城 1 道 1 段	18	烽火台	青边口村 12 号烽火台
4	石墙	羊房堡村长城第 1 段	19	烽火台	青边口村 13 号烽火台
5	石墙	人头山村长城第 1 段	20	烽火台	青边口村 14 号烽火台
6	石墙	青边口村长城第 3 段	21	烽火台	青边口村 15 号烽火台
7	石墙	羊房堡村长城第 4 段	22	烽火台	青边口村 16 号烽火台
8	石墙	羊房堡村长城第 5 段	23	关	青边口关
9	石墙	青边口村长城第 2 段	24	敌台	青边口村 01 号敌台
10	烽火台	青边口 1 号烽火台	25	敌台	青边口村 02 号敌台
11	烽火台	青边口 2 号烽火台	26	敌台	青边口村 03 号敌台
12	烽火台	青边口 3 号烽火台	27	敌台	青边口村 04 号敌台
13	烽火台	青边口 4 号烽火台	28	敌台	青边口村 05 号敌台
14	烽火台	青边口村 05 号烽火台	29	敌台	青边口村 06 号敌台
15	烽火台	青边口村 06 号烽火台			
\multicolumn{6}{嘉峪关监测区}
1	关	嘉峪关关城	6	土墙	三墩长城
2	敌台	二墩（敌台）	7	壕堑	一墩壕堑
3	敌台	三墩（敌台）	8	壕堑	二墩壕堑
4	土墙	一墩长城	9	壕堑	三墩壕堑
5	土墙	二墩长城	10	关城	嘉峪关关城
\multicolumn{6}{敦煌监测区}
1	土墙	南湖风墙子 1 段	4	土墙	南湖风墙子 4 段
2	土墙	南湖风墙子 2 段	5	烽火台	山水沟大墩
3	土墙	南湖风墙子 3 段	6	烽火台	山阙烽

　　匀光匀色，即以消除遥感影像因获取的时间、光照条件、设备，以及地形地貌等因素影响造成地物颜色失真，从而使得影像色彩整体一致、彩色饱满，接近地物真实颜色。

　　最后，对两期遥感影像的配准精度和色彩进行质量检查，不合格的返回修改，合格后进入下一环节。

　　（2）变化信息提取

　　变化信息提取包括确定地物分类指标、图斑属性管理等环节。

　　地物分类指标的确定，参考了地理国情监测分类体系。根据监测需求，将监测区内地物分为耕地、林地、园地、草地、房屋建筑区、道路、构筑物、人工堆掘地、荒漠与裸露地表、水域等 11 个一级地类及 22 个二级地类。

表 4 – 15 变化类型体系表

代码	一级地类	二级地类	代码	一级地类	二级地类
0100	文物本体		0830		交通设施
0200	耕地		0840		城墙
0300	林地		0850		温室、大棚
0310		林地	0860		工业设施
0320		灌木林地	0870		其他构筑物
0330		绿化林地	0900	人工堆掘地	
0400	园地		0910		露天采掘场
0500	草地		0920		堆放物
0510		天然草地	0930		建筑工地
0520		人工草地	0940		其他人工堆掘地
0600	房屋建筑区		1000	荒漠与裸露地表	
0700	道路		1100	水域	
0710		铁路	1110		河流
0720		公路	1120		湖泊
0800	构筑物		1130		库塘
0810		硬化地表	1140		其他水域
0820		水工设施			

图斑属性管理，即发现长城本体及环境变化情况后，应用 ArcGIS 软件将两期遥感影像叠加，通过肉眼比较，查找两期地物不一致区域，勾画出变化信息轮廓。

（a）变化前　　　　　　　　　　（b）变化后

图 4 – 35　变化信息图斑提取

信息提取完成后，需要进行质量检查，保证最终成果的完整性、准确性。包括将两期影像中同一地物，在影像上的表现特征不同，但地物类型并无实质变化的图斑进行删除；对具有明显变化特征，但未提取的图斑要进行补充提取。

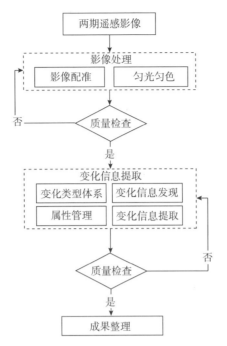

4－36　长城无人机监测巡查技术流程图

5. 变化信息统计分析

（1）宣化－崇礼区

本次监测实验提取了2008—2017年的变化监测信息69处，变化总面积约为53.98公顷。主要变化趋势是耕地、林地、草地向房屋建筑区、道路、构筑的转变，即建设活动导致自然地貌向人工建筑的转变。其中，40.97公顷林地和草地转变为人工堆掘地，占变化总面积的75.9%。

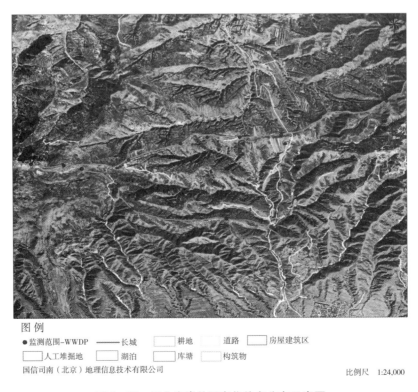

图 例

● 监测范围-WWDP　——— 长城　　☐ 耕地　　道路　☐ 房屋建筑区

☐ 人工堆掘地　☐ 湖泊　☐ 库塘　☐ 构筑物

国信司南（北京）地理信息技术有限公司　　　　　　　　　　比例尺　1:24,000

图4－37　河北省崇礼区变化信息分布示意图

表4－16　宣化－崇礼监测区地物变化影响长城点段汇总表

点段名称	资源类别	影响因素	影响位置	是否破坏本体
青边口长城1道2段	墙体	道路	本体	是
羊房堡长城第1段	墙体	道路	本体	是
青边口村02号敌台	单体	道路	保护范围	否
青边口村12号烽火台	单体	道路	保护范围	否
青边口长城2道	墙体	人工堆掘地	本体及保护范围	是

表4－17　宣化－崇礼监测区2008—2017年变化信息统计表

单位：公顷

变化前地类（2008年）＼变化后地类（2017年）	耕地	房屋建筑区	道路	构筑物	人工堆掘地	湖泊	库塘	合计
耕地		0.98	1.30		2.07	0.02		4.37
草地	0.20	0.24	3.0	0.21	30.31		1.02	34.98
林地		0.41	1.56	0.21	10.66			12.84
人工堆掘地		1.65	0.14					1.79
合计	0.2	3.28	6	0.41	43.04	0.02	1.02	53.98

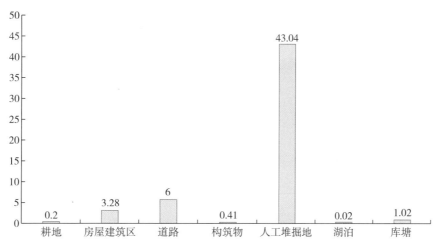

图4－38　宣化－崇礼监测区新增地物面积分类统计图

通过图4－39上图两组影像变化前和变化后地物对比分析，图（c）为新修建的道路，图（d）为新增的人工堆掘地，此两处地物变化都穿越长城墙体，造成了破坏。经实地勘察，新增人工堆掘地为矿渣倾倒区。

在图4－39下图中，黄色变化图斑显示的为沿长城线区域地物变化信息，从变化前和变化后影像对比可以看出，沿长城线区域有明显的地物变化，图（b）为新修建的道路，图（d）为新增的房屋。

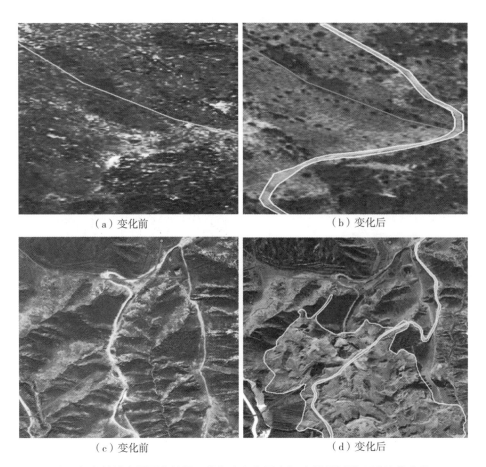

（a）变化前　　　　　　　　　（b）变化后

（c）变化前　　　　　　　　　（d）变化后

（红色为长城专题要素数据，黄色为变化图斑）穿越长城线区域地物变化

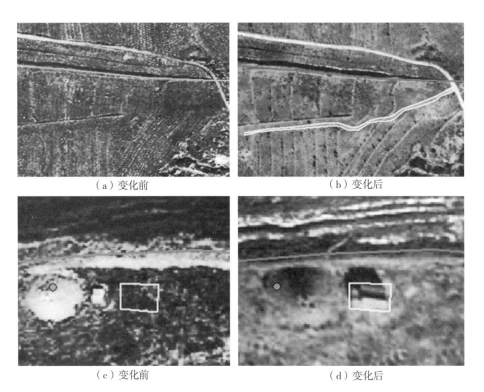

（a）变化前　　　　　　　　　（b）变化后

（c）变化前　　　　　　　　　（d）变化后

图 4 - 39　（红色为长城专题要素数据，黄色为变化图斑）沿长城线地物变化

（2）嘉峪关市

本监测区共提取 2006—2017 年间地物变化信息 135 处，变化总面积约为 390.23 公顷，主要变化趋势为荒漠与裸露地表转变为硬化地表，达 152.08 公顷；以及露天采掘场转变为人工草地，达 117.69 公顷，主要位于嘉峪关关城东侧附近。可见一方面人类建设活动对自然地貌改变剧烈，另一方面，长城周边环境，尤其是长城景区周边环境得到明显改善。

图　例

● 关城　● 敌台　—— 壕堑　— 长城　☐ 关城　☐ 房屋建筑区　☐ 建筑工地　☐ 道路

☐ 露天采掘场　☐ 其他构筑物　☐ 其他人工堆掘地　☐ 硬化地表　☐ 人工草地

国信司南（北京）地理信息技术有限公司　　　　　　　　　　　　　　　比例尺 1:30,000

图 4 - 40　甘肃省嘉峪关市变化信息分布示意图

表 4 - 18　嘉峪关监测区地物变化影响长城点段汇总表

点段名称	资源类别	影响因素	影响位置	是否破坏本体
一墩长城	墙体	道路	本体至建控地带	是
一墩壕堑	壕堑	道路	本体至建控地带	是
二墩长城	墙体	道路	本体至建控地带	是
二墩壕堑	壕堑	道路	本体至建控地带	是
三墩长城	墙体	道路	本体至建控地带	是
三墩壕堑	壕堑	道路	本体至建控地带	是

表 4 - 19 嘉峪关监测区 2006—2017 年变化信息统计表

单位：公顷

变化后地类 (2017年) / 变化前地类 (2006年)	人工草地	房屋建筑区	道路	硬化地表	其他构筑物	其他人工堆掘地	建筑工地	露天采掘场	合计
园地	—	—	—	0.09	—	—	—	—	0.09
草地	—	—	—	3.78	—	—	—	—	3.78
房屋建筑区	—	0.71	—	17.89	0.01	0.2	0.88	0.14	19.83
道路	—	—	1.83	—	—	—	—	—	1.83
硬化地表	—	0.66	—	—	—	—	—	—	0.66
露天采掘场	117.69	11.94	20.19	6.59	—	0.86	1.84	—	159.11
建筑工地	—	0.78	—	0.25	—	—	—	—	1.03
其他人工堆掘地	3.62	19.11	—	11	1.48	—	—	—	35.21
荒漠与裸露地表	—	1.23	12.1	152.08	0.05	—	—	3.23	168.69
合计	121.31	34.43	34.12	191.68	1.54	1.06	2.72	3.37	390.23

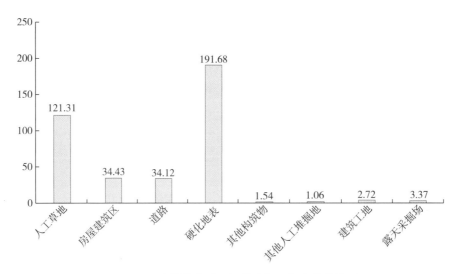

图 4 - 41 嘉峪关监测区新增地物面积分类统计图

在图 4 - 29 下图中，图（a）和图（b）为穿越长城所发生的地物类型变化，在前时相影像中，此处为荒漠与裸露地表，在后时相影像中为新增硬化地表。图（c）和图（d）影像对比，图（c）变化前为荒漠与裸露地表，图（d）为新增道路。位于长城本体上及保护范围内，破坏了墙体，改变了环境景观。

（3）敦煌市

本监测区共提取 2005—2013 年地物变化信息 178 处，变化总面积约为 222.65 公顷。主要变化趋势为耕地、草地、荒漠与裸露地表、河流等向房屋建筑区、道路、温室大棚、硬化地表、工业设施、露天采掘场、建筑工地、其他构筑物和人工堆掘地转变。即建设活动导致自然地貌向人工建筑的转变，与宣化 - 崇礼监测区趋势相同。其中荒漠与裸露地表有 66.44 公顷转变为道路，61.27 公顷转变为工业

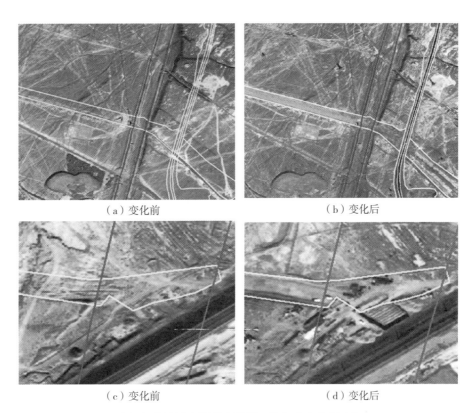

（a）变化前　　　　　　　　　　（b）变化后

（c）变化前　　　　　　　　　　（d）变化后

（红色为长城专题要素数据，黄色为变化图斑）

图 4 - 42　穿越长城线区域地物变化

设施，14.87 公顷转变为露天采掘场，是最为显著的变化，三者相加占变化总面积的 64%。此外，道路拓宽面积达到 32.27 公顷，也是比较明显的变化。

图例

●烽火台　——土墙　□文物本体　□耕地　□房屋建筑区　□建筑工地　□露天采掘场　□其他构筑物　　道路 □河流

国信司南（北京）地理信息技术有限公司　　　　　　　　　　　　　　　　　　　　　比例尺 1:100,000

图 4 - 43　甘肃省敦煌市变化信息分布示意图

表4-20　敦煌监测区地物变化影响长城点段汇总表

点段名称	资源类别	影响因素	影响位置	是否破坏本体
南湖风墙子1段	墙体	道路	本体	是
南湖风墙子2段	墙体	道路	本体	是
南湖风墙子3段	墙体	道路	本体及建控地带	是
山水沟大墩	单体	耕地	建控地带	否

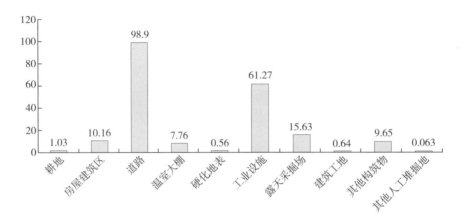

图4-42　敦煌监测区新增地物面积分类统计图

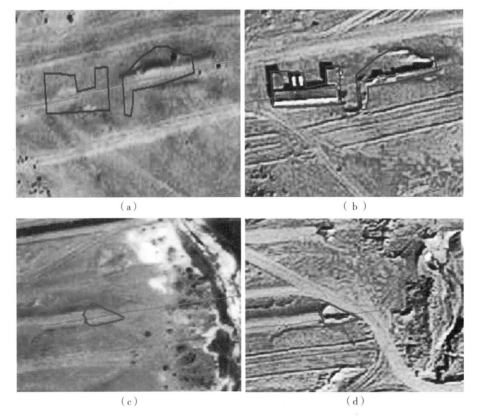

（红色为长城专题要素数据，蓝色为变化图斑）

图4-43　长城（文物本体）变化示意图

表 4 - 21 敦煌测区 2005—2013 年变化信息统计表

单位：公顷

变化前地类（2005 年）＼变化后地类（2013 年）	长城（文物本体）	耕地	房屋建筑区	道路	温室、大棚	硬化地表	工业设施	露天采掘场	建筑工地	其他构筑物	其他人工堆掘地	河流	合计
长城（文物本体）	0.09	—	—	—	—	—	—	—	—	—	—	—	0.09
耕地	—	—	0.28	—	—	—	—	—	—	—	—	—	0.28
草地	—	1.03	0.13	—	—	—	—	—	—	—	—	—	1.16
房屋建筑区	—	—	—	—	—	—	—	—	—	—	0.003	—	0.003
道路	—	—	—	32.27	—	—	—	—	—	—	—	—	32.27
建筑工地	—	—	0.07	0.19	—	—	—	—	—	—	—	—	0.26
荒漠与裸露地表	—	—	9.68	66.44	7.76	0.56	61.27	14.87	0.64	9.65	0.06	—	170.93
河流	—	—	—	—	—	—	—	0.76	—	—	—	16.9	17.66
合计	0.09	1.03	10.16	98.9	7.76	0.56	61.27	15.63	0.64	9.65	0.063	16.9	222.65

在上图中，蓝色地物位于长城墙体之上。研究者判读认为可能是长城保护维修施工行为，属于积极变化。

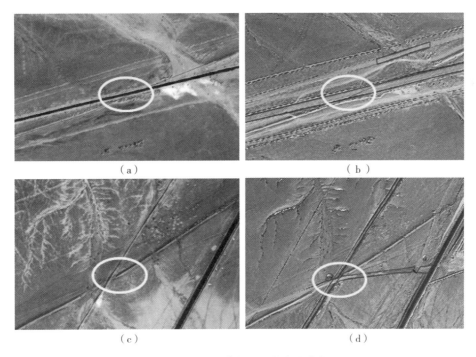

（a）   （b）

（c）   （d）

（红色为长城专题要素数据，蓝色为变化图斑）

图 4 - 44 穿越长城线区域地物变化

在上图中，圈中区域为穿越长城的道路，在前后时相影像中，此处均为道路信息，但后时相影像中道路明显进行了拓宽，对长城本体造成破坏。且在长城线周围还有多条新建道路。

（4）小结

第一，在8—11年间，三个监测区内长城本体及环境变化显著。共提取各类变化信息382处，总面积666.86公顷。其中自然地貌向人工环境转变达397.12公顷；工业用地向绿地转变为194.32公顷。

第二，人为因素是监测区影响长城的主要破坏风险因素。总体来看，监测区内人类活动对长城沿线土地的开发利用活动呈上升趋势，对长城的负面影响显著，道路穿越对长城本体的影响最大。与此同时，局部地区长城周边环境得到了改善。

宣化－崇礼、敦煌监测区主要变化趋势是建设活动导致自然地貌向人工建筑的转变。前者具体体现为林地和草地转变为人工堆掘地，后者则表现为荒漠与裸露地表转变为道路、工业设施和露天采掘场。地物变化造成两个监测区内的长城本体均受到不同程度的破坏。

嘉峪关监测区一方面人类建设活动对自然地貌改变剧烈，具体表现为为荒漠与裸露地表转变为硬化地表；另一方面，长城周边环境得到明显改善，具体表现为露天采掘场转变为人工草地。此外，一些零星的建设活动也对长城本体造成了破坏。

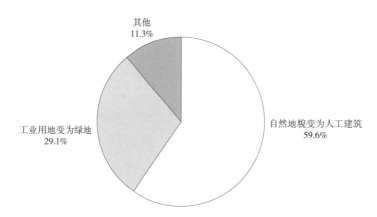

图4-45　无人机监测试点地地貌变化性质统计图

6. 效果评估

（1）可行性与优势

第一，无人机巡查监测可以直观反映区域性长城本体及周边环境变化信息，是一种有效的长城监测手段。

第二，相对于其他遥感数据平台，无人机具有便携、机动灵活的优势。无人机巡航可以对人工巡查形成补充，覆盖巡查人员难以到达的区域。

第三，无人机可以采集超高分辨率遥感数据，精度达到0.5米，成像清晰，对地物变化面积可以量化，对长城周边环境变化可以进行趋势预测，有一定的预警效果，在重点段精细动态监测中可发挥重要作用。

第四，市面上现有中等性能的旋转翼无人机，成本在每台5000—10000元人民币左右，已可以满足基本的监测需求。

（2）存在的问题与建议

① 技术层面

第一，作业条件受天气因素限制较大。以本项目选用的大疆精灵4 Pro旋转翼无人机为例，其最大可承受风速为10m/s，即5级清风；工作环境温度在0℃至40℃之间。在6级以上强风，或冬季0℃以下气温条件下，作业困难。

第二，无人机本身的性能对监测区域规模有所限制。如大疆精灵4 Pro最大飞行速度为72km/h，最大续航时间为30分钟。因此，每次作业仅能飞行36千米左右的直线距离，而无人机能够接收操作员信号的距离一般仅有数千米。

（a）谷歌地图2008

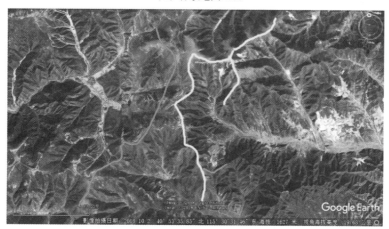

（b）谷歌地图2018

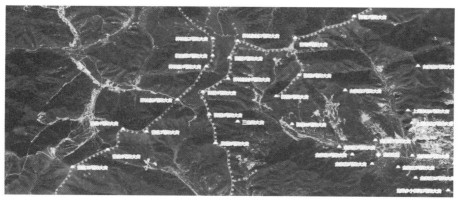

（c）天地图（长城资源保护管理信息系统）2018

图4-46　通过谷歌地图、天地图获取的奥运场馆附近长城沿线地物变化影像

第三，无人机采集的影像数据首先是光学影像数据，在长城遗迹较清晰的点段使用效果较好，但在遗迹不清晰或植被等遮挡物密集的地区或雾霾天气则不理想。

第四，无人机监测数据主要反映了既成事实的地物变化，因此对长城本体的破坏风险预测和预防效果有限。

第五，无人机监测影像的主要优势在于其清晰度，但其所采集到的地物变化情况，在谷歌地球、天地图等开源中分辨率卫星影像图上均可以看到，因此对于新情况的发现和实时监控，作用有限，受到巡航周期和频率的影响。巡航频率不够高，则预警效果差，频率太高则人员、交通、内业处理等工作成本高。

② 管理层面

无人机作业受国家安全管理相关规定的限制，长城沿线分布有一些诸如军事基地等的敏感地区，无人机被禁止起飞，因此并不适宜在长城全线推广。

据此，课题组提出下一步工作建议：

第一，春、夏、秋三季晴朗无风天气适宜进行无人机作业。此外，山区局部小气候现象显著，为避免雾霭对成像的影响，数据采集宜在中午至傍晚前时段进行。

第二，针对大型线性长城遗产，宜选用单架次作业时间长、飞行平台稳定的大型固定翼无人机；此外，具备倾斜摄影测量功能的相机也是优选项，可成倍提升作业效率。

第三，无人机监测适宜应用于问题导向的重点监测。宜作为人工巡查、雷达干涉等其他监测方法的辅助和补充手段，在获取监测数据的基础上，针对重点区段进行精细作业，如以无人机获取的高精度影响为基础进行场景三维建模等。

第四，本次实验选用的两期影像间隔过长，不能反映地物变化趋势，宜将间隔缩短至一年以内，并选用多期影像对比，并适当增加无人机巡航频率，研究者建议，以每年 1－2 个周期，每期 2－3 个月，每月巡航 1 次为宜。

第五，可以通过购买服务的方式委托技术机构开展周期性无人机巡航监测工作，在敏感地区，国家文物局应考虑提请文旅部、国务院与军方协调，通过军民合作的方式，由军队完成周期性长城监测巡查任务。

三、雷达干涉专题研究

（一）需求与目标

移动互联技术辅助人工巡查的方法应用于长城监测保护，受到一些主客观因素的影响，如手机信号、人员素质等，不能适用于偏远地区。而监测工作又需要保证一定的工作频率。为实现对人工巡查比较困难的长城进行全覆盖式周期性监测，需要探索一些非传统技术手段。课题组经过调研，选择了"增强型小基线集时序雷达干涉技术"，进行遥感监测实验，探索广域大尺度长城监测方法。

（二）核心技术介绍

卫星雷达时序干涉技术（TSInSAR，后文简称雷达干涉）是一种利用合成孔径雷达（SAR）对同一地区发射的电磁波产生的回波信号进行反复记录，来获取多时间点、相互重叠、同时具有一定视角差的图像——干涉图，并以此为基础，通过建立该地区数字高程模型（DEM）来监测地面毫米级形变的遥感技术。

这是目前唯一的一种高精度、全天时、全天候、全覆盖、全自动的面监测技术手段，理论上可以实现 100×100 千米^2 以上范围，地面分辨率米级、垂直方向毫米级的地表形变监测。

小基线集（SBAS），又称短基线集，该方法的初衷是用于提取低分辨率、大尺度地表形变。原理是将关联性高的雷达干涉数据进行分组和精确配准，进而通过电离层折射校正（对无线电波通过电离层时发生的传播路径弯曲及传播速度变化等带来的传播延迟进行校正，后文简称电离层矫正）和对流层折射校正（对无线电波通过大气层时由于传播介质不同于真空带来的传播延迟进行的校正，后文简称对流层矫正）排除地形、大气、噪声等对数据的误差影响，从而提高形变监测的精度。

本项目在干涉图生成阶段，在影像配准、电离层校正和对流层校正阶段分别采用电离层偏移（ESD）算法、频谱分裂法（Split Spectrum）、引入通用大气校正在线服务（GACOS）数据建模等方法，提升小基线集方法对干涉数据配准的精度和在不同地理环境中的适用性。

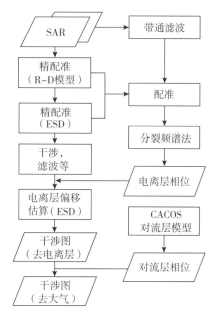

图 4 - 47　雷达干涉图质量提升技术流程图

（三）已有技术实践

目前，卫星遥感技术已广泛应用于环境、地质、市政、文化遗产监测等各领域。2013—2016 年，原国家测绘地理信息局组织开展的第一次全国地理国情普查，通过卫星遥感技术获取了我国陆地国土各类地形地貌、9 类种植土地、10 类林草覆盖、水域覆盖、荒漠与裸露地、铁路与道路、房屋建筑（区）等的面积、类别和空间分布等信息，客观反映了我国资源环境和国情国力的本底状况，为促进相关部门科学合理保护和利用自然，推动国家重大发展战略落实，为生态文明建设、国土空间开发、民生保障、社会治理等领域，为科学编制规划、优化空间布局、基础设施建设、促进管理创新等方面提供基础资料和决策参考。

在文化遗产保护领域,2016 年国家文物局启动文物法人违法案件三年专项整治行动以来,利用卫星遥感技术随机监测 70 处国保单位,发现了保护范围和建设控制地带内的 184 处地物变化。

雷达干涉监测技术作为卫星遥感技术的组成部分,主要针对地物的微形变进行监测,目前已广泛应用于监测地质灾害、矿区、高铁线路和城市地面沉降等。如:

吴文豪[1]等人以天津南郊为实验区,基于短基线集干涉技术实施地面沉降监测,结果表明相对于比较稳定的天津城区,天津南郊出现了大面积的沉降漏斗。最后结合水文地质数据分析地面沉降区域与地下水系关联;唐桂彬[2]等利用 22 期 ALOS 卫星的 PALSAR 数据进行了试验,获取了西安市 2007—2011 年的时间序列形变值,成功地反演了该地区在 2007 年 1 月—2011 年 2 月的地表形变时空演变过程,发现雁塔区 4 个分布相对连续的主要沉降区和曲江、纺织城接到周边两个次级沉降区;赵佳曼[3]等对 2004—2012 年无锡的地表形变进行了监测研究。结果表明,沉降区域主要发生在江阴市南部及惠山区,最大累积沉降量超过 -200mm。新吴区、滨湖区以及位于主城区的梁溪区出现了轻微的回弹现象,最大累积回弹量达到 +40mm。与水准测量数据对比显示,干涉测量结果与水准观测数据具有很好的一致性。地下水水位变化仍然是无锡地表形变的主要影响因素。

饶雄[4]等通过对某高铁客运专线进行的监测,发现监测区存在沿东西方向狭长区域存在形变速率为 -100~25mm/年的地表沉降;师红云[5]等选用中分辨率雷达数据对京津高速铁路天津段沿线区域进行了形变监测,获得了京津城际高速铁路永乐—天津段在 2007 年 2 月 -2010 年 7 月时间范围内的沉降速率分布图。

其中赵佳曼、饶雄等人的工作还通过地面水平测量进行了对比验证,证实了监测数据的可靠性与有效性。

雷达干涉监测技术也已经在多个文化遗产地进行了实践。如本课题的合作方中科院遥感与数字地球研究所曾在颐和园、吴哥窟和南京城墙进行雷达干涉监测,并分别取得了相应成果。颐和园[6]、吴哥窟[7]分别监测到 5 个和 4 个较明显的地面沉降点,研究者认为其与降水量、地下水位变化存在密切联系;南京城墙的监测显示,城墙整体稳定,但仅凤门因热胀冷缩效应不同,导致结构性、季节性异常形变;宣武门附近因城市开发(拆迁和重建)导致趋势性抬升并出现裂缝[8]。上述案例充分证明了该技术应用于文化遗产监测领域的可行性。

① 吴文豪:《雷达干涉时序分析方法研究地面沉降》,《测绘通报》2014 年第 11 期。
② 唐桂彬等:《小基线集技术在地面沉降监测中的应用》,《测绘与空间地理信息》,2014 年 12 期。
③ 赵佳曼等:《小基线集雷达干涉测量在无锡地面沉降监测中的应用》,《高技术通讯》,2018 年第 6 期。
④ 饶雄:《小基线集雷达差分干涉测量高速铁路区域地面沉降》,《铁道勘察》2014 年第 2 期。
⑤ 师红云:《基于时序雷达干涉测量的高速铁路区域沉降变形监测研究》,北京交通大学博士论文,2014 年 10 月。
⑥ Tang Panpan 等:《Monitoring Cultural Heritage Sites with Advanced Multi - Temporal InSAR Technique:The Case Study of the Summer Palace》,《Remote Sensing》,2016 年第 8 期。
⑦ 陈富龙等:《Radar Interferometry offers new insights into threats to the Angkor Site》,《Science Advances》,2017 年第 3 期。
⑧ 陈富龙等:《Surface motion and structural instability monitoring of Ming Dynasty City Walls by two - step Tomo - PSInSAR approach in Nanjing City,China》,《Remote Sensing》,2017 年第 9 期。

（四）项目的实施

1. 试点县域的选取

结合"长城漫步"应用实践及长城特点，本项目选取了位于甘肃省嘉峪关市、酒泉市、高台县，宁夏回族自治区青铜峡市、永宁县、银川市及河北张家口市宣化区、崇礼区、赤城县部分长城点段作为试点区。三者分别位于西部、东部地区，长城材质包括了土、石、砖，自然环境包括戈壁荒漠及高山草甸等，长城使用功能包括了景区、未开放段落。

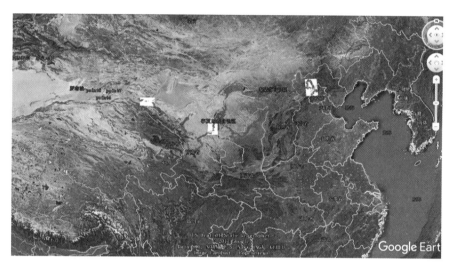

图 4 - 48　雷达干涉监测长城试验段地理位置

2. 雷达卫星数据获取与处理

本项目采用长时间序列欧洲空间局的开源中分辨率哨兵（Sentinel - 1 A/B）太阳同步轨道卫星雷达数据。哨兵卫星是欧洲空间局哥白尼计划（GMES）中的地球观测卫星，载有 C 波段的合成孔径雷达，可提供连续图像（白天、夜晚及各种天气），重访周期 12 天（双星重访可缩短至 6 天）。

监测数据的处理采用了合作方自主研发的 SkySense 合成孔径雷达影像自动化处理软件实现。

图 4 - 49　哨兵卫星工作状态

3. 数据采集与分析

① 嘉峪关市—酒泉市—高台县

嘉峪关市—酒泉市—高台县监测区覆盖了墙体 217.4 千米，界壕/壕堑 118.1 千米，单体建筑 119 座，关堡 19 座，共计 147 段/座/处。

表 4 - 22　嘉峪关市—酒泉市哨兵雷达采集数据周期与次数

序号	获取日期	序号	获取日期
1	2015/01/28	18	2016/05/22
2	2015/02/21	19	2016/06/15
3	2015/03/17	20	2016/07/09
4	2015/04/10	21	2016/08/26
5	2015/05/04	22	2016/09/19
6	2015/05/28	23	2016/10/07
7	2015/06/21	24	2016/10/31
8	2015/08/08	25	2016/11/24
9	2015/09/25	26	2016/12/18
10	2015/11/12	27	2017/01/11
11	2015/12/06	28	2017/02/04
12	2015/12/30	29	2017/02/22
13	2016/01/23	30	2017/03/18
14	2016/02/16	31	2017/03/30
15	2016/03/11	32	2017/04/11
16	2016/04/04	33	2017/04/23
17	2016/04/28	34	2017/05/05

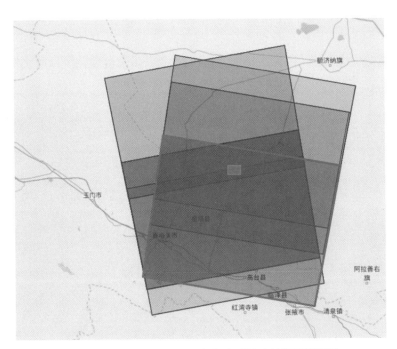

图 4 - 50　嘉峪关—酒泉—高台哨兵雷达数据区域覆盖

项目共采集 2015 年 1 月至 2017 年 5 月间，160×43 千米² 范围，共计 34 景哨兵卫星影像。

经过技术处理与分析，研究者认为影响该区域长城本体及环境稳定性的主要因素是洪水土冲刷侵蚀，形变烈度值主要位于 −5.0 至 +5.0 毫米/年，个别地点形变值可以达到 −10.0 至 +10.0 毫米/年。人类活动密集区，仍可监测到零星的地表形变异常。生产建设活动（矿区、水库、道路等）对长城存在一定影响。据监测结果显示，嘉峪关市、酒泉市、高台县境内共有 26 个长城点段存在破坏风险。其中受洪水影响的有 21 个点段，占 80.8%；有 7 处受到人类活动影响（个别点段与洪水影响重叠），其中开矿 2 处，修路 4 处（2 处与开矿重叠），水库建设 3 处。根据 2018 年各地上报国家文物局的长城险情判断，有 11 个点段已造成实质破坏。

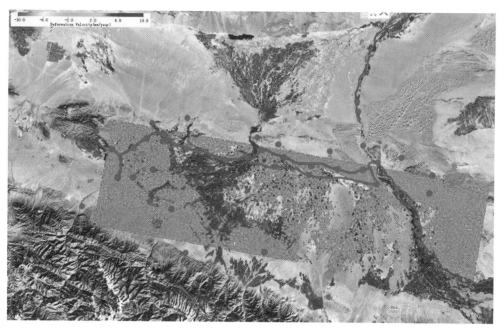

图 4 −51　增强型小基线集获取的嘉峪关 − 酒泉 − 高台

图 4 −51　2015 年 1 月至 2017 年 5 月长城沿线地表形变场与长城叠加图

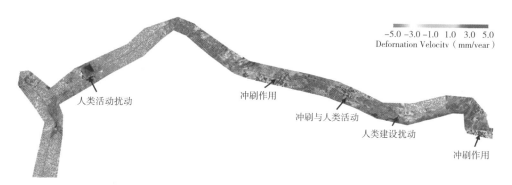

图 4 −52　嘉峪关 − 酒泉形变速率分布图

表 4-23　嘉峪关 - 酒泉 - 高台长城风险点段一览表

所在行政区	点段名称	资源类别	影响因素	形变位置	是否已造成实质破坏	2018年上报险情
嘉峪关市	野麻湾长城9段	墙体	开矿/修路	保护范围内	否	
	野麻湾8号敌台	敌台	开矿/修路	保护范围内	否	
酒泉市	古城林场长城	墙体	洪水	本体及保护范围内	是	□
	边湾滩长城1段	墙体	洪水	建控地带内	否	
	边湾滩长城2段	墙体	洪水	保护范围内	是	□
	两山口长城1段	墙体	洪水/修路	本体及保护范围内	是	
	两山口长城2段	墙体	洪水	本体及保护范围内	是	□
	两山口长城3段	墙体	洪水	本体及保护范围内	是	□
	两山口长城4段	墙体	洪水	本体及保护范围内	是	□
	两山口2号敌台	敌台	洪水/修路	本体及保护范围内	否	
	大面墩长城	墙体	洪水	本体及保护范围内	是	□
	灰泉子长城（闇门支线）	墙体	洪水	本体及保护范围内	是	□
	明沙窝长城1段	墙体	水库	保护范围内	是	
	鸣沙窝长城2段	墙体	洪水	本体及保护范围内	是	□
	大面墩	敌台	洪水	本体及保护范围内	是	□
	明沙窝1号敌台	敌台	水库	保护范围内	否	□
	明沙窝2号敌台	敌台	水库	保护范围内	否	
	烟火墩壕堑	壕堑	洪水	本体及保护范围内	否	
	闇门墩	烽火台	洪水	保护范围内	否	
	烟火墩	烽火台	洪水	建控地带内	否	
	双墩子南墩	烽火台	洪水	本体及保护范围内	否	
	下河清墩	烽火台	洪水	建控地带内	否	
	五坝崖头墩	烽火台	洪水	建控地带内	否	
高台县	双丰壕堑2段	壕堑	洪水	保护范围内	否	
	双丰壕堑3段	壕堑	洪水	建控地带内	否	
	双丰3号烽火台	烽火台	洪水	保护范围内	否	

② 阿拉善左旗 - 青铜峡市 - 永宁县 - 银川市

阿拉善左旗 - 青铜峡市 - 永宁县 - 银川市监测区共覆盖了墙体 190 千米，单体建筑 94 座，关堡 9 座，共计 283 段/座/处。

项目共采集 2015 年 7 月至 2018 年 5 月间，85×50 千米² 范围，共计 54 景哨兵卫星影像。

经过技术处理与分析，研究者认为，自然与人为因素对青铜峡长城及环境稳定性均有显著影响。自然因素主要因素是山前台地的洪水冲击和强风侵蚀等；人为因素包括基础设施建设、资源开发、军事行动、农业扩张等。

表 4 - 24　2018 年度处理的阿左 – 青铜 – 永宁 – 银川
2015 – 2016 年度和 2017 – 2018 年度哨兵雷达数据集

2015 – 2016 年度			
序号	获取日期	序号	获取日期
1	2015/07/07	11	2016/03/03
2	2015/07/31	12	2016/03/27
3	2015/08/24	13	2016/04/20
4	2015/09/17	14	2016/05/14
5	2015/10/11	15	2016/06/07
6	2015/11/04	16	2016/07/01
7	2015/11/28	17	2016/07/25
8	2015/12/22	18	2016/08/18
9	2016/01/15	19	2016/09/11
10	2016/02/08		
2017 – 2018 年度			
1	2017/03/15	18	2017/11/22
2	2017/03/27	19	2017/12/04
3	2017/04/08	20	2017/12/16
4	2017/04/20	21	2017/12/28
5	2017/05/14	22	2018/01/09
6	2017/05/26	23	2018/01/21
7	2017/06/07	24	2018/02/02
8	2017/06/19	25	2018/02/14
9	2017/07/13	26	2018/02/26
10	2017/07/25	27	2018/03/10
11	2017/08/06	28	2018/03/22
12	2017/08/18	29	2018/04/03
13	2017/08/30	30	2018/04/15
14	2017/09/11	31	2018/04/27
15	2017/09/23	32	2018/05/09
16	2017/10/05	33	2018/05/21
17	2017/11/10	35	

根据地面踏查结果与 2008 年长城资源调查数据对比，以及 2018 年各地上报国家文物局的长城险情判断，有 3 处点段已造成实质破坏。

2018 年 7 月，研究者进行了地面踏查验证。根据监测数据及地面验证显示，青铜峡市监测区内共有 70 个长城点段存在破坏风险，应当予以重点关注，加强巡查。其中 50 处受到自然因素影响，占到全部点段的 71.4%；有 33 处受到人为因素影响，占 47.1%（部分与自然因素重叠）。自然因素影响的

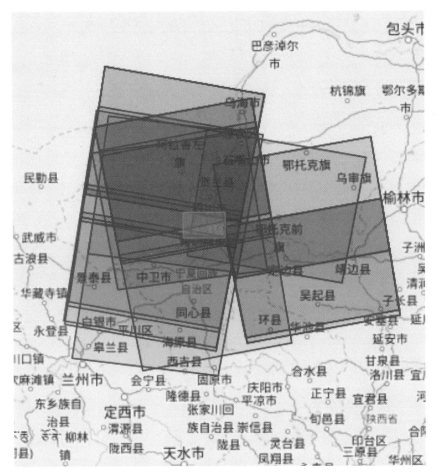

图 4 - 53　阿拉善左旗 - 青铜峡市 - 永宁县 - 银川市哨兵雷达数据区域覆盖

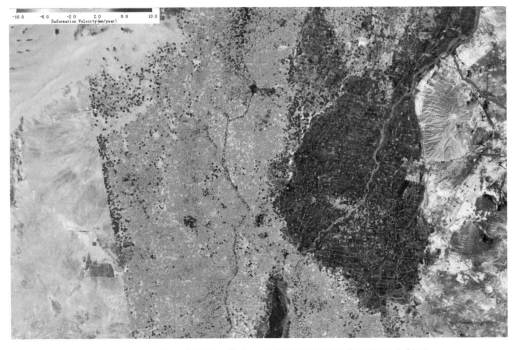

图 4 - 54　阿左 - 青铜峡 - 永宁 - 银川长城沿线地表形变场分版图

图 4 – 55　青铜峡市长城形变速率分布图

点段中，全部受到风力侵蚀影响，48 处受洪水影响。人为因素影响的点段中，19 处受到开矿影响，9 处因地处军事演习区，受到军事行动的影响，另有 2 处受农业用地扩张的影响，1 处为修路影响。

表 4-25　嘉峪关-酒泉-高台长城风险点段一览表

所在行政区	点段名称	资源类别	影响因素	形变位置	是否已造成实质破坏	长城漫步上报	执法督察	2018上报汛期险情
银川市	甘沟1号烽火台	烽火台	风蚀/水土侵蚀	本体及保护范围	否			
	甘沟2号烽火台	烽火台	风蚀/水土侵蚀	本体及保护范围	否			
	山嘴沟烽火台	烽火台	风蚀/水土侵蚀	本体及保护范围	否			
永宁县	榆树沟烽火台	烽火台	风蚀/水土侵蚀	本体及保护范围	否			
	夹子沟堡	关堡	风蚀/水土侵蚀	本体及保护范围	否			
阿拉善左旗	赤木口长城1段	墙体	基础设施（公路）	本体及保护范围	否	○		
	赤木口长城2段	墙体	开矿	本体及保护范围	否		○	
	赤木口长城3段	墙体	开矿	本体及保护范围	是	○	○	
	赤木口长城10段	墙体	开矿	本体及保护范围	是	○	○	
	磨石口长城1段	墙体	风蚀/水土侵蚀	本体及保护范围	不详			
	磨石口长城2段	墙体	风蚀/水土侵蚀	本体及保护范围	是			
	磨石口长城3段	墙体	风蚀/水土侵蚀	本体及保护范围	是			
	磨石口长城4段	墙体	风蚀/水土侵蚀	本体及保护范围	不详			
	磨石口长城5段	墙体	风蚀/水土侵蚀	本体及保护范围	不详			
	磨石口长城6段	墙体	风蚀/水土侵蚀	本体及保护范围	不详			
	磨石口长城7段	墙体	风蚀/水土侵蚀	本体及保护范围	不详			○
	磨石口长城8段	墙体	风蚀/水土侵蚀	本体及保护范围	不详			○
	磨石口长城9段	墙体	风蚀/水土侵蚀	本体及保护范围	不详			○
	磨石口长城10段	墙体	风蚀/水土侵蚀	本体及保护范围	不详			
	磨石口长城11段	墙体	风蚀/水土侵蚀	本体及保护范围	不详			
	磨石口长城二边1段	墙体	风蚀/水土侵蚀	本体及保护范围	不详			
	磨石口长城二边2段	墙体	风蚀/水土侵蚀	本体及保护范围	不详			
	磨石口长城二边3段	墙体	风蚀/水土侵蚀	本体及保护范围	不详			
	磨石口长城二边4段	墙体	风蚀/水土侵蚀	本体及保护范围	不详			
	磨石口长城二边5段	墙体	风蚀/水土侵蚀	本体及保护范围	不详			
	磨石口长城二边6段	墙体	风蚀/水土侵蚀	本体及保护范围	不详			
	磨石口长城二边13	墙体	开矿/风蚀/水土侵蚀	本体及保护范围	不详			
	磨石口长城二边14段	墙体	开矿/风蚀/水土侵蚀	本体及保护范围	不详			
	磨石口长城二边15段	墙体	开矿/风蚀/水土侵蚀	本体及保护范围	不详			
	磨石口长城二边16段	墙体	开矿/风蚀/水土侵蚀	本体及保护范围	不详			
	磨石口长城二边17段	墙体	开矿/风蚀/水土侵蚀	本体及保护范围	不详			
	夹子沟2号烽火台	烽火台	风蚀/水土侵蚀	本体及保护范围	否			
	磨石口1号敌台	敌台	风蚀/水土侵蚀	本体及保护范围	否			
	磨石口2号敌台	敌台	风蚀/水土侵蚀	本体及保护范围	否			

续表

所在行政区	点段名称	资源类别	影响因素	形变位置	是否已造成实质破坏	长城漫步上报	执法督察	2018 上报汛期险情
	磨石口 3 号敌台	敌台	风蚀/水土侵蚀	本体及保护范围	否			
	北岔口长城 3 段	墙体	开矿/风蚀/水土侵蚀	本体及保护范围	是		○	○
	北岔口长城 4 段	墙体	开矿/风蚀/水土侵蚀	本体及保护范围	是		○	○
	北岔口长城 5 段	墙体	开矿/风蚀/水土侵蚀	本体及保护范围	否		○	○
	北岔口长城 6 段	墙体	开矿/风蚀/水土侵蚀	本体及保护范围	否		○	
	北岔口长城 8 段	墙体	开矿/风蚀/水土侵蚀	本体及保护范围	否		○	
	北岔口长城二边 10 段	墙体	开矿	本体及保护范围	否		○	
	北岔口长城二边 11 段	墙体	开矿	本体及保护范围	否		○	
	北岔口长城二边 12 段	墙体	开矿	本体及保护范围	否	○	○	
	柳木高长城 13 段	墙体	风蚀/水土侵蚀	本体及保护范围	是			○
	柳木高长城 14 段	墙体	风蚀/水土侵蚀	本体及保护范围	不详			
	柳木高长城 15 段	墙体	风蚀/水土侵蚀	本体及保护范围	不详			
	柳木高长城 16 段	墙体	风蚀/水土侵蚀	本体及保护范围	不详			
	柳木高长城 17 段	墙体	风蚀/水土侵蚀	本体及保护范围	不详			
	柳木高长城 18 段	墙体	风蚀/水土侵蚀	本体及保护范围	不详			
	柳木高长城 19 段	墙体	开矿/风蚀/水土侵蚀	本体及保护范围	不详			
	柳木高 6 号敌台	敌台	风蚀/水土侵蚀	本体及保护范围	否			
	柳木高 7 号敌台	烽火台	风蚀/水土侵蚀	本体及保护范围	否			
	小口子烽火台	烽火台	风蚀/水土侵蚀	本体及保护范围	否			
	色日音夏布日全吉烽火台	烽火台	风蚀/水土侵蚀	本体及保护范围	否			
	木井子嘎查烽火台	烽火台	风蚀/水土侵蚀	本体及保护范围	否			
青铜峡市	滑石沟村 2 段土墙	墙体	开矿	建控地带内	否			
	滑石沟 2 号敌台	敌台	开矿	建控地带内	否			
	滑石沟 3 号敌台	敌台	开矿	建控地带内	否			
	青铜峡镇 1 段土墙	墙体	开矿	本体及保护范围	否			
	青铜峡镇 2 段土墙	墙体	开矿/军事演习区	本体及保护范围	否			
	青铜峡镇 3 段土墙	墙体	开矿/军事演习区	本体及保护范围	否			
	青铜峡镇 4 段土墙	墙体	开矿/军事演习区	本体及保护范围	否			
	旋风槽村 4 段土墙	墙体	军事演习区	本体至建控地带	不详			
	三趟墩 2 号烽火台	烽火台	军事演习区	本体至建控地带	不详			
	三趟墩 3 号烽火台	烽火台	军事演习区	本体至建控地带	不详			
	三趟墩 4 号烽火台	烽火台	军事演习区	本体至建控地带	不详			
	三趟墩村 2 段土墙	墙体	军事演习区	本体至建控地带	不详			
	三趟墩村 3 段土墙	墙体	军事演习区	本体至建控地带	不详			
	渠口农场 1 段土墙	墙体	水土侵蚀/农业用地扩张	本体至建控地带	否			
	渠口农场 2 号烽火台	烽火台	水土侵蚀/农业用地扩张	本体至建控地带	否			

通过2015－2016、2017－2018两期监测数据对比，认为2017－2018年度监测区形变速率比2015－2016年度有所下降。2015－2016年度监测数据显示，三关口长城沿线地表形变显著，形变烈度值达到－8至+8毫米/年以上。野外勘查证实，该段明长城以流水冲击侵蚀为主。2017－2018年度这一地区的形变值降至－3至+3毫米/年。

图4－56　柳木高长城墙体西侧风电站

图4－57　山前台地洪水期流水侵蚀对青铜峡三关口段的破坏作用

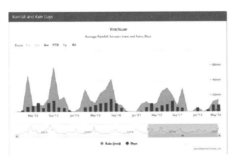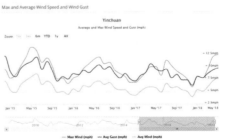

图4－58　宁夏青铜峡2015－2018降水（左）和风力（右）指标趋势图①

---

①　https://www.worldweatheronline.com/ningxia－weather/cn.aspx

研究者通过收集并分析 2015 - 2018 年的降水、风速等气候数据，发现 2017 - 2018 年季节性强降水频率和风力、风速相较于 2015 - 2016 年均有所降低，从而减弱了流水和风力侵蚀对明长城墙体的破坏影响。

③ 宣化区 - 崇礼区 - 赤城县

宣化区 - 崇礼区 - 赤城县监测区共覆盖长城 627.1 千米，单体建筑 1534 座，关堡 65 座，长城资源共计 1866 段/座/处。

项目共采集 2015 年 7 月至 2018 年 5 月间，160×60 千米^2 范围，共计 61 景哨兵卫星影像。

表 4 - 26　宣化 - 崇礼 - 赤城 2015 - 2016 年度和 2017 - 2018 哨兵卫星数据集

2015 - 2016 年度			
序号	获取日期	序号	获取日期
1	2015/07/30	12	2016/05/13
2	2015/08/23	13	2016/06/06
3	2015/09/16	14	2016/06/30
4	2015/10/10	15	2016/07/24
5	2015/11/03	16	2016/10/04
6	2015/11/27	17	2016/10/16
7	2015/12/21	18	2016/10/28
8	2016/01/14	19	2016/11/09
9	2016/03/02	20	2016/12/03
10	2016/03/26	21	2016/12/15
11	2016/04/19	22	2016/1227
2017 - 2018 年度			
1	2017/01/07	21	2017/09/28
2	2017/01/19	22	2017/10/10
3	2017/01/31	23	2017/10/22
4	2017/02/12	24	2017/11/03
5	2017/02/24	25	2017/11/15
6	2017/03/08	26	2017/11/27
7	2017/03/20	27	2017/12/09
8	2017/04/01	28	2017/12/21
9	2017/04/25	29	2018/01/02
10	2017/05/07	30	2018/02/07
11	2017/05/19	31	2018/02/19
12	2017/05/31	32	2018/03/03
13	2017/06/12	33	2018/03/15
14	2017/06/24	34	2018/03/27
15	2017/07/06	35	2018/04/08
16	2017/07/18	36	2018/04/20
17	2017/07/30	37	2018/05/02
18	2017/08/11	38	2018/05/14
19	2017/08/23	39	2018/05/26
20	2017/09/16		

经过技术处理与分析，研究者认为，引发该地区长城破坏的主要因素以自然山体不稳定和人类开矿、修路、奥运场馆建设等建设活动为主，其引发的地表形变速率在 −20 至 +4 毫米/年之间，单点烈度绝对值可达 10 毫米/年。

该地区长城以石墙为主，南北、东西向光照热力收支不均衡以及降水，也能加剧其自然裂变过程。不稳定山体位移及发生山体滑坡，也可由人类开矿或其他建设活动触发。

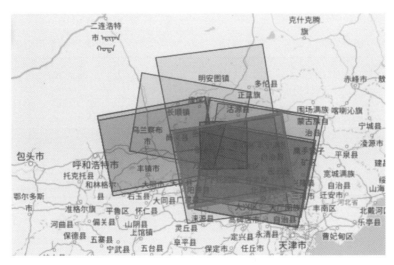

图 4−59　宣化−崇礼−赤城哨兵卫星数据区域覆盖

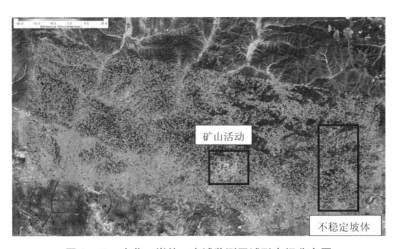

图 4−60　宣化−崇礼−赤城监测区域形变场分布图

　（a）2015-2016 年度　　　　　（b）2017-2018 年度

图 4−61　开矿对长城沿线景观及遗存稳定性影响

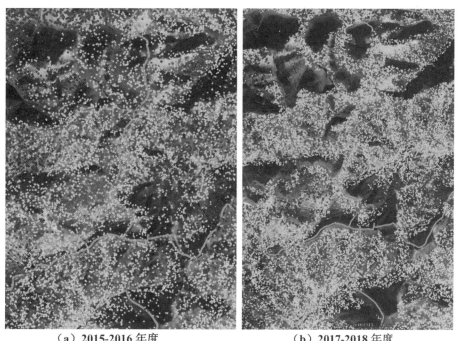

（a）2015-2016 年度　　　　　　　　　　（b）2017-2018 年度

图 4 - 62　裸露自然不稳定坡体对长城沿线遗存的影响

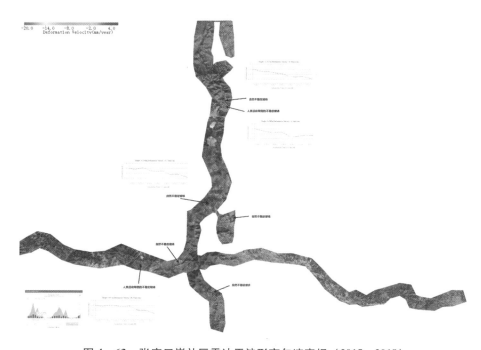

图 4 - 63　张家口崇礼区雷达干涉形变年速率场（2015 - 2018）

　　2018 年 8 月，研究者进行了地面踏查验证。根据监测数据及地面验证显示，崇礼区 - 赤城县监测区内共有 33 个长城点段存在破坏风险，应当予以重点关注，加强巡查。其中自然因素 21 处，占 65.6%，人为因素影响点段各有 15 处，占 45.4%（存在重叠）。自然因素影响相对广，但基本集中于光照热力不均 12 处，以及山体本身存在不稳定坡体 9 处；人为因素则种类比较多，包括道路施工 7 处，奥运场馆建设 3 处，开矿 3 处，风电场建设 2 处（存在重叠）。根据地面踏查结果与 2008 年长城资源调查数据对比，2 处点段造成了实质破坏。

表 4 – 27   崇礼 – 赤城长城风险点段一览表

所在行政区	点段名称	资源类别	影响因素	形变位置	是否已造成实质破坏	长城漫步上报	执法督察
崇礼区	大白杨长城第 1 段	墙体	开矿	本体及保护范围内	否		
	大白杨村 06 号敌台	单体	开矿	本体及保护范围内	否		
	正盘台长城第 3 段	墙体	不稳定坡体	建控地带内	否		
	正盘台长城第 1 段	墙体	不稳定坡体	本体及保护范围内	否		
	正盘台村 01 号马面	单体	不稳定坡体	本体	否		
赤城县	夭湾长城	墙体	风电厂及道路	本体及保护范围内	是		
	夭湾村 02 号烽火台	单体	风电厂及道路	本体	否		
	马驹沟长城	墙体	奥运场馆建设/不稳定坡体	本体及保护范围内	否	○	○
	小口梁西南侧长城	墙体	奥运场馆建设/不稳定坡体	本体及保护范围内	否	○	○
	小口梁东北侧长城	墙体	奥运场馆建设/不稳定坡体	本体至建控地带	否	○	○
	镇宁堡岔沟梁长城	墙体	不稳定坡体	建控地带内	否	○	
	大边梁北侧长城 5 段	墙体	道路施工	本体至建控地带	是		
	大边长城	墙体	道路施工	建控地带内	否		
	四东沟村 2 号烽火台	单体	道路施工	建控地带内	否		
	四东沟村 3 号烽火台	单体	道路施工	建控地带内	否		
	四东沟村 4 号烽火台	单体	道路施工	建控地带内	否		
宣化区	羊房堡长城第 1 段	墙体	道路施工	本体至建控地带	是		
	正盘台长城第 4 段	墙体	不稳定坡体	建控地带内	否		
	石盘台长城	墙体	不稳定坡体	建控地带内	否		
	青边口长城 2 道	墙体	开矿	本体及保护范围	是	○	
	青边口长城第 1 段	墙体	热力不均导致本体不稳定	本体至建控地带	否		
	青边口长城第 2 段	墙体	热力不均导致本体不稳定	本体至建控地带	否		
	青边口长城第 3 段	墙体	热力不均导致本体不稳定	本体至建控地带	否		
	青边口长城第 4 段	墙体	热力不均导致本体不稳定	本体至建控地带	否		
	青边口村 01 号敌台	单体	热力不均导致本体不稳定	本体至建控地带	否		
	青边口村 02 号敌台	单体	热力不均导致本体不稳定	本体至建控地带	否		
	青边口村 03 号敌台	单体	热力不均导致本体不稳定	本体至建控地带	否		
	青边口村 04 号烽火台	单体	热力不均导致本体不稳定	本体至建控地带	否		
	青边口村 05 号烽火台	单体	热力不均导致本体不稳定	本体至建控地带	否		
	青边口村 06 号烽火台	单体	热力不均导致本体不稳定	本体至建控地带	否		
	青边口村 12 号烽火台	单体	热力不均导致本体不稳定	本体至建控地带	否		
	青边口村 13 号烽火台	单体	热力不均导致本体不稳定	本体至建控地带	否		
	青边口长城 1 道 2 段	墙体	道路施工	本体至建控地带	是		

图 4 - 64 矿坑及采矿运输路网破坏墙体

图 4 - 65 南北、东西向光照热力收支不均衡以及降水加剧烽火台自然裂变过程

④ 小结

第一，雷达干涉监测数据表明，长城沿线各地破坏风险影响因素种类和影响程度存在显著的地域差异。其中嘉峪关市 - 酒泉市 - 高台县监测区长城以夯土建筑为主，总体上以洪水等自然因素为主要破坏风险因素，影响面广；人类活动密集区，生产建设活动（矿区、水库、道路等）对长城存在一定影响，影响面相对小。阿拉善左旗 - 青铜峡市 - 永宁县 - 银川市监测区的土质长城，受自然与人为因素影响均比较显著，且影响面都比较广。其中自然因素以风蚀、洪水为主；人为因素中，开矿、军事行动是主要因素。宣化区 - 崇礼区 - 赤城县监测区内主要为石砌长城，自然与人为因素对长城的影响面均比较小，呈点状分布，但影响比较频繁和剧烈。自然山体不稳定，以及由于光照不均导致的受热不均，是石质墙体主要的自然破坏因素；资源开发和建设活动，尤其是奥运场馆建设对长城周边环境景观影响十分明显。

第二，在阿拉善左旗 - 青铜峡市 - 永宁县 - 银川市监测区，2017 - 2018 年季节性强降水频率降和风力、风速相较于2015 - 2016 年均有所降低，而长城的形变值也相应从 - 8 至 + 8 毫米/年降至 - 3 至 + 3毫米/年。这证实了风与水的因素与长城破坏风险之间存在联系。

第三，宣化区－崇礼区－赤城县监测区的数据显示，从形变值的时间变化来看，较显著的形变集中发生于每年夏秋两季，即 6－10 月，这与年降水量月度变化曲线相吻合。降水多的季节，形变也多，表明降水对监测区形变也有明显影响。

第四，6－12 天的卫星重放周期，已经可以满足雷达干涉监测长城的工作需求。

4. 效果评估

（1）可行性与优势

经过 2 个年度的监测实验，我们认为"雷达干涉"技术，是有效的长城监测技术手段。

第一，中分辨率雷达（20 米精度）已经可以满足对长城遗迹的监测的基础数据要求。通过开源中分辨率卫星获取数据，具有零成本、覆盖面广、重访率高等优势。

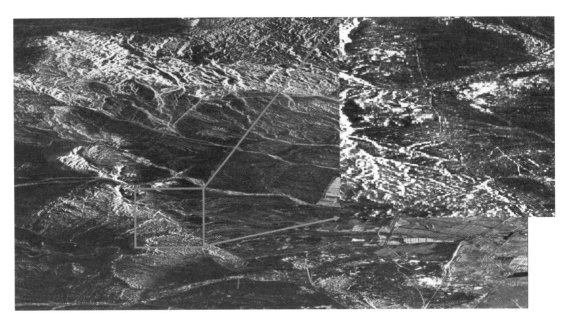

图 4 － 66　青铜峡明长城试验段在哨兵雷达影像上清晰可辨

"雷达干涉"监测数据（形变速率和时间序列）可以以 kml 格式输出并叠加到 google earth 平台上，并结合 google earth 上的地形及光学影像信息，对形变病害进行遥感解译，对导致形变异常的原因进行分析；即理论上全工作流程可以在室内完成，覆盖范围广，工作效律高，可以有效缓解实地踏查费时、费力的问题。

第三，"雷达干涉"监测技术可以对肉眼不可见的毫米级微形变，具有对长城破坏的风险预警能力。

第四，"雷达干涉"监测成果包括了可以量化的形变值，能够在地图上得到直观反映，表现较大范围内各长城点段风险相对高低，对于全局性长城监测资源的优化配置具有指导作用，也为长城监测预警指标体系的建立提供了条件。

第五，"雷达干涉"监测成果形式主要包括图、表、shp 格式文件等，与"长城资源保护管理信息系统"数据结构兼容性较好，存在进一步整合的前景。

（2）存在的问题与建议

① 技术层面

第一，雷达干涉数据处理流程涉及十几个关键步骤，专业性强，质量控制要求高，需要专业人员、专业设备以及较长的专门工作周期。以长城墙体为例，以长城墙体两侧各 1 千米范围计，约为 20000 千米×2 千米＝40000 平方千米，需人工 8 人，高性能刀片式服务器等专业器材，Skysense 等专业数据处理软件，数据处理与解译时间 60－120 天，后期有针对性的野外验证需时 10－20 天左右，共计约 8 人工作 70－140 天左右。因此不适合文物专业人员亲自操作。

第二，雷达干涉容易受到密集植被或陡峭地形的叠掩和阴影遮挡干扰，从而导致雷达干涉数据精度达不到要求，甚至无反射信号。因此在东部山区适用性较差。

第三，雷达干涉基础数据来自开源卫星，因此监测区的位置和面积选择受到卫星运行轨迹的影响。

第四，雷达干涉适用于毫米级微形变监测，即对渐变过程进行跟踪，而监测数据对长城建筑的突变，如坍塌等瞬时发生的显著变化情况，不能体现。

② 管理层面

第一，大规模推广应用的成本高昂。以本次工作为例，每个监测区开展两个年度工作，包括人员、材料、设备等在内约需要 10 万元人民币左右。而各监测区所覆盖的长城资源数量共计约 2000 余段/座/处，占全国长城资源数量（43721 段/座/处）的不到 5％。

第二，长城保护管理基础工作薄弱的问题，在雷达干涉监测实践中也有所体现。如在将阿拉善左旗－青铜峡市－永宁县－银川市监测区的监测结果与 2018 年当地上报汛期长城险情进行对比时发现，宁夏上报的部分监测区内长城险情发生点段名称与长城资源认定数据不符，找不到具体位置。

第三，研究在数据处理过程中发现，嘉峪关－酒泉－高台监测区也存在"长城资源保护管理信息系统"空间信息错误的情况，有待更正。

据此，建议在应用此项技术中：

第一，为确保最终结果的精确性和科学性，建议文物部门采用购买服务的方式，请专业遥感技术应用机构提供长期技术服务来实现。

第二，拓展开源卫星数据获取渠道，通过多卫星数据叠加的方式增加重访周期，减少监测范围的限制。

第三，通过高分卫星影像、无人机重点巡查、人工踏查、多期场景三维建模和比较等多种手段进行监测结果验证，探索雷达监测技术手段对长城形变的能力极限。

四、人工巡查专题研究

（一）人工巡查监测综述

世界遗产监测手段，总体上有仪器实时监测与人工定期监测两类。前者主要通过采用各种技术手段和仪器设备采集长城信息数据；后者则通过监测人员对遗产地进行定期现场巡视、肉眼观察和人工记录获取长城本体与环境的各方面信息。

前者是监测信息系统建立的基础。其特点是可实现的监测内容丰富，监测数据精度高，但监测成本高，对监测人员的素质要求也很高。尤其是对于大运河、长城等线性遗产而言，它们并不是单一的遗产点，而是分布于诸多省市县境内，根据监测范围和建设成本推算，以现有技术与资源，通过监测信息系统实现全线监测工作并不现实，仅能覆盖个别的点、段。这时就需要借助人工手段开展监测工作。

人工监测的特点是操作简单，适用范围广，对监测人员的专业素质要求较低，监测成本也较低，并且巡查人员身处现场，发现问题能够及时做出反应。尽管监测内容和监测数据的精度有限，但对于无法实现仪器监测的线性遗产点、段的保护管理具有不可替代的作用。

长城监测中，应当充分发挥传统人工巡查的作用，方法简单有效，并且可以有效缓解当前长城监测资源与监测成本之间的矛盾。

其一，践行长城保护员制度，保证工作质量。长城监测数据量极大，直接从事长城保护管理工作，了解实际情况的基层文物工作者的参与监测工作尤为重要。

西部的大部分长城遗存位于荒漠戈壁地区，沿线 1 千米范围内常住人口很少。综合考虑各方面因素，并不适合用固定仪器设备监测的方式进行全线实时监控。一方面，监测系统建设成本极高；另一方面，由于当地气候恶劣，风沙很大，对于露天设备的破坏威胁也很大，无形中增加了监测设备运维的成本。在这种情况下，采用传统的人工定期巡查的方式开展长城监测，具有成本低的优势，并且至少在短期内不可或缺。

2006 年国务院颁布的《长城保护条例》第十六条规定："地处偏远、没有利用单位的长城段落，所在地县级人民政府或者其文物主管部门可以聘请长城保护员对长城进行巡查、看护，并对长城保护员给予适当补助。"其所规定的长城保护员制度，从法律层面对长城的日常巡护工作给予了人员和经费的支持，扩大了长城监测工作的社会基础。

长城沿线部分县市已经根据《长城保护条例》的规定，通过与乡镇、村或个人签订责任书的方式，在地方财政资金支持下，根据各地长城资源的具体情况，聘请了数量不等的长城保护员。

表 4 - 28　部分县域长城保护员数量与长城资源规模对比统计表①

省区	县域	长城长度（千米）	长城资源数量（段/座/处）	保护员人数（人）
北京市	延庆县	175	710	40
河北省	易县	29.5	84	30
河北省	抚宁县	118.8	891	18
河北省	滦平县	30.5	205	18
内蒙古自治区	清水河县	155.3	678	15
内蒙古自治区	包头市青山区	22.4	50	5
陕西省	宜君县	9	10	15
甘肃省	山丹县	362.9	363	12

其二，航拍、卫星遥感技术的对人工巡查的补充作用。以长城为代表的线性文化遗产，规模庞大，部分段落地处偏僻，监测设备无法安置，巡查人员到达困难。当前我国的长城保护管理工作存在专业

---

① 数据来源：国家文物局长城资源能保护管理信息系统 http：//www.greatwallheritage.com/. 数据截至 2014 年。

力量不足的情况。如金塔县文物局，在编人员只有 8 人，目前仅由县博物馆安排了 1 名工作人对全县 200 余千米的长城遗存进行定期巡查，巡查周期视交通、天气等情况约为 1－3 个月/次不等，总体来说人员过少，工作周期过长，远不能满足金塔县长城监测工作的需要。针对这一情况，卫星遥感技术可以发挥有效的补充作用。目前在世界遗产监测领域，卫星遥感技术的应用已十分广泛且较为成熟。长城监测领域没有理由不对其加以应用。对于长城这样分布范围广、环境复杂多样的文化遗产而言，通过航片和卫星影像来观察长城本体与环境的变化，具有直观、高效、覆盖面广的优点。通过对多时相的长城高空影像进行长时段的对比观察，能够有效分析不同地区长城遗存的破坏速率和土地利用情况变化，预测变化趋势，及时发现问题，确定监测重点，实现监测预警。对地处偏远、环境恶劣，人工巡查难以到达的长城分布地区，也可以起到监控的作用；还可以直观的了解地面调查不易观察到的遗存格局变化。

例如，通过对金塔县 1957 年航拍影像与 2010 年两个时段的卫星图像的对比观察，已经能够看到金塔县长城遗存的明显变化。以金塔县 16 种长城破坏影响因素看，遥感技术手段对于其中的洪水、地震、农、林、牧、工业生产、水库蓄水等因素的监测作用十分明显。

图 4－67　双城子堡保存情况及环境变化 1957 年航片与 2010 年卫片对比

图 4 - 68　戈壁地区长城保存状况变化 1957 - 2010 年对比

　　人工监测以人的工作为主，并不排斥科技手段的运用。在合理考虑成本的情况下，运用便携设备与低成本的监测工具，能够提高人工监测工作的质量和效率。

　　金塔县长城的定期巡查工作，借助了机动车作为交通工具，并且应用数码摄像机、照相机等对长城本体及环境进行了定期的影像记录，通过新旧影像对比，发现了很多变化情况。

图 4 - 69　郑薛墩烽火台 2010 年（左，金塔县长城资源调查队拍摄）与 2013 年对比（右，张依萌拍摄）

其三，灵活使用简易工具。单纯的影像记录，所能反映的监测数据变化有限，多为肉眼能够明显观察到的变化。还有一些不可见或不易观察到的变化数据，如本体裂缝、震动、风速，以及对巡查人员的工作情况实施监管等，需要借助一定的工具和技术手段。与使用专业监测仪器相比，借助一些简单测量工具和便携设备开展监测工作，成本较低，操作简单，对使用者要求较低，并且适用范围更加广泛。

例如裂缝监测。如采用裂缝监测仪器进行监测，一方面，需要将设备安装在长城本体上，必然对本体造成破坏；另一方面，据调查，裂缝监测仪器的市场价格约为人民币 2000－10000 元，使用固定设备对每一条进行实时监测。经过数千年的岁月，长城本体产生的裂缝数以万计，分布于 20000 余千米的长城沿线，从成本上考虑，不可能使用裂缝监测仪对每一条裂缝进行实时监测。

西安城墙景区管委会采用了安装"裂缝监测尺"的方法对城墙裂缝进行监测。每一组裂缝监测尺由两块 10 厘米长的带刻度铁片组成，通过定期读取裂缝宽度数据，即可获取裂缝变化数据，监测城墙稳定性。裂缝监测尺材料易获得，制做简单，成本低廉，可以为长城监测所借鉴。此外，还可以由巡查人员使用游标卡尺对本体裂缝进行定期现场测量。这两种方法完全能够达到监测目的。

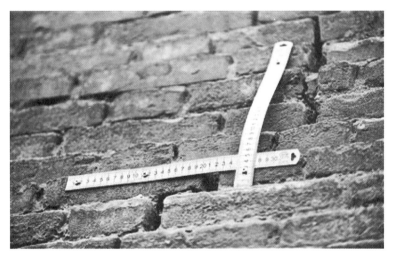

图 4 － 70　西安城墙上安装的裂缝监测尺

又如地震监测。专业的震动监测仪器，市场价格一般在 6000 至数万元，简易震动记录仪一般在 500－1000 元。此外，一些具有震动监测功能的智能手机应用软件，可经由网络免费下载使用，也可用于长城的巡查监测。

表 4 － 29　嘉峪关世界文化遗产监测系统便携式监测仪器分类统计表

序号	仪器名称	序号	仪器名称
1	数码相机	7	数码显微镜
2	三维扫描仪	8	应力波断层成像仪
3	游标卡尺	9	水分仪
4	米尺	10	盐分仪
5	卷尺	11	全站仪
6	靠尺	12	地质雷达

表 4 - 30　固定监测设备与简易监测工具成本对比

监测内容	监测仪器	监测周期	价格区间① （元）
本体裂缝	专业裂缝监测仪	实时监测	2000 - 10000
	裂缝监测尺	实时监测	约 50 - 100
	游标卡尺	定期监测	10 - 50
震动	专业震动监测仪	实时监测	6000 - 20000
	简易震动记录仪	实时监测	500 - 1000
	中国地震台网 app	实时发布信息	免费
风速	固定式风速风向仪	实时监测	5000 - 30000
	便携式风速仪	定期监测	50 - 500

长城监测工作下一步的开展，应当充分重视传统监测手段的作用，一方面在长城沿线各村镇聘用一定数量的长城保护员，增加监测工作力量，缩短监测周期，及时发现问题；另一方面，合理运用便携式监测设备和简单工具作为人工监测的重要辅助，提高监测工作质量与效率，合理管控成本。

（二）长城监测巡检系统

1. 需求与目标

"长城漫步"（长城监测巡查系统）由中国文化遗产研究院与国信司南（北京）地理信息技术有限公司合作研发。该系统集成了长城电子地图，实现长城影像、文字记录等监测数据周期性采集、数据可视化、统计分析功能，基于现有文物保护管理原则、制度和条件，针对当前文物保护专业力量薄弱的特点，和基层长城巡查的主力——长城保护员的能力、素质整体情况进行开发。目的是辅助各级文物行政部门和长城保护管理机构专业人员、长城保护员开展人工巡查工作，由他们定期采集多种长城监测数据，同时在技术上实现了对巡查人员的有效监管。

与此同时，面对社会对长城的高关注度和长城保护公众参与的强烈需求和意愿，"长城漫步"吸纳普通游客参与长城保护巡查和数据上报。

项目计划通过长期数据积累，不断完善相关功能，增强可操作性，以期在未来建立科学的长城监测指标体系，支撑和指导长城监测、保护与展示利用工作，和公众的科学、有效参与奠定技术基础。

2. 已有技术实践

（1）文物行业实践

当前已上线的文物类手机应用程序并不局限于保护巡查领域。按照功能类别，大体可分为专业管理类和公众服务类两个大类，分别面向专业人员和普通公众两类用户。

① 专业管理类

专业管理类又可分为综合数据发布、遗产监测、文物执法等 3 种。

综合数据发布类如"陕西省文保单位管理系统"，这是一款面向全省文物保护单位的移动管理平

---

① 数据来源：http：//www.taobao.com

台，包含统一的用户管理及认证服务、文物保护单位高级检索、基本情况介绍和可视化统计分析等。该程序目前仅具备信息查询和统计功能，用户不能上报信息。

遗产监测类如"监测云"，是面向中国32处世界遗产地的监测管理系统，包含电脑管理端和手机移动端。管理端具有用户管理、任务分配、数据审核、统计分析等功能；手机移动端具有图文数据采集与上报、实时定位等功能。目前已分别面向管理人员、研究人员建成专业版、调研版两个版本，下一步拟建设面向公众的第三个版本。该程序根据世界遗产管理要求进行遗产分类，设置工作流程，基本具备了当前文化遗产监测数据采集所需的主要功能，但由于其是针对不同遗产类别设计的通用平台，在数据格式、数据指标、用户管理及具体业务需求等方面相对粗放，不能满足长城这一类大型线性文化遗产的监测需求，且操作流畅比较复杂，专业性强，不适合基层长城保护管理人员，尤其是长城保护员使用。并且绝大部分长城点段并不属于世界遗产地，并不适用监测云的工作流程，也并不在其使用对象之列。

图4-71　监测云世界遗产监测管理系统手机应用程序的三种版本及操作界面

苏州园林、大运河等遗产地，针对遗产点多，且分布较为分散的情况，建立了相应的巡查制度，并为巡查人员配备了具有定位功能的移动终端设备，用于监控数据采集，以及对巡查人员工作情况的实时监控，保证巡查工作质量，可以为长城巡查工作所借鉴。相应的硬件设备与软件程序已经成熟，可以针对长城进行改造，注意避免重复开发。

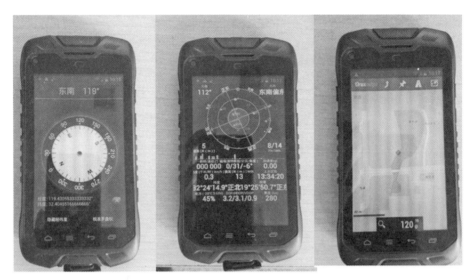

图4-72　大运河遗产巡查人员配备的经纬定位仪

图4-73　苏州园林监测数据采集终端

　　另外，为保证监测数据的及时更新，应当形成长城保护员的定期报告制度，对日常巡查过程中发现的问题随时记录。在每次巡查结束之后，提交日志或填写调查记录登记表格。

表 4 – 31　长城保护员日常巡查记录登记表样表

省市（县）县（区）乡（镇）

巡查对象名称			
巡查地点			
长城资源认定编码			
长城保存状态	□ 基本稳定 □ 发生破坏	新增病害	□ 有 □ 无
环境状态	□ 基本稳定 □ 发生变化	有无影响事件	□ 有 □ 无
详细记录 （保存状况、病害、自然与人文环境变化等）			
巡查时间	年　月　日	巡查人	

　　文物执法类以"镇江文保巡查"为代表。镇江文保巡查手机应用程序是"镇江市文物安全综合管理平台"的组成部分，面向专业文物保护管理与执法人员开发，主要包含文物保护巡查、文物保护工程检查两项主要业务，根据《中华人民共和国文物保护法》及文物保护相关法律设计数据结构与业务流程，可以上传图文数据。该程序对长城的巡查工作有一定借鉴意义，但其设计初衷是用于执法巡查，以事件处理为中心，无周期性任务指标，对于监测和预防性保护的作用相对小。

图 4 – 74　"镇江文保巡查"手机应用程序操作界面

② 公众服务类

目前已有的文物类手机应用程序中的公众服务类软件，以面向公众发布文物资源旅游信息，提供图文介绍、导览服务为主。如：

"苏州园林"是一款以苏州园林为中心，介绍苏州历史文化的软件，主要是发布介绍性的图文信息。

"熊家冢"是对荆州战国熊家冢遗址公园进行介绍，包括对古墓群、车马坑、熊家冢出土文物和荆州博物馆藏品进行介绍，不定期更新旅游咨询等。

"遇见城墙"对西安城墙进行多媒体导览，包括地图定位、周边景点介绍、视频解说、VR全景、评书动画及实时点位服务等功能。

"中国大运河"由中国大运河遗产保护管理办公室授权发布，专用于介绍世界文化遗产——中国大运河（The Grand Canal of China）的应用。它主要介绍了中国大运河的发展历史、沿线城市、城市中的大运河遗产景点和沿河历史人文故事等内容，同时提供了旅游和参观建议等；"掌上运河"是一款世界运河历史文化城市合作组织（WCCO）的中国官方新闻资讯活动阅读软件，用户可以浏览到运河城市相关的新闻，同时支持在线直播功能、电子论坛等。

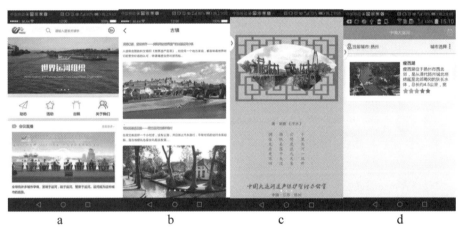

图 4-75 "中国大运河"（a、b）与"掌上运河"（c、d）操作页面

"故宫博物院"则是一款专门导游程序，集成了故宫地图定位、语音导览等功能。同类软件还有"故宫导游"、"故宫讲解手机电子导游"等。以故宫为中心开发的公众服务类手机应用程序据不完全统计，已有十余种，如官方旅游信息发布软件"掌上故宫"、官方信息发布软件"每日故宫"、介绍故宫人文历史的"故宫传媒"、介绍故宫馆藏的"每日故宫"、"韩熙载夜宴图"、"清代皇帝服饰"、"爱故宫"、虚拟现实体验"故宫VR"、故宫文创周边"故宫明信片"等。

而以长城为主题的应用程序，目前比较罕见。

（2）其他行业实践

21世纪以来，基于移动互联技术的巡查类手机应用程序产品已经广泛应用于水利、交通、市政管理、文物保护、旅游等各个领域。主要面向巡查巡护和执法两种需求。

巡查巡护方面，有以"猫头鹰巡查""巡查蝠"等为代表的通用巡查系统，适用于各领域日常巡查维护工作，集成了人员监管、任务下达、实时定位和路线记录、图文数据上报、统计分析等功能；

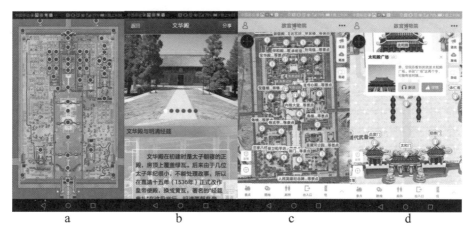

图 4 - 76　　"掌上故宫"（a、b）与"故宫博物院"（c、d）操作页面

专门性巡查软件包括针对防汛抗旱开发的"移动巡查"，包含了电子地图、汛情旱情信息、实时监测、移动巡查、即时通讯等功能；同类软件还有针对苍南县水库管理的"苍南水库巡查系统"、针对苏州环卫作业开发的"市政巡查管理"、针对医院开展安全巡查的"掌上巡查"、针对道路养护的"（高速公路）养护巡查"、"赤峰养护巡查"、针对资产管理的"资产巡查"、针对深圳市前海片区城市管理的"前海巡查"等。

执法方面，以"智慧执法"为代表的通用平台，面向执法人员开发，集成了各行业相关法律数据，应用范围包括对日常巡查过程中发现的各类违法时间进行上报和处理等；还有一些针对特定地区或部门设计的程序，如针对深圳市龙华办事处设计的市政管理软件"龙华执法"，集成了人员考勤、任务下达、抢单、数据统计等功能；"深圳隐患执法"以安全生产隐患排查为目的开发，集成了当地所有企业的信息数据，便于查询。

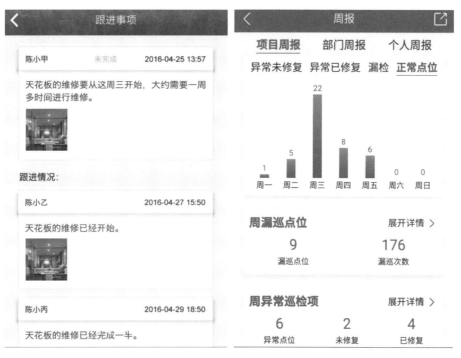

图 4 - 77　　"猫头鹰巡查"（左）、"巡查蝠"（右）操作页面

图 4 – 78　　"苍南水库巡查系统"操作页面

图 4 – 79　　"（高速公路）养护巡查"（左）、"赤峰养护巡查"（右）操作页面

图 4 – 80　智慧执法操作页面

图 4 – 81　"龙华执法"操作页面

以上案例为包括长城在内的文物巡查工作信息化提供了重要参考。

（3）综合评价

研究者通过 34 种手机应用程序进行调研后，将其已实现的功能总结为 9 个方面，包括信息查询与检索、统计分析、图文发布（新闻、资料等）、信息上报、下载、电子地图、坐标定位、用户监管（打卡、行动轨迹记录等）、多媒体导览（视频、语音、VR）等。

从技术角度，这些功能已经比较成熟，可以支撑长城的监测巡查与综合保护利用。但一方面，目前尚未见到长城相关产品；另一方面，上述功能的运用模式，主要是分别用于文物保护管理和文物资源利用两个方面，综合性的实践比较少。具体来说，一是专业文物管理类软件大都缺少公众参与的路径；二是公众服务类的软程序则几乎没有文物保护相关的内容。文物保护与利用相分离，公众通过移动互联技术参与文物保护的程度比较低。

3. 长城漫步系统开发与应用实践

（1）长城的特点与项目需求

和其他文化遗产相比，长城具有特殊性：

一是长城规模庞大，本体与环境构成复杂，破坏影响因素众多，使用功能多样，地域性差异显著，且监测数据量特别庞大。与此同时，文物部门力量薄弱，90% 以上没有开展监测工作。需要进行管理资源的优化配置，并进行有针对性的管理，提高管理效率，同时需要社会广泛深度的参与。

二是长城保护专业机构众多，分为不同层级，人员素质参差不齐。属地管理是我国文物保护工作

图 4 − 82　　"长城监测巡查系统"电脑端地图页面

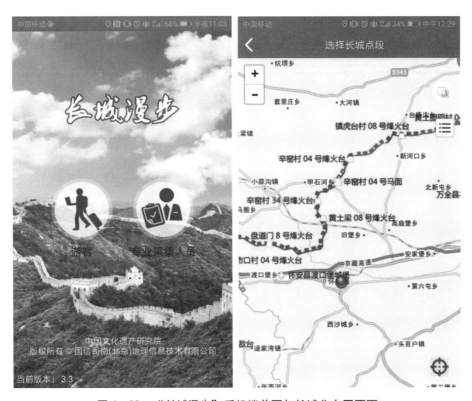

图 4 − 83　　"长城漫步"手机端首页与长城分布图页面

的基本原则。长城跨 400 多个行政区分布，无统一的专门管理和监测机构，管理权分散，接边存在管理权模糊的情况，需要加以明确。为保证可操作性，需要进行用户权限和功能的区分，面向基层长城保护员和游客的版本，界面操作应相对简单。

据此对"长城漫步"提出如下总体需求：

（1）充分利用现有资源，节约成本，甄选数据，简化流程，尽量保证普遍适用性。

（2）适应"属地管理"原则，设置多层级、多终端。

（3）以人工巡查辅助工具为开发目标，有针对性地开发功能，不求解决所有问题。

（4）长城监测需要长期数据积累，根据长城保护相关法律文件规定，目前全国 5340 名长城保护员是监测工作的关键人员，也是本项的主要试用者。鉴于长城保护员以长城沿线村民为主，属于业余人员，且整体文化素质偏低，基本不掌握文物专业知识、移动设备操作能力有限，因此，该系统功能的总体要求是界面简洁，功能键醒目，操作简单。

（5）"长城漫步"应用作为长城监测工作的组成部分，应当考虑与日后的长城监测预警平台建设相衔接。长城监测可能涉及新增无人机巡查、遥感等数据，这些数据也应当可以由监测巡检系统进行下载。

（2）数据与功能介绍

① 数据方面

一是"长城漫步"系统基于"世界遗产监测平台""长城资源保护管理信息系统"开发，集成了二者数据库的全部数据，包括长城资源基本信息、长城资源保护管理业务数据、长城电子地图等，并可以做到同步更新。

二是巡查人员基本信息数据，包括人员名单、联系方式（手机、邮箱）、各机构和人员负责管辖的长城段落（文物部门巡查人员对应本行政区的全部长城资源认定编码；长城保护员对应本人所管辖段落的认定编码）。

三是系统采集和上报的数据。包括巡查过程中拍摄的长城照片与录像；巡查过程观察到的情况（本体与环境变化、事件等）文字描述；发生情况的长城点段坐标信息；巡查人员的实时定位和航迹等。

图 4－84　"长城监测巡检系统"任务页面

四是反馈数据。即分派任务和上报事件是否处理、处理结果的记录。

② 功能方面

一是任务制定与分派。巡查任务包括周期性任务和临时性任务，通过系统由上级用户进行分派，包括巡周期、巡查点段，重点巡查地点和工作内容等。系统对用户进行定期任务提醒。

二是巡查记录与上报。以长城资源认定编码对应点段为单元记录。尽量采用下拉菜单或选项卡的方式，少人工填写。具体内容包括长城状态变化、影响长城的事件、上报日期、事件发生点段定位等。

三是照片拍摄与对比功能。将使用者管辖范围内长城点段的长城资源调查照片与长城资源认定编码进行挂接，用户点击认定编码，可查看长城资源调查调查基准照片，新拍摄照片可与基准照片及用户之前上传的照片进行多期对比；自动记录系统使用者拍照日期、时间，用户可根据日期查询照片；照

图 4 – 85 "长城漫步"数据采集页面

图 4 – 86 "长城监测巡查系统"照片对比页面

片说明必须填写：包括对应的认定编码、拍摄方向。

四是信息反馈。将上报事件的处理情况通知上报用户，包括处理状态（未处理/正在处理/已处理）、处理结果（文本）。

五是数据存储与对接。"长城漫步"数据库采用数据库＋文件的形式存储各类数据。为保证系统在离线情况下可以使用，可以将外业巡查所需的数据缓存到本地，并延时上传。新采集的数据全部上传至"长城资源保护管理信息系统"服务器，成为信息系统数据组成部分。

表 4 - 32　"长城漫步"巡查记录上报内容一览表

上报内容分类	用户分类	用户界面	数据采集形式
长城状态	全部	正常/异常	下拉菜单
长城事件	长城管理人员	《长城保护条例》规定的禁止行为	下拉菜单
	长城保护员/游客	文字描述	文字描述
事件位置	长城管理人员	在本体上/在保护范围内/在建控地带内	下拉菜单
	长城保护员		
	全部用户	电子地图	点选
上报日期		年月日	点选

表 4 - 33　长城漫步系统移动终端用户权限一览表

用户类别	信息上报	信息审核	信息查询、检索	数据下载	数据浏览	账号获取方式
长城管理人员	本行政区	○（上级文物部门）	○	本行政区	○	分配
长城保护员	本人负责点段	×	○	本人负责点段	○	分配
社会公众	○	×	○	×	○	申请注册

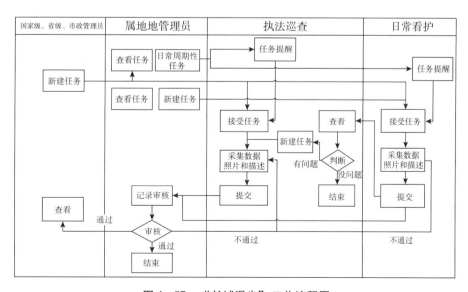

图 4 - 87　"长城漫步"工作流程图

六是数据统计分析与展示。"长城漫步"系统数据通过电脑端网站（网址）进行展示和统计分析。统计分析数据包括对移动终端提交的数据进行图、表统计。包括用户数量、数据提交批次数量、事件的数量种类地域和位置分布等；展示数据包括长城电子地图、以长城资源认定编码为基准，展示"长城资源保护管理信息系统"数据库中的相应信息；展示系统新采集的图片、文本数据；可视化展示长城破坏风险程度分布情况等。

七是用户权限与身份验证。"长城漫步"系统用户分为长城管理人员、长城长城保护员和社会公众三类。长城管理人员，包括国家级、省级、地市级、县级文物行政部门和长城保护管理机构的行政

图4-88   "长城监测巡查系统"统计页面

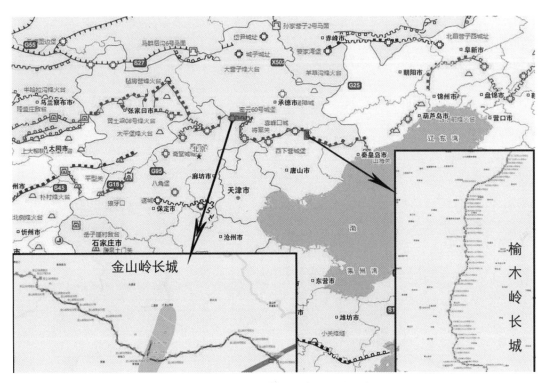

图4-89   "长城漫步"试点区长城分布图

管理人员、业务管理了人员和文物执法机构巡查人员；长城保护员，由文物部门在长城沿线居民中聘用的长城巡查管理人员。根据用户身份不同，赋予不同的使用权限。

（3）数据采集与分析

研究者与河北省唐山市迁西县、承德市滦平县、张家口市崇礼区、宁夏回族自治区青铜峡市长城保护管理专业人员合作，使用"长城漫步"系统手机应用程序对 4 个区县进行了为期两年的长城监测数据采集，期间当地和一些其他地区的长城志愿者、普通游客也上报了北京市、河北省、内蒙古自治区部分县域的一些零星数据，最终获取近 70GB 长城影像数据，包括照片 17351 张，涉及长城点段 267 段/座/处，长度 315.1 千米。

表 4 - 34　长城漫步系统长城影像数据采集情况统计表

县域	用户类别	涉及长城点段数量	长城长度（千米）	长城特色	数据采集周期（天/次）	批次	起止时间	数据量（GB）	照片（张）
迁西县	长城保护员	28	5.9	砖墙，未开放段	3 - 5	249	2016 年 8 月－2018 年 11 月	46.7	13415
滦平县	长城保护管理机构	40	30.5	砖墙，旅游景区	30	16	2017 年 5 月－2018 年 9 月	22	3430
崇礼区	文物行政部门	20	24.5	石墙，未开放段	不定期	10	2018 年 1 月－10 月	0.06	55
青铜峡市	长城保护员	28	8.3	土墙，未开放段	不定期	3	2018 年 5 月－7 月	0.04	85
其他	游客	151	245.9	—	—	—	2017 年 9 月－2018 年 11 月	0.26	366
合计	—	267	315.1	—	—	—		69.6	

其中，以迁西县榆木岭长城段和滦平县金山岭长城段数据最为丰富、系统和完整。现以迁西县、滦平县数据为例分析如下：

① 迁西县榆木岭长城段

迁西县榆木岭长城全长 5.9 千米，1 沿途分布有墙体 4 段，敌台 15 座，马面 1 座，烽火台 3 座，关堡 4 座，共计长城资源 27 段/座/处。除三座烽火台为石结构外，全部为砖结构，属于未开放段落长城。

项目聘用负责该长城段巡查的长城保护员 1 人，以 3 - 5 天为周期，自 2016 年 8 月 6 日至 2018 年 11 月 30 日的 29 个月间，以长城资源调查册页为基准，对上述长城点段进行了全覆盖式周期性原位置复拍。以每次巡查为单位计，共获取和上报长城影像数据 249 批，平均每个月巡查 8.6 次；以每个长城点段为单元计，共上传数据 1040 次，照片 13415 张。其中，各点段上报长城本体或环境变化信息共计 180 次，平均每采集 5.8 次数据发现一次异常。

表 4 - 35　榆木岭长城数据采集情况分点段统计表

序号	长城资源	采集次数	正常	异常	异常比例
1	大岭寨 05 号敌台	4	4	0	0.0%
2	大岭寨口北山 01 号敌台	52	24	28	53.8%
3	董家口关长城	4	4	0	0.0%
4	董家口谎城	4	0	4	100.0%
5	蓝城沟城	108	100	8	7.4%
6	南沟东山 01 号烽火台	4	0	4	100.0%
7	石梯子 01 号敌台	4	4	0	0.0%
8	榆木岭 01 号马面	20	20	0	0.0%
9	榆木岭村 01 号敌台	28	24	4	14.3%
10	榆木岭村 01 号烽火台	112	108	4	3.6%
11	榆木岭村 02 号敌台	60	52	8	13.3%
12	榆木岭村 02 号烽火台	68	48	20	29.4%
13	榆木岭村 03 号敌台	8	8	0	0.0%
14	榆木岭村 03 号烽火台	12	12	0	0.0%
15	榆木岭村 04 号敌台	72	60	12	16.7%
16	榆木岭村 05 号敌台	56	44	12	21.4%
17	榆木岭村 06 号敌台	52	36	16	30.8%
18	榆木岭村 07 号敌台	4	4	0	0.0%
19	榆木岭村 08 号敌台	20	16	4	20.0%
20	榆木岭村 09 号敌台	56	52	4	7.1%
21	榆木岭村 10 号敌台	40	40	0	0.0%
22	榆木岭村 11 号敌台	4	4	0	0.0%
23	榆木岭村 12 号敌台	4	0	4	100.0%
24	榆木岭关城	108	96	12	11.1%
25	榆木岭南山山险	4	4	0	0.0%
26	榆木岭长城 1 段	72	52	20	27.8%
27	榆木岭长城 2 段	60	44	16	26.7%
合计		1040	860	180	17.3%
平均		38.6	31.9	6.7	

从预警次数看，在 29 个月间，27 处长城点段中有 17 处发生了预警或破坏，占全部点段的 63%。其中大岭寨口北山 01 号敌台发生预警或破坏次数最多，达到 28 次，其次为榆木岭长城 1 段墙体和榆木岭村 02 号烽火台，各 20 次；榆木岭长城 2 段墙体和榆木岭村 06 号敌台各 16 次；榆木岭关城及榆木岭村 04 号敌台等 2 座敌台各发生 12 次；蓝城沟城和榆木岭村 02 号敌台各发生 8 次；董家口谎城等 7 个点段各发生 4 次。所有异常情况中，破坏预警 105 次，对长城造成实质破坏的 75 次。

从各点段预警或破坏次数占巡查次数比例看，董家口谎城、南沟东山 01 号烽火台和榆木岭村 12 号敌台三处点段最高，达到 100%，即每次巡查均发现险情或隐患；大岭寨口北山 01 号敌台次之，为 53%；榆木岭长城 2 段墙体等 4 处点段达到 25% 以上；榆木岭关城等 4 处点段达到 10% 以上；蓝城沟城等 4 处点段预警几率占比不到 10%。

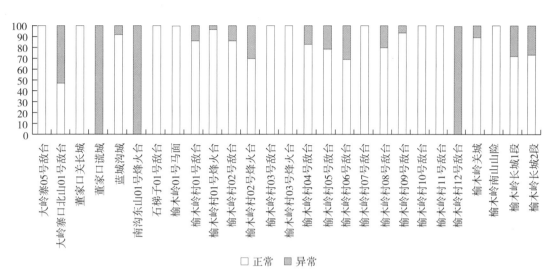

图 4 - 90　榆木岭长城各点段预警数量比例统计图

从上报的影响因素种类看，人为因素是榆木岭长城的主要破坏风险影响因素。全部 180 次预警和破坏中，人为因素占到 125 次，达到 69.4%，其余 55 次为自然因素。总体而言，在人为影响因素中，生产建设活动对榆木岭长城的影响最大。根据《长城保护条例》的禁止行为分类，可分为 7 类。按照发生次数多少的顺序依次为：架设与长城无关的设施设备（依墙建房、插旗、架设梯子等）59 次，占人为影响因素的 47.2%；其次为故意拆毁长城 11 次，刻画涂污 9 次，有组织地在未开辟为参观旅游区的长城段落举行活动 8 次，种植植物 7 次，取土（砖石）6 次。自然影响因素中，自然风化落砖或开裂是最常见的情况，为 42 次，占全部自然影响因素的 65.5%；其次为动物筑巢掘蚀 8 次，暴雨导致坍塌 7 次（图 26 - 30）。

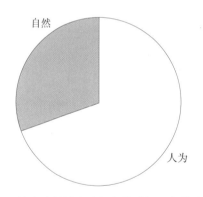

图 4 - 91　榆木岭长城人为与自然破坏因素统计图

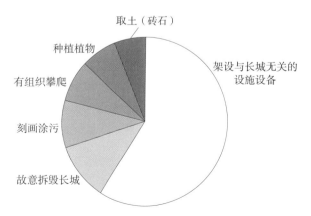

图 4 - 92　榆木岭长城人为破坏因素分类统计图

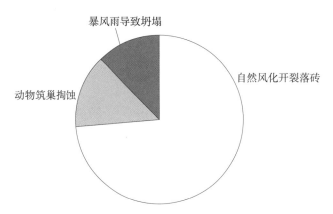

图 4 – 93　榆木岭长城自然破坏因素分类统计图

　　从预警发生位置看，以发生在长城本体上的情况居多，为 139 次，占全部预警次数的 77.2%；其余 41 次均发生在长城保护范围内，占 22.8%。

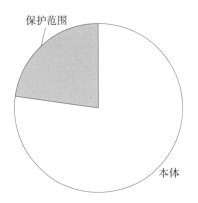

图 4 – 94　榆木岭长城预警发生位置统计图

　　从预警发生时间看，三年的监测数据规律基本一致，即在 4 – 8 月为警情高发期。2017 年共发生警情 88 次，4 – 8 月发生 56 次，占全年的 63.6%；2018 年全年发生警情 65 次，其中 4 – 8 月为 53 次，占全年的 81.5%。雨水冲刷导致长城坍塌的险情则集中发生于 7、8 两月。

表 4 – 36　榆木岭长城段月度预警次数统计表

2018	预警次数	2017	预警次数	2016	预警次数
1 月	1	1 月	4	1 月	—
2 月	3	2 月	5	2 月	—
3 月	2	3 月	3	3 月	—
4 月	9	4 月	12	4 月	—
5 月	15	5 月	14	5 月	—
6 月	11	6 月	12	6 月	—
7 月	13	7 月	15	7 月	—
8 月	5	8 月	15	8 月	12
9 月	0	9 月	1	9 月	10
10 月	5	10 月	4	10 月	2
11 月	1	11 月	2	11 月	2
12 月	—	12 月	1	12 月	1
合计	65		88		27

② 滦平县金山岭长城段

滦平县金山岭长城全长 6.05 千米，沿途分布有墙体 3 段，敌台 45 座，烽火台 4 座，共计 52 段/座/处。除 4 座烽火台为石结构外，全部为砖结构，属于开辟为游览区的长城段落。

项目聘用金山岭长城文物管理处专业干部 1 人，以每月为周期，自 2017 年 5 月至 2018 年 9 月的 17 个月间，以长城资源调查册页为基准，对上述长城点段进行了全覆盖式周期性原位置复拍。以每次巡查为单位计，共获取长城影像数据 16 批[①]；以每个长城点段为单元计，上传数据 759 次，共拍摄照片 3430 张。

与榆木岭长城段相比，金山岭长城功能不同，二者保存状况和预警情况差异显著。

表 4 - 37　金山岭长城数据采集情况与影响因素分点段统计表

序号	长城资源	采集次数	正常	异常	雨水冲刷		风化	建控地带违法施工
					渗水	垮塌		
1	金山岭长城	16	11	5	4			1
2	金山岭长城支墙 1 段	16	16	0				
3	金山岭长城支墙 2 段	16	16	0				
4	金山岭 01 号敌台	16	16	0				
5	金山岭 02 号敌台	16	14	2	1			1
6	金山岭 03 号敌台	16	16	0				
7	金山岭 04 号敌台	16	16	0				
8	金山岭 05 号敌台	16	16	0				
9	金山岭 06 号敌台	16	16	0				
10	金山岭 07 号敌台	16	16	0				
11	金山岭 08 号敌台	16	16	0				
12	金山岭 09 号敌台	16	16	0				
13	金山岭 10 号敌台	16	16	0				
14	金山岭 11 号敌台	16	16	0				
15	金山岭 12 号敌台	16	16	0				
16	金山岭 13 号敌台	16	16	0				
17	金山岭 14 号敌台	16	16	0				
18	金山岭 15 号敌台	16	16	0				
19	金山岭 16 号敌台	16	16	0				
20	金山岭 17 号敌台	16	16	0				
21	金山岭 18 号敌台	16	16	0				
22	金山岭 19 号敌台	16	16	0				
23	金山岭 20 号敌台	16	16	0				

[①]　2018 年 6 月合作者因工作调动原因暂停上报一次。

序号	长城资源	采集次数	正常	异常	雨水冲刷		风化	建控地带违法施工
					渗水	垮塌		
24	金山岭 21 号敌台	16	16	0				
25	金山岭 22 号敌台	16	16	0				
26	金山岭 23 号敌台	16	16	0				
27	金山岭 24 号敌台	16	16	0				
28	金山岭 25 号敌台	16	16	0				
29	金山岭 26 号敌台	16	16	0				
30	金山岭 27 号敌台	16	16	0				
31	金山岭 28 号敌台	16	16	0				
32	金山岭 29 号敌台	16	16	0				
33	金山岭 30 号敌台	16	16	0				
34	金山岭 31 号敌台	16	16	0				
35	金山岭 32 号敌台	16	16	0				
36	金山岭敌台 33 号	16	16	0				
37	金山岭敌台 34 号	16	16	0				
38	金山岭敌台 35 号	16	16	0				
39	金山岭敌台 36 号	16	16	0				
40	金山岭敌台 37 号	16	16	0				
41	金山岭敌台 38 号	16	16	0				
42	金山岭敌台 39 号	16	15	1		1		
43	金山岭敌台 40 号	16	16	0				
44	金山岭敌台 41 号	16	15	1			1	
45	龙峪口水关 01 号	16	15	1		1		
46	北门长城 01 号敌台	15	15	0			-	
47	北门长城 02 号敌台	16	15	1				1
48	北门长城 03 号敌台	3	3	0				
49	金山岭长城 1 号铺房	0	0	0				
50	金山岭 01 号烽火台	0	0	0				
51	金山岭 02 号烽火台	0	0	0				
52	巴克什营烽火台	5	5	0				
	合计	759	748	11	5	2	1	3
	平均	14.6	14.4	0.2				

从预警次数看，16 个月间，52 个长城点段中有 6 处发生了预警或破坏，占全部点段的 11.5%。共上报异常情况 11 次，其中金山岭长城墙体上报 5 次，占到 45.4%。全部一次异常包括本体预警 5 次，

本体实质破坏 3 次，环境破坏 3 次。其中 2017 年 6 次，2018 年 5 次。主要集中在金山岭长城墙体、金山岭 02 号敌台、金山岭敌台 39 号、山岭敌台 41 号、龙峪口水关 01 号、北门长城 02 号敌台等 5 个点段。与榆木岭长城相比，金山岭长城保存状况较好。

从预警发生位置看，11 次警情中包括发生在本体上的 8 次，建控地带内 3 次。一年来，金山岭长城环境变化较为显著，建控地带内的建设活动对长城景观影响较突出。

从上报的影响因素种类看，自然因素，尤其是降雨对本体存在一定影响。

从预警发生时间看，金山岭长城险情集中发生于 5 - 8 月。

表 4 - 38　金山岭长城段月度预警次数统计表

2018	预警次数	2017	预警次数
1 月	0	1 月	—
2 月	1	2 月	—
3 月	0	3 月	—
4 月	0	4 月	—
5 月	2	5 月	1
6 月	—	6 月	0
7 月	1	7 月	4
8 月	1	8 月	1
9 月	0	9 月	0
10 月	—	10 月	0
11 月	—	11 月	0
12 月	—	12 月	0
	5		6

③ 其他非系统性数据分析

除榆木岭长城、金山岭长城外，河北省张家口市崇礼区、宁夏回族自治区青铜峡市、甘肃省通渭县文物部门人员以及来自河北、山西、内蒙古、河南、甘肃、宁夏等省 36 个县域的长城保护民间志愿者和普通游客也通过"长城漫步"系统上报了一批监测数据，涉及长城点段 152 段/座/处。共尽管数据量较小，且非系统采集，但仍然上报异常情况 37 次，涉及 29 处长城点段。其中 15 次为预警，22 次为长城遭受实质破坏。

首先，从险情发生时间看，5 - 7 月为高发期，与榆木岭、金山岭长城基本吻合；

第二，36 次上报信息中，人为因素影响为 32 次，占到 88.9%。

第三，发生位置上看，本体遭受破坏 22 次，保护范围内和建设控制地带内预警各 7 次；河北省是长城预警高发区，达到 25 次，占全部的 67.6%。

第四，在人为影响因素中，生产建设影响最为突出，达到 19 次，占全部人为影响因素的 61.3%；其次为不当开发利用 6 次，不当保护（保护设施建在本体上、未批先建等）共 4 次；另外有组织攀爬未开放段落长城、人为故意破坏长城、盗掘各 1 次。

第五，一些国家文物局收到的举报案件和舆论热点也有所反映。如河南省辉县风电设施建设破坏楚长城、河北省张家口市崇礼区太舞滑雪场开发影响长城景观、airbnb 在延庆县 72 号敌台不当举办活动等。

表 4 – 39　金山岭长城段月度预警次数统计表

2018	预警次数	2017	预警次数
1 月	0	1 月	—
2 月	0	2 月	—
3 月	1	3 月	—
4 月	0	4 月	—
5 月	5	5 月	—
6 月	4	6 月	—
7 月	16	7 月	—
8 月	3	8 月	—
9 月	0	9 月	0
10 月	0	10 月	1
11 月	5	11 月	1
12 月	—	12 月	1
合计	34		3

第六，通过志愿者上报监测数据，个别长城点段性质认定有误的现象被发现。如张家口市崇礼区营岔 6 号烽火台，2018 年夏被盗掘，经志愿者通过"长城漫步"上报后，研究者现场勘查认为该"烽火台"实际应为铺房一类建筑遗址。

图 4 – 95　营岔 6 号"烽火台"被盗掘前后对比

此外，还有一些积极的变化也得到了反映。如张家口市崇礼区、宁夏回族自治区青铜峡市等地实施长城保护工程的情况，也被志愿者加以上报。

④ 小结

通过长期数据积累，我们认为，各地长城的本体保存状况、环境和现有功能各异，影响因素及各因素对长城的影响程度地域差异性显著，应针对不同地区的长城实际，制定不同的监测保护方案。

第一，从整体上看，生产建设活动对长城的影响最大。

第二，从预警发生时间看，各地长城险情高发期均集中在 4 - 8 月间。

第三，以榆木岭长城为代表的未开放段落，本体与保护范围内发生异常情况的几率较高。其中人为因素是主要的影响因素。具体到榆木岭长城而言，主要包括在长城上架设无关设备、故意拆毁长城、刻画涂污、有组织地攀爬、种植植物及取土（砖石）等 5 种行为对长城的威胁比较大。

以金山岭长城为代表的开辟为风景游览区的长城段落，本体与保护范围内发生异常情况的几率相对小，且以自然因素为主。但由于交通相对便利，环境景观受人类活动影响较大。

第四，综合异常次数及异常比例，榆木岭长城 1 段、2 段、榆木岭村 05 号敌台、06 号敌台、榆木岭村 02 号烽火台和大岭寨口北山 01 号敌台等 6 处点段破坏风险较高，应予以重点监测。金山岭长城墙体北侧应予以重点监控。

第 5，榆木岭长城以 3 - 5 天为周期开展巡查，金山岭长城以月为单位开展巡查，能够满足日常监管需要。榆木岭长城的巡查周期不宜再加长。

4. 效果评估

（1）可行性与优势

经过近 2 年的运行与数据采集，我们认为"长城漫步"系统手机应用程序，是辅助人工长城巡查的有效技术手段。

第一，"长城漫步"系统集成了全国长城分布图，采集的主要是影像数据及文字说明，可以直观反映长城的实时状态；

第二，系统基于"长城资源保护管理信息系统"数据库开发，做到与该信息系统同步更新，并依据《长城保护条例》等法律法规设计结构数据，符合长城保护工作实际；

第三，系统页面操作简便，经实践证明，只要具备智能手机使用经验的基层长城保护员，经过简单培训即可上手使用。

第四，系统采集的数据可以在电脑端进行量化统计，能够成为长城保护工作科学决策的有力依据；

第五，经过实践证明，系统功能具有预警效果。榆木岭长城 58.3%、金山岭长城 45.5%、其他点段数据 42.9% 的上报情况为预警信息，是有效的预防性保护手段；

第六，系统账户与长城现有保护管理机构、长城保护员一一对应，并且具有定位功能，能够记录用户的行动轨迹，能够对长城保护管理人员的工作进行有效监管，做到责任到人，防止数据造假；如榆木岭长城、金山岭长城通过系统数据统计，就分别发现了巡查频率不一、点段漏查等问题，并可据此对巡查人员提出工作要求。

第七，系统程序针对不同用户需求设计了不同版本，既满足专业人员管理需要，也可以由社会公众使用，扩大了长城保护的社会基础，提供了社会参与长城保护的有效途径；

第八，长城资源数据为海量数据，且通过监测巡查工作不断积累。"长城漫步"系统的统计功能可以大大提高数据分析的效律，与人工统计分析相比具有明显优势。如榆木岭长城采集到的 46.7GB、13000 余份影像，仅由 1 人一周即可完成各种监测所需的数据统计。

第九，应用成本相对低廉。对巡查人员而言，除手机流量费外，基本没有其他经费支出；对于后台操作人员而言，主要的成本为网络服务费、系统维护费等，约在每年 15 万元以内。

（2）存在的问题与建议

① 技术层面

首先，"长城漫步"系统基于移动互联技术研发，需要网络信号支持定位和数据上报，多媒体数据的调用，对网速也有较高要求。在西部地区长城沿线，如宁夏北部、内蒙西部等地的沙漠戈壁地区，或一些军事禁区，没有网络信号；在新疆全境则没有 4G 信号。因此，系统在西部宁夏、甘肃等地区的试用未达到课题预期效果。而长城数据量巨大①。

第二，在使用过程中发现，"长城漫步"系统运行时，电池消耗和加在数据消耗流量大。

第三，"长城资源保护管理信息系统"和"长城漫步"的数据将保护员账号与行政区严格绑定，而相当一部分分布于行政区界的长城点段，与区界并不严格吻合，因此保护员的巡查责任也并不严格按照行政区划分。这就导致一些保护员巡查点段不在系统设定的巡查范围内，在技术上，并不符合工作实际。

第四，系统功能还需要进一步优化。一方面，长城的复杂性导致监测数据采集时经常面临特殊情况，要求生产非结构性数据，如人工填写的描述性文字等，难以面面俱到，需要经过长期运行不断总结提炼；另一方面，长城监测所需的统计项层级和内容均较多，如何兼顾统计的全面细致、操作便捷和系统运行顺畅，仍需进一步研究。

第五，长城监测预警指标体系的建立，仍然有待时日。部分险情和病害发生的内在机理，以及各影响因素达到什么程度会对长城产生实质影响，仍然需要通过长期监测实践进一步研究总结。

第六，目前"长城漫步"系统采集的影像数据，主要以肉眼可见的险情和病害为主，对于肉眼观察不到的结构稳定性和形变等，并不能进行有效监测。

据此，建议在使用"长城漫步"进行长城监测时：

第一，可考虑采用离线数据包的方式展示地图和现场采集数据并存储在手机内，待采集人员到达有信号区域后上传。每个县域的长城资源基础数据约在百兆级，当前的一般手机产品可以支持。

第二，建议地方财政和文物部门研究对基层巡查人员进行巡查经费、技术装备方面的支持。如配发智能手机、移动 wifi 设备，手机流量包补贴等。

第三，在技术上适当打破行政区对长城保护员的限制，根据保护员的实际责任来设定账号权限。

第四，进一步优化系统结构，使之能够兼顾统计的全面细致、操作便捷和系统运行顺畅。

第五，继续开展长城监测指标体系研究，通过长期数据积累和分析设置各监测指标的预警值。

第六，对更多高精度的监测技术手段进行长城保护应用实践，多种监测手段配合开展工作。

第七，开发多语言版本，使之适用于民族地区。

② 管理层面

"长城漫步"系统的操作实践，具体反映了一些长城保护管理工作中存在的问题。

首先是基础工作不到位。主要有以下几个方面：

---

① 榆木岭监测案例中，研究者要求长城保护员对所有拍摄的照片在百度网盘中进行备份，确保在手机信号不稳定的情况下，上报监测数据的连续性和完整性。

1）长城资源调查漏查现象较严重。经课题组调研和数据采集人员反映，北京、河北、宁夏等地存在多处未予调查和认定的长城点段。由于"长城漫步"系统数据基于长城资源调查与认定数据库建设，因此当这些未调查认定点段发生问题时，无法通过"长城漫步"上报相关信息。

其中一些点段近年因破坏爆发了舆情，却由于没有长城的法定身份，而无法根据《长城保护条例》进行执法处理。

2）长城资源数据库中长城点段的空间信息错位现象严重。

经课题组调研和数据采集人员反映，一些长城点段的坐标发生了错位，数据采集人员到达某长城点段现场后，被定位到其他长城点段，导致长城监测数据张冠李戴；另外，部分长城点段在系统中无空间位置信息，致使数据采集人员无法在地图上定位，找不到长城遗迹位置。

1.宁夏自治区海原县墩墩梁烽火台原貌	2.墩墩梁烽火台被地方推平
3.地方擅自"重建"墩墩梁烽火台	4.原址"重建"后墩墩梁烽火台

图 4 - 96　2016 年舆情：宁夏海原县"墩墩梁"烽火台被水务部门推平后重建案

3）四有工作有待改进。

在本课题中的具体反映是长城保护范围的划定不科学。如河北省金山岭长城，根据《河北省政府关于公布河北省第四批省级文物保护单位及其保护范围和建设控制地带的通知》（冀政函〔2001〕9 号），金山岭长城未公布建设控制地带，这也是金山岭长城外侧建设破坏景观现象突出的重要原因。

4）长城资源认定数据推广不足。

研究者发现各地文物部门专业干部及长城保护员对长城资源调查与认定工作普遍不了解。大都基于地方对长城的传统认识开展工作，长城资源认定工作对各地长城保护管理工作支撑不足。一些地处偏僻、保护状况差的长城点段未纳入当地长城保护巡查范围。金山岭长城段的金山岭长城 1 号铺房、金山岭 01 号烽火台、02 号烽火台未进行巡查的问题，可能与此有关。

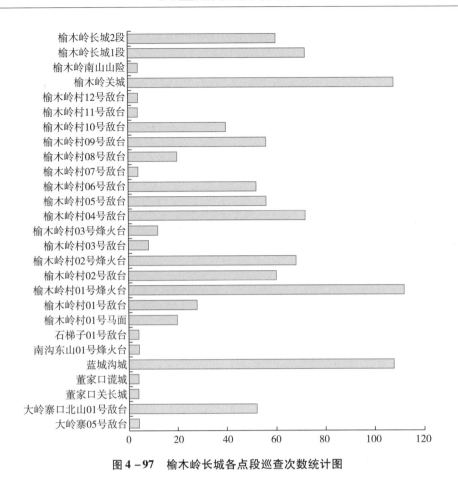

图4-97　榆木岭长城各点段巡查次数统计图

5）长城所在地条件对巡查工作的限制。

部分长城段落地处偏僻，环境与交通条件恶劣，难以到达，传统人工巡查十分困难；如在广大西部地区，部分长城段落位于沙漠戈壁等环境恶劣地区，交通不便，地广人稀。无特殊装备的情况下，难以到达。即使在东部地区，也存在类似情况。经"长城漫步"系统电脑端统计分析，发现榆木岭长城段各长城点段存在巡查频率差异大的情况。如榆木岭村07号、11号、12号敌台等在29个月间分别仅巡查4次。

第五，基层长城保护员素质参差不齐。

长城保护员是长城巡查工作的主力。《长城保护员管理办法》规定了长城保护员的遴选标准，如优先聘请对象的要求为：（一）十八周岁以上，六十五周岁以下，身体健康，具备初中以上文化程度；（二）长城所在地居民，无违纪违法犯罪记录；（三）具有一定的长城保护知识，具备巡查、看护长城的工作能力；（四）热心长城保护工作，责任心强。但实际情况是，大部分长城保护员达不到这一标准。课题组考察了将近30名长城保护员，最后聘用的榆木岭村村民梁庆立，是唯一一位年龄在40岁以下（现年31岁），并且具备初中文化程度，且能够熟练使用智能手机的。张家口市崇礼区等地的部分长城保护员甚至年龄超过了80岁。在内蒙古、新疆等民族地区的一些长城保护员不具备汉语的读写能力，个别甚至是文盲。大部分长城保护员，并不具备"长城漫步"系统操作能力。据此，课题组认为现有基层长城保护员力量尚不足以支撑长城保护巡查工作。

据此，课题组提出下一步工作建议：

第一，继续加强基础工作，具体包括对长城资源调查与认定数据进行复核，对数据库进行空间信息的全面纠错更新；国家文物局应出台相关政策，鼓励各地开展长城资源补充调查认定工作；各地应结合实际积极开展长城保护范围和建设控制地带的细化工作。金山岭长城应尽快补充划定长城建设控制地带。

第二，国家、省级文物部门应加强对基层文物干部开展关于长城资源认定数据的推广和培训工作，使之切实与长城保护工作相结合。

第三，地方政府和财政应从政策、经费、设备等方面加强对基层长城保护员的工作支持。

第四，各地基层文物部门应建立相加强对长城保护员的遴选工作，并建立相应的选拔、考核制度，加强日常工作监管。

五、监测实践数据与文物部门管理数据对比与相互印证

研究者结合 2016－2017 年国家文物局长城执法专项督察案例、2018 年汛期长城险情汇总等相关资料，通过将课题实验的三种长城监测技术方法结果与之进行比较，另一方面，将三种方法获取的监测数据之间进行相互对照，对监测数据的可靠性进行了验证。

（一）三种监测数据的相互印证

1. 宣化－崇礼"长城漫步"、雷达干涉与无人机监测数据的比较

在宣化－崇礼监测区内，"长城漫步"、雷达干涉和无人机监测范围重合度较高。经对比发现，有 5 个长城点段的异常情况可以相互印证。其中青边口长城 2 道因开矿造成破坏的情况，同时被三种监测手段监测到。

青边口村 02 号敌台、青边口村 12 号烽火台、羊房堡长城第 1 段、青边口长城 1 道 2 段等 4 个点段的情况则同时被雷达干涉和无人机监测发现。

表 4－40　宣化－崇礼三种监测数据对比情况

序号	长城点段	长城漫步	雷达干涉	无人机
1	青边口长城 2 道	○	○	○
2	青边口村 02 号敌台	—	○	○
3	青边口村 12 号烽火台	—	○	○
4	羊房堡长城第 1 段	—	○	○
5	青边口长城 1 道 2 段	—	○	○

2. 青铜峡－永宁"长城漫步"数据与雷达干涉数据监测数据的比较

在青铜峡－永宁监测区内，雷达干涉监测区范围内，"长城漫步"采集到的监测数据全部可以与之相印证。经对比发现，有赤木口长城 2 段、3 段、10 段、柳木高长城 19 段等 5 个长城点段的异常情况可以相互印证。

表 4 - 41 青铜峡 - 永宁三种监测数据对比情况

序号	长城点段	长城漫步	雷达干涉	无人机
1	赤木口长城 2 段	○	○	不在区内
2	赤木口长城 10 段	○	○	不在区内
3	赤木口长城 3 段	○	○	不在区内
4	赤木库长城 2 边 12 段	○	○	不在区内
5	柳木高长城 19 段	○	○	不在区内

3. 嘉峪关雷达干涉数据与无人机监测数据的比较

在嘉峪关监市，无人机监测区在雷达干涉监测范围内。雷达干涉获取 2 个异常点断，无人机监测获得 7 个异常点段，经对比发现，二者不能相互印证。

表 4 - 42 嘉峪关雷达干涉、无人机监测异常点段信息对比

序号	雷达干涉	无人机
1	未见异常	一墩长城
2	未见异常	一墩壕堑
3	未见异常	二墩长城
4	未见异常	二墩壕堑
5	未见异常	三墩长城
6	未见异常	三墩壕堑
7	野麻湾长城 9 段	未见异常
8	野麻湾 8 号敌台	未见异常

究其原因，可能是由于雷达干涉监测不擅长应对地物的突变，而无人机监测仅能发现明显的变化事实。野麻湾长城及敌台存在微形变，但尚未发生破坏，因此无人机监测不能发现；而嘉峪关西一墩、二墩、三墩长城及壕堑已造成实质破坏，因此雷达干涉技术未监测到。

（二）监测数据与 2016 - 2017 年长城执法督察案例的比较

根据国家文物局长城执法专项督察案例统计，在本课题监测范围内，2016 - 2017 年共发生长城文物违法案件 6 起。均被本课题的工作监测到。其中发生在崇礼区和阿拉善左旗的两起案件同时被"长城漫步"和雷达干涉技术监测到。

表 4 - 43 2016 - 2017 年度长城执法专项督察案例与监测数据对比表

序号	行政区	案件	涉及点段	长城漫步	雷达干涉	无人机
1	滦平县	古北口长城卧虎山段河北省滦平县一侧距长城约几十米处大型施工建设行为案	北门长城 1 段	○		

序号	行政区	案件	涉及点段	长城漫步	雷达干涉	无人机
2	崇礼区	张家口市冬奥会崇礼赛区规划建设场馆疑似紧邻明长城遗址并将建设标识旗帜直接插在长城本体案	马驹沟长城	○	○	
3	崇礼区	张家口市冬奥会崇礼赛区太舞滑雪小镇规划建设项目疑似影响长城案	营岔长城			
4	张北县	秦汉长城本体上大规模挖掘植树坑案	正边台长城1道1段、正边台长城2道1段	○		
5	嘉峪关	嘉峪关西长城保护范围和建设控制地带内未批先建公路案	悬臂长城			□
6	阿拉善左旗	长城保护范围和建设控制地带内有多处开山采石活动，对文物安全造成威胁案	北岔口长城6-8段、北岔口长城二边10-12段、赤木库长城1-2段	○	○	

（三）监测数据与2018年汛期险情的比较

2018年7月，各地上报国家文物局一批长城汛期险情，其中位于本课题监测区范围内的险情有40起。其中有19起在雷达干涉监测获取的形变明显点段范围内，20起则在范围之外。另有1起，因上报长城点段名称与认定名称不符，不能确定具体位置；1起为长城漫步上报险情，地方文物部门则未上报。

险情未监测到的原因可能有二：一是这些险情可能为长城的瞬时突变，雷达干涉技术无法监测；二是可能并非当年险情，而是历史造成的破坏。由于缺乏历史监测数据对比，因此各地上报的险情均无法判断发生时间。

表4-44　2018年度长城汛期险情与监测数据对比表

序号	行政区	险情点段	长城漫步	雷达干涉	备注
1	阿拉善左旗	赤木口长城2段	○	○	地方未上报
2	阿拉善左旗	柳木高13段		○	
3	阿拉善左旗	磨口石3段		○	
4	阿拉善左旗	汝龙沟与柳渠沟之间7-8段（磨石口长城7-8段？）		○	非认定名称
5	阿拉善左旗	磨石沟8-9段（应为磨石口长城8-9段？）		○	非认定名称
6	阿拉善左旗	红井子沟段（北岔口长城3-5段？）		○	非认定名称

续表

序号	行政区	险情点段	长城漫步	雷达干涉	备注
7	青铜峡市	大西沟段		位置不明	非认定名称
8	酒泉市肃州区	土棋长城		监测区内未监测到	
9	酒泉市肃州区	肖家牛庄子长城1段		监测区内未监测到	
10	酒泉市肃州区	肖家牛庄子长城2段		监测区内未监测到	
11	酒泉市肃州区	夹边沟林场长城		监测区内未监测到	
12	酒泉市肃州区	古城林场长城		○	
13	酒泉市肃州区	明沙窝长城1段		○	
14	酒泉市肃州区	明沙窝长城2段		○	
15	酒泉市肃州区	明沙窝长城3段		监测区内未监测到	
16	酒泉市肃州区	两山口长城1段		○	
17	酒泉市肃州区	两山口长城2段		○	
18	酒泉市肃州区	两山口长城3段		○	
19	酒泉市肃州区	两山口长城4段		○	
20	酒泉市肃州区	边湾滩长城1段		监测区内未监测到	
21	酒泉市肃州区	边湾滩长城2段		○	
22	酒泉市肃州区	大面墩长城		○	
23	酒泉市肃州区	灰泉子长城（闇门支线）		○	
24	酒泉市肃州区	北大河险		监测区内未监测到	
25	酒泉市肃州区	肖家牛庄子1号堡		监测区内未监测到	
26	酒泉市肃州区	肖家牛庄子2号堡		监测区内未监测到	
27	酒泉市肃州区	肖家牛庄子3号堡		监测区内未监测到	
28	酒泉市肃州区	肖家牛庄子4号堡		监测区内未监测到	
29	酒泉市肃州区	鸳鸯池堡		监测区内未监测到	
30	酒泉市肃州区	明沙窝1号敌台		○	
31	酒泉市肃州区	大面墩		○	
32	酒泉市肃州区	黄土崖子墩		监测区内未监测到	
33	酒泉市肃州区	明盐墩		监测区内未监测到	
34	酒泉市肃州区	花城前墩		监测区内未监测到	
35	酒泉市肃州区	黄粮滩墩		监测区内未监测到	
36	酒泉市肃州区	洪水坝墩（烽火台）		监测区内未监测到	
37	酒泉市肃州区	双墩子南墩（烽火台）		○	
38	酒泉市肃州区	大干梁墩（烽火台）		监测区内未监测到	
39	酒泉市肃州区	火石峡东墩（烽火台）		监测区内未监测到	
40	酒泉市肃州区	五坝崖头墩（烽火台		○	
41	酒泉市肃州区	下河清墩（烽火台）		○	

六、案例总结

（一）三种监测方法的比较分析

总体而言，"长城漫步"应用程序、雷达干涉技术和无人机巡查监测均属于有效的长城监测手段。一方面，其所获取的监测数据能够在一定程度上相互印证，并且于2016－2018年发生的长城文物违法案件、汛期险情等相吻合；另一方面，三种技术方法通过实践证明均有不同程度的风险预警效果，能够助力长城的预防性保护。同时，三种监测方法也有各自的局限性。

"长城漫步"应用程序适用于最广大的用户，可以满足专业管理人员、执法人员和基层长城保护员的工作需求，又能对操作人员进行有效的监管，同时面向公众开放注册；系统基于"长城资源保护管理信息系统"数据库开发并同步更新数据，依据《长城保护条例》等法律法规设计结构数据，符合长城保护工作实际；系统采集的数据可以在电脑端进行量化统计，能够成为长城保护工作科学决策的有力依据；并且工作成本低廉；但程序的运行对网络信号、网速要求较高，手机运行数据流量大，耗电量高，使用效果受操作者的素质影响大；作为人工巡查的辅助手段，主要记录肉眼可见的险情和病害，对于肉眼观察不到的形变和病害等，不能有效监测；对于人工巡查无法覆盖到的长城点段基本没有帮助。

雷达干涉监测技术适用于场景尺度的广域长城监测，工作效率高，能够有效监测肉眼不可见的毫米级长城微形变；并且可以获取人工巡查无法覆盖点段的监测数据，有效弥补人工巡查受交通、环境限制的不足；监测成果格式与"长城资源保护管理信息系统"数据结构兼容性较好，存在进一步整合的前景；但雷达干涉监测的工作流程繁琐，专业性强，不适合文物专业人员亲自操作；雷达干涉容易受到密集植被或陡峭地形的叠掩和阴影遮挡干扰；监测区的位置和面积选择受到卫星运行轨迹的影响；对长城建筑的瞬时突变，如坍塌等瞬时发生的显著变化情况无法监测；在长城全线大规模推广应用的成本高昂。

无人机巡查监测具有设备便携灵活的优势，可以对人工巡查形成补充；采集的遥感数据分辨率高，对地物变化面积可以量化，在重点段精细动态监测中可发挥重要作用，并且工作成本可控；但无人机作业受天气、气候、植被、国安管理等因素限制较大；现有技术条件下，无人机本身的性能对监测区域规模有所限制；监测数据主要反映既成事实的地物变化，因此对长城本体的破坏风险预测和预防效果有限，适合问题导向的任务式监测工作，宜作为人工巡查和雷达干涉监测的补充手段。

（二）监测实践所反映的管理问题

一是基层文物保护人员素质亟待提高。文物部门人员流动性大，往往是刚刚熟悉工作就被调走，新来的人员对文物工作一无所知。如本课题原计划聘请的青铜峡市文物管理所干部李某，因课题启动不久后突然调走，新来的文物干部则对本地长城不了解，导致青铜峡市"长城漫步"应用试点工作没有达到预期目的；长城保护员素质普遍低下，难以达到国家《长城保护员管理办法》的最低要求。主要

表 4－45　三种监测方法效果和适用性对比表

所用技术	适用人群	适用范围	监测效果						
			微形变	结构突变	环境景观变化	破坏事件	交通不便、环境恶劣地区点段	实时性	预警效果
长城漫步	文物部门、长城保护员、公众	具体点段	差	好	好	好	差	中	中
雷达干涉	专业技术机构	广域	好	差	中	差	好	好	好
无人机	文物部门、专业技术机构	小区域	差	好	好	中	中	差	差

体现在年龄整体偏大（平均超过50岁，超过65岁的较多，个别为七八十岁以上），学历整体偏低（大部分为小学及以下文化程度，部分为文盲），40岁以上的保护员中不会使用智能手机的情况比较常见。个别地区基层文物部门存在信息造假、虚报保护员的情况。

二是基础工作薄弱。个别地区保护范围和建设控制地带两线公布不全，导致部分监测数据无法统计；长城资源调查漏查现象较严重，认定信息和"长城资源保护管理信息系统"中的长城空间信息等存在明显错误；各地文物部门对长城资源调查与认定工作普遍不了解，大都基于地方对长城的传统认识开展工作，长城资源认定工作对各地长城保护管理工作支撑不足；据2018年各地上报国家文物局的汛期险情文件，绝大都数险情发生点段都没有历史对比数据，不能判断是否为新发生险情，导致抢险资源分配的决策依据不足，也影响了本课题监测数据的检验效果。

三是"属地管理"制度对长城巡查工作的制约。由于相当一部分长城点段位于行政区边界，而省界又不严格根据长城线路划定，因此长城保护员负责巡查的长城点段并不严格以行政区划分。部分县域境内的长城，从临县更容易到达。如在青铜峡市与阿拉善左旗边界的明长城，很多点段位于阿拉善左旗境内，但阿左旗分布着大面积的戈壁沙漠，且长城距离阿左旗各乡镇距离均较远，而从青铜峡市一侧则距离近，交通方便。而各省接边长城的认定编码中的行政区编码与长城的归属之间并不严格对应，这极易造成长城管理权的混乱，导致多头管理或无人管理点段的出现。

四是财政制度的不合理。如本课题涉及到多种监测技术实验，需要对配合工作的人员进行必要的技术培训，购置专用设备和专用材料，但据有关规定，本课题不能列支培训费、专用设备购置费和专用材料费，影响了课题的执行效果。

（三）基于三种监测方法实践结果的工作建议

长城规模庞大，遗产本体类型复杂，环境多样，各地管理情况差异明显。要实现长城全线的监测和预防性保护，任何单一技术手段均无法实现，需要多种技术手段相互配合，充分发挥各种技术的优势，做好无缝集成，同时明确工作重心，做好工作方法设计，资源配置和制度配套。具体建议如下：

第一，监测对象方面，经实践，发现课题监测范围内部分长城点段较其他点段存在更高的破坏风险，应予以重点关注。

表 4 - 46　各监测区重点监测点段数量统计表

监测区域	监测区长城点段数量	重点监测点段数量	重点监测点段比例
迁西榆木岭	27	17	63.0%
滦平金山岭	52	11	21.2%
宣化 - 崇礼 - 赤城	1866	33	1.8%
嘉峪关 - 酒泉 - 高台	147	76 *	51.7%
青铜峡 - 永宁 - 银川	283	70	24.7%
敦煌	6	4	66.7%

＊包括无人机 6 个点段不在其他技术手段监测到的异常点段之列

第二，监测内容方面。根据长城的使用功能划分，景区内长城点段的本体保存状况较未开放点段为好，且以降水等自然影响因素为主，但环境景观变化较快；为开放点段受自然与人为多种因素影响，以榆木岭为代表的东部地区长城本体破坏风险高，且以人为影响因素为主，而环境相对稳定；崇礼、赤城等地长城整体状态比较稳定，但个别点段受生产建设活动影响较大；宁夏、甘肃等西北地区长城受常年强风侵蚀和季节性降水是最大的威胁，生产建设活动、军事活动等也对部分长城点段有显著影响。因此长城监测工作应因地制宜，对上述地区的长城破坏风险影响因素进行重点监测。

第三，监测周期方面。长城景区以每月采集 1 批次"长城漫步"数据为宜，发生预警或破坏的点段，应适当增加巡查频率；东部未开放长城点段以 3 - 5 天采集 1 批次为宜，西部地区考虑长城所在地环境交通等问题，建议不少于每月 1 次。本课题采用的哨兵卫星以 12 天为一个重访周期，已经可以满足雷达干涉监测需求。无人机巡查监测，可采用不定期的方式，以问题为导向，以任务指派为方式，对已经发现问题的长城点段进行重点监测。在条件允许的地区，可以以月度或季度为单位，开展周期性无人机巡航，以跟踪长城本体与环境的短期内变化。

第四，工作模式方面。总体上建议采用卫星遥感与人工巡查相结合，无人机配套的日常工作模式。即运用"长城漫步"和雷达干涉技术分别对具体长城点段维护数据和广域空间的地表微形变数据进行周期性长城监测数据采集，发生预警或破坏事件后，由无人机有针对性的进行一次或多次重访验证。最后，文物部门针对相应的问题，应有及时的处置与反馈。为确保最终结果的精确性和科学性，建议文物部门采用购买服务的方式，请专业机构提供遥感、无人机监测技术服务。在敏感地区，国家文物局应考虑提请文旅部、国务院与军方协调，通过军民合作的方式，由军队完成周期性长城监测巡查任务。

第五，工作基础方面。各地基层文物部门应加强对文物干部、长城保护员的遴选、培训与考核，加强日常工作监管，提高基层长城保护队伍整体素质；参考赤城县"长城保护员加油包"项目，以线上公募的方式对长城保护员巡查经费、装备等予以支持。加强四有工作，并对长城资源认定数据的持续更新。各地应结合实际积极开展长城保护范围和建设控制地带的细化工作，为监测工作提供依据；国家文物局应出台相关政策，鼓励各地开展长城资源补充调查认定工作，对长城资源调查与认定数据进行复核，对数据库进行空间信息的全面纠错更新；国家、省级文物部门应加强对基层文物干部开展关于长城资源认定数据的推广和培训工作，使之切实与长城保护工作相结合。

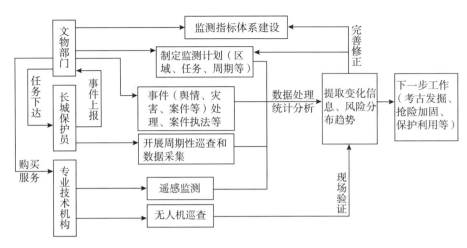

图 4 - 98　长城监测工作模式流程图

　　第六，制度配套方面。地方政府、财政和基层文物部门应分别从政策、经费、设备等方面加强对基层长城保护员的工作支持。如配发智能手机、移动 wifi 设备，手机流量包补贴等；各地文物部门应以国家文物局《长城保护员管理办法》为指导，根据本地实际制定长城保护员管理制度，建立相应的选拔、培训、考核、奖惩制度，实现四项工作的常态化；国家、各地方文物部门应通过支持开展更多小范围监测试点工作项目，总结经验，以期建立长城监测管理制度、各类监测手段的技术标准与工作规范；支持开展长城监测指标体系的持续性研究，在现有工作的基础上，继续进行监测数据积累，明确风险因素与病害种类，以及风险因素和病害之间的关系，以期用 5 - 10 年的时间完成长城监测预警指标体系建设。行政区接边长城沿线各地应建立长城文物管理协商制度，明确长城归属，通过所有权和管理权分离、共同开展四有工作、联合巡查等方式落实长城管理责任，消除多头管理和无人管理的现象；中央财政应考虑对文化遗产监测及相关研究工作进行调研，并根据需要进行改革，如增加综合类研究项目预算编制和执行的灵活性等。

　　第七，技术改进方面。"长城漫步"应支持离线操作，并继续拓展功能，开发长城相关科普、导览、导航等功能，促进长城的综合保护与利用；结合"长城资源保护管理信息系统"升级工作，适当打破用户账号与行政区的界限，根据使用者实际工作责任情况设置巡查权限。雷达干涉监测可考虑选用多种开源卫星影像，增加对长城分布区的覆盖面，减少卫星轨道等因素对监测区划和面积的限制，对获取的监测数据采用无人机复查、实地踏查、三维建模等多种手段验证，确保准确性；无人机监测可考虑选用受天候影像较小、续航能力更强的固定翼无人机开展工作，减少作业条件的限制；"长城资源保护管理信息系统"应为雷达干涉、无人机监测基础数据和周期性监测数据设置接口，将其纳入系统数据库，为长城监测预警平台建设数据和软件奠定基础。

第五章　长城监测体系建设框架研究

长城监测体系框架要满足长城保护管理的工作特点，以现有长城监测工作为基础，建立完整、动态的监测体系框架。

长城监测体系建设包括组织架构和体系架构两部分。组织架构是开展长城监测工作的组织保障，根据各级文物行政主管部门、长城保护管理机构、长城保护员工作的职责和需求，明确长城监测组织体系各组成部分的作用及相关关系。体系架构按照长城监测的需求，设计长城监测的目标、对象及内容、方法、评估与报告、决策应对、组织实施等方面的内容。

一、长城监测体系建设的原则

（一）统筹规划原则—对现有工作进行整合

监测与文化遗产保护的日常管理工作密切相关，是文化遗产保护工作的重要组成部分。

长城监测体系的建设应与长城现有工作进行整合，利用长城保护管理工作的现有条件和工作成果。在《长城保护条例》《长城保护保护员管理办法》《世界文化遗产监测巡视管理办法》等法律法规、规范性文件的基础上制定《长城监测工作指导意见》，提出日常监测巡视的制度、内容等工作要求，并采用适用于长城的移动采集终端、简易工具等手段，辅助开展人工巡查；通过长城保护管理信息系统总平台进行二次开发，将长城监测业务需求与目前系统的日常管理、项目管理、四有工作等关联，建立长城监测系统总平台；与气象、水文、交通、规划部门建立战略合作关系，利用相关行业的信息数据开展监测工作。

（二）由粗到精原则—与管理特点、遗产特性结合

长城所处的自然和社会环境复杂，不同地域、环境下长城面临的影响因素存在较大差别，同一类影响因素在不同地域、不同材质的长城遗存上的影响程度也存在差异。

参照其他世界文化遗产地的经验，监测指标的确定需要深入的风险因素研究与评估。对于影响因素复杂、规模超大的长城来说应首先对那些影响范围广、影响程度大的风险因素进行重点监测、积累数据，并开展数据的科学分析。监测的对象也应首先选择那些面临建设压力、旅游压力、保存压力等的长城重点点段。

（三）动态更新原则—根据评估不断调整、提升

长城监测体系面对的是分布于15个省（市、区）的各时代、各种材质、保存状况的长城，固定的监测体系架构不可能完全符合所有条件下的长城监测工作。长城的保存状况以及所处的自然和人文环境也处在不断的变化中，因此建立一个毫无漏洞、一劳永逸的理想化监测体系是不现实的。因此，长城监测体系要存在可扩展的空间，在普遍适用大多数情况的同时各地需要综合考虑不同地域长城的价值、保存状况、管理条件等确定监测重点，采取适于本区域监测的手段和方法。

评估和报告是实现长城监测体系动态提升的重要推动力。评估与报告发现的问题要能够在管理决策中体现出来，不断调整监测的目标、对象及内容等，使长城监测体系在运转过程中不断调整和优化。

二、框架建议

监测是文化遗产保护管理的有机组成部分，监测体系架构一定要与保护管理需求结合，以服务于保护管理、辅助决策。因此，在制度、规范上将监测工作纳入遗产保护的日常管理环节至关重要。整个监测体系要形成一个完整的回路，既要有数据的采集、统计分析，也要有监测效果的评估反馈与决策响应。同时，要注意与其他行业、部门建立协作关系，扩展监测体系框架的外延，将社会资源纳入长城监测体系。

长城监测体系的架构分为两个部分，一是组织架构。组织架构是从现有的文物管理体制和长城监测需求出发，建立适于长城监测工作的组织结构，并明确各个层级的职责及层级间的关系；二是体系架构。体系架构是在组织体系基础上，将监测工作运转的各个环节及其流程有机组合、互相衔接，支撑监测组织架构各组成部门有效开展监测工作。

（一）组织架构

遗产监测体系的运行需要依托我国现行文物管理体制。世界文化遗产监测体系的组织架构分为国家、省、遗产地三级。各遗产地的组织架构有以下几种模式：国家文物局—省文物局—遗产区（以大运河为代表）、遗产地管理机构—监测机构（以莫高窟为代表）、市文物局—遗产地管理机构—监测机构（以苏州园林为代表）、国家文物局—省文物局—市县文物部门（以长城为代表）。按照《长城保护总体规划》长城实行国家级、省级、县级三级监测体系。

建立长城监测体制，以属地管理为基础，分级负责。国家文物局制定长城监测的技术标准和工作规范，督促指导各级长城管理机构开展监测工作。省级文物部门负责监督指导所辖市县长城监测工作，并向国家文物局提交本省长城监测评估报告，跟踪指导县级长城监测。市县级文物行政主管部门及其所辖的基层长城保护管理机构或监测机构是长城监测的责任主体，负责组织开展本县域内长城监测工作，并根据情况采取临时处置措施。

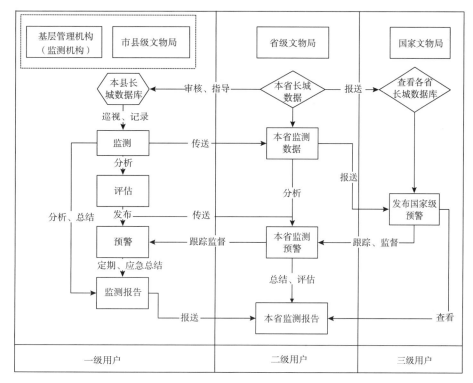

图 5 – 1　长城监测体系组织架构图

（二）体系架构

完整的监测体系应建立在对遗产地价值，保存状况、面临的风险、管理条件等方面开展需求分析的基础上，明确监测体系的目标，监测的对象及内容，采用的方法，评估与报告，决策应对，运转实施几个部分。

1. 目标

监测体系的目标是文化遗产监测体系的根本，目标的设定要关注两个问题，一是监测体系服务于哪些文化遗产保护任务，二是遗产地管理条件能否实现这些目标。在对遗产地监测状况的分析中我们可以看到，部分遗产地在建立监测体系时存在较大的盲目性，有的是为了申遗的任务建立监测体系，有的是盲目跟从将监测体系等同于建立监测平台，在线下没有相应的组织构架，平台缺乏持续运转的推动力。莫高窟等遗产监测取得良好成效的遗产地，最重要的经验就在于从保护管理的需求出发，监测目标明确而切合实际。然而，监测体系的目标又不是一成不变的。随着遗产地保存状况、环境、管理状况等发生变化，监测体系的目标应适时地调整和提升以适应遗产保护管理的新需求。

长城监测体系的目标主要包括：

一是提高长城保护日常管理水平。长城日常管理工作主要包括日常保养及巡查、执法检查、案件督查等。长城监测体系应将日常管理作为监测的重要内容，通过对长城本体、环境、管理状况进行监测，提高日常保护管理的科学化、规范化。

二是要及时发现长城险情，采取控制措施，改善长城保护管理的被动局面。通过长城监测体系开展系统化监测，统筹各级文物行政主管部门、长城保护管理机构、长城保护员、社会团体等社会力量，对长城安全应急事件及时做出反应，对长城存在的潜在风险采取必要的控制措施。

三是辅助长城保护规划、保护维修等项目管理。一方面，应将监测作为长城保护规划编制的重要内容。规划编制阶段对长城本体进行的详细勘察，本身就是重要的监测数据。通过勘察能够得到长城损毁、病害等信息，在这一阶段提出监测的重点部位、采取的监测措施更具针对性和科学性；另一方面，定期检查规划是文化遗产保护管理的重要内容。通过监测对规划的内容进行完善补充。实施保护维修工程是重要的管理决策，工程中采用的方法、材料、工艺等会直接影响长城本体原真性和完整性。因此，有必要对保护维修项目的设计、实施、效果进行全面监测。例如，将监测作为工程维修方案的一部分，可以在工程实施前就提示施工方注意那些可能影响本体原真性和完整性的方法、材料工艺等，避免因修缮不当对长城造成影响。

2. 监测对象与内容

理论上的长城监测对象应包括全部长城点段，共计 43721 段/座/处遗存。然而正如长城监测需求分析中所论述，在当前的管理能力下，不可能对全部本体及环境都按照统一深度开展监测。监测对象应考虑长城保护管理压力的轻重缓急，划分重点与非重点。

临近居民生产生活范围的长城重点点段应加大日常巡视力度；与建设工程临近的长城重点点段可在工程实施前后开展专项监测，评估建设工程对长城本体造成的影响等。

3. 监测方法

监测方法与手段以有效、低成本获得有关风险因素的指标数据为原则。目前，各个遗产地在监测中采用了手持终端、传感装置、空间信息技术等各种技术手段。从对各遗产地了解到的情况看，监测设备作为人工巡查的辅助手段能在一定程度上弥补数据精确性不够、分析处理不便等方面的缺陷，但人工巡查在监测中仍具有不可替代的作用。

长城监测方法的选择要充分考虑长城遗产的特性，以及长城监测的现状和实际的管理需求，按实际情况选择多种维度的方法，满足不同环境、不同材质、不同管理需求的监测工作。

宏观上，国家文物行政主管部门统筹采用卫星遥感等大尺度监测手段对长城走向、防御体系完整性、长城周边环境、土地利用形式等进行定期监测；中观上，采用雷达遥感与无人机等对区域内长城损毁点段的发生、发展，长城周边建设工程实施前后影响进行周期性监测；微观上，利用便携式监测设备、手机 APP 配合人工巡查，微观主要针对变形、残损、侵蚀等病害进行监测。

第一，针对长城超大体量、构成复杂的遗产特性，利用系统平台集成、综合管理的优势引导地方开展监测工作。通过对长城监测的需求分析，长城资源信息管理系统已经为建立长城监测平台奠定了具有可操作性的基础，可在总平台的基础上加入监测功能模块，在风险因素分析的基础上确定监测指标。

第二，参与长城日常巡查的人员人数多、专业水平差别较大，且监测对象处于不同的野外环境下，监测难度大、监测设备应用成本高、效果难料。人工巡查仍是当前和今后开展长城监测的主要手段。但目前日常监测仍旧停留在"看护"水平状，为提升日常监测数据采集的规范性和时效性，可推广使用手机 APP 为数据的后期处理提供条件。

第三，通过对长城风险因素的分析可以看到，影响较为突出的雨水冲蚀、生产生活、风蚀、植物生长、农业耕作、道路设施、放牧畜牧和动物破坏等 7 种风险因素中，有 3 种为自然因素，这些自然因素都属于自然侵蚀，其发生、发展一般会经历较长时间，因此可定期采用航片比对等大尺度的监测方法从宏观上对长城的走向、布局等进行监测。

第四，面临人为因素破坏的长城，除了加强日常巡查外还要考虑长城保护管理社会性的特点，发动社会公众力量对破坏长城的行为进行举报，将其获取的长城现状数据纳入长城监测数据库中。

第五，对于受到城镇建设和大型基础设施建设、旅游开发影响的长城，可采用无人机等操作便捷且可达到一定精度的监测手段，在建设工程实施期间进行有计划、有针对性的监测。

综上所述，长城监测方法以经济、实用为原则，避免过度监测。环境监测可因地制宜，非特殊地段可利用国家气象、地震等灾害数据发布，可利用长城监测平台系统、APP 等发布长城沿线环境、自然灾害、气象等提示信息。

（1）信息化、集成管理平台

具有超大体量、构成复杂等遗产特性的长城，一直是文化遗产保护管理的难题和挑战。《长城保护条例》"整体保护、分段管理"的要求，以及长城有限的管理条件都要求必须采用信息化管理的手段才能实现监测数据的统一处理与更新，才能展开信息的综合分析，才能满足各级长城管理机构对监测数据的使用需求。

（2）移动式终端

利用可移动终端技术开展遗产地的巡查和监测已经取得了较为成熟的经验。例如，大运河建立了相应的巡查制度，为巡查人员配备了具有定位功能的移动终端设备用于监控数据采集。这种技术方法可对巡查人员工作情况实时共享、监督，督促巡查任务按时、保质完成。长城与大运河同为线性文化遗产，都具有遗产点多且分布较为分散，数据的采集、汇总困难，相较于其他类型的文化遗产，长城统筹日常监测并保证数据的规范性更为重要也更难实施。

长城的监测采用便携式终端具有以下优点：

第一，保障监测数据的时效性、准确性、规范性。长城保护员、基层文物工作者是开展长城日常监测的最主要力量，他们在日常巡查记录了长城本体现状、损毁因素、周围环境等信息。目前这些数据均为纸质记录，可追溯性差、容易丢失，且不易于统计、分析，后期录入电脑既需要额外地投入人力还会降低信息的时效性。

第二，不受自然环境因素限制。大部分长城遗存位置偏僻，人烟稀少，环境恶劣。综合考虑各方面因素，并不适合用固定仪器设备监测的方式进行全线实时监控。一方面，监测系统建设成本极高；另一方面，恶劣气候对于露天设备的破坏威胁也很大，无形中增加了监测设备运维成本。在这种情况下，采用人工定期巡查的方式开展长城监测具有成本优势，可以为长城巡查人员安装手机 APP 用于数据的采集和实时报送，将人工巡查与移动终端技术相结合。

第三，有助于提高长城保护管理的综合能力。长城与大运河都属分布范围广、遗产点多的线性文化遗产。目前基层文物工作者对长城的日常巡查计划性、针对性不强。文物管理部门可以利用移动终端事统筹安排日常监测的任务、重点，确定信息采集的内容以及数据的格式通过监测平台对巡查人员的工作任务完成情况进行督促、检查。

　　第四，成本投入少。与安装固定监测设备、无人机技术等监测方法相比，只要研发相应的 APP 软件安装在具有网络功能的手机上即可满足监测需求。目前，中国文化遗产研究院已开发的用于长城执法和日常巡查工作的应用软件—"长城监测巡检系统"。与长城资源管理信息系统为基础，集成了长城资源调查认定数据和电子地图等。通过管理端下发巡查任务，移动端与管理端共享巡查轨迹，具有信息采集与查询、照片对比、实时上报数据等功能。目前这款软件已在河北、宁夏等区县进行试点，下一步可在长城沿线推广使用。

　　（3）大尺度监测

　　地形环境复杂、环境恶劣的长城点段监测设备无法安置，巡查人员也很难到达。这些地段的长城受到人为因素的影响较小，通过航摄影像来观察、对比本体与环境的变化，具有直观、高效、覆盖面广的优点。在当前长城保护管理力量薄弱的条件下，卫星遥感技术可以发挥有效的补充作用。通过对多时相的长城高空影像进行长时段的对比观察，能够有效分析不同地区长城遗存的破坏速率和土地利用情况变化，预测变化趋势，及时发现问题、确定监测重点，直观的了解地面调查不易观察到的遗存格局变化。

　　（4）便携设备与简易监测工具

　　世界遗产监测不仅要防止遗产遭破坏，还要考虑到利用低成本来达到遗产长期保护的目标。以县为单位进行统计，长城沿线 404 个县域中，2011 年属于国家级贫困县的有 111 个，占长城行经县域数量的 27.5%，其中又有 64 个县域属于集中连片特困地区。考虑到长城沿线的经济发展状况，必须将监测工作的成本控制在当地政府和文物部门能够承受的范围内。

　　世界遗产监测手段，总体上有仪器实时监测与人工定期监测两类。前者主要通过采用各种技术手段和仪器设备采集信息数据；后者则通过监测人员对遗产地进行定期现场巡视、肉眼观察和人工记录获取本体与环境的各方面信息。前者可实现的监测内容丰富，监测数据精度高，但监测成本高，对监测人员的素质要求也很高。人工监测的特点是操作简单，适用范围广，对监测人员的专业素质要求较低，监测成本也较低，并且巡查人员身处现场，发现问题能够及时做出反应。

　　长城处于野外环境下，监测精度要求不高且大部分长城段落没有条件也没有必要安装监测仪器。对于长城而言，人工监测具有不可替代的作用，如何提高人工监测的工作效率是长城监测技术的真正需求所在。人工监测以人的工作为主，但并不排斥科技手段的运用，在合理考虑成本的情况下，运用便携设备与低成本的监测工具，能够提高人工监测工作的质量和效率。

　　数码摄像机、照相机，具有摄影功能的手机等对长城本体及环境进行定期的影像记录，通过新旧影像对比，能够发现很多变化情况，相较文字记录而言，影像资料具有直观、可追溯的优点。对于一些不可见或不易观察到的变化数据，如本体裂缝、震动、风速，可以借鉴其他土遗址监测的"裂缝监测尺"等成本较低，操作简单，对使用者要求较低的监测工具辅助人工监测。

　　（5）跨部门数据共享

　　长城处于野外环境下，气象、水文、地质灾害等自然因素是其重要的监测对象。建立专门的气象监测设备，成本很高。相比之下，从专业气象监测部门购买服务的成本极其低廉。比如气象、水文、地质灾害等监测数据，在相关专业部门有完整的常年记录数据，可以通过与气象、地震等部门协调，实现数据共享与整合以节约监测成本，避免重复建设和资源浪费。水库、道路等设施建设、工业和农牧业生产等涉及土地利用、交通的信息除了从公用渠道获取信息外，文物部门需要积极与国土、林业、规划建设等部门建立合作关系，争取获得更详实的信息。

"天地图"（http：//www.tianditu.cn/map/index.html）是国家测绘地理信息局建设的拥有我国自主知识产权的地理信息综合服务网站。在得到授权后，相关机构与人员可以利用"天地图"提供的二次开发接口自由调用"天地图"的地理信息服务资源，并将其嵌入已有的 GIS（地理信息系统）应用系统或利用"天地图"提供的 API（应用程序编程接口）搭建新的 GIS 应用系统，避免了基础地理信息重复采集以及维护更新造成的人员、资金与时间浪费。

长城保护管理信息系统总平台即是基于"天地图"开发的应用平台。据天地图网站统计，基于"天地图"开发的典型应用可分为 6 大类 33 小类，共 252 个。其中部分已开发的应用系统平台数据，可以直接为长城监测所用。

（6）公众参与

舆情监测是中国世界文化遗产监测的重要内容。长城历来受到全社会的普遍关注，庞大的体量和广阔的分布范围决定了它的保护管理和监测工作仅靠文物部门的力量是不够的，将社会力量纳入长城监测体系中是长城保护管理的必要和必须。遗产地居民以及社会公众参与监测方案的互动越频繁，遗产地越能得到有效保护，也越能激起公众的保护意识。实际上，社会公众力量参与长城保护已有了较好的基础。据不完全统计，自 20 世纪 80 年代以来，中国国内成立的以长城研究、保护为宗旨的民间团体将近 30 个。其中部分团体还直接参与了长城的保护管理工作。这成为长城监测工作的重要社会基础。这些组织通过实地考察、记录长城影像、图书出版和网上的经验交流，积极参与长城保护工作，使长城成为了中国公众参与度最高的一项文化遗产，也为长城的保护管理积累了重要的参考资料。据 2016 年长城执法专项督查统计，截止 2016 年已经有长城保护员共有 4650 名，从实地督察情况来看，组织动员长城保护群众性组织、聘请长城沿线居民承担长城日常巡查任务有力补充了长城保护管理的力量了。

2017 年 11 月 30 日，国家文物局在河北金山岭长城举行《长城保护条例》实施十周年活动，以长城资源数据库为基础建立的中国长城遗产网（长城保护管理信息系统总平台 - 公众服务子系统）（www.greatwallheritage.cn）正式改版上线，为公众查询长城资源、参与长城保护提供了更多便利。

中国长城遗产网由国家文物局委托中国文化遗产研究院主办，网站面向社会公众，内容包括长城概述、长城资源、长城管理、长城资讯、长城展示、长城研究、我的长城、长城分布图查询等 8 个版块。分别介绍长城资源、长城保护管理研究工作的基本情况。同时，还发布长城的最新资讯，展示长城精粹及各时代长城分布示意图，公众可按照位置、长城遗存名称等查询长城资源的详细信息及分布图。该网站上线为并公众参与保护长城提供了一个新的重要平台，可以通过升级改造，增加上报功能，促进公众发现、记录并上报长城保护情况，相关事件进展信息等，为社会公众参与长城监测提供条件和平台。

表 5 - 1　长城监测方法对比

方法		特点		适用范围
		优	劣	
人工巡查		直观、成本低 适用范围广	可溯性差定性多定量少 统计分析困难	长城全线
设备监测	前端设备 （温湿度传感器、 气象站、摄像头）	数据精确 实效性强	对专业技术水平要求高 损耗大 成本高	景区 自然风险因素高的点段
	便携式设备 （相机、测量仪器）	直观 成本低 数据较精确 适用范围广	—	长城全线
	可移动终端 （手机 APP、经纬记录仪 等移动巡查设备）	可追溯 系统化强 适用范围广	需进行专业培训 有网络要求	长城全线
卫星遥感	航拍 航片对比	直观 高效 覆盖面广	—	自然条件恶劣 人力难以到达
监测平台		系统化强 时效性强	需有数据分析、处理能力 成本高	长城全线

4. 评估与报告

评估与报告是对监测对象、过程和结果的系统判定和评价，既是过程性的分析，也是总结性的分析，是监测体系能够动态提升的重要环节。通过评估调整监测体系的各项内容，使监测对象、监测重点、监测手段更符合遗产地现实的保护管理需求，更精准地为监测体系的目标服务。世界遗产监测中心将报告分为反应性监测报告、专项监测报告、定期监测报告三种。反应性监测报告是针对监测中发现的应急事件提交的报告，时间不确定，要求上报的时效性强，报告的内容主要针对险情发生的部位、状况、应急处理情况等；专项监测报告是指被纳入专项监测的长城保护项目应提交的专项监测报告。专项监测报告的提交时间可根据专项监测内容确定；定期监测报告是对遗产地监测工作的全面总结，包括监测体系建设、监测效果、监测系统、数据系统建设等方面，上报的周期一般为一年。

长城监测报告的上报可参照世界文化遗产监测的形式，国家文物局汇总省级长城监测报告，定期发布长城监测报告；省级文物行政主管部门结合本省长城保护工程开展专项监测；国家文物局、省级文物行政主管部门对长城重点点段进行反应性监测。

1）评估

评估是指长城遗产监测过程中对监测对象、过程和结果进行系统地、有目的地判定和评价，分析某一时期内的效果、效率、影响和持续性等内容的一项工作。

① 评估对象及内容

长城监测体系的评估对象包括长城风险影响因素评估、监测工作体系建设评估，以及监测过程和结果评估。

第一、开展长城风险影响评估，为监测体系建设奠定基础。

通过对长城的影响风险进行评估，优化资源配置，根据不同地域长城所受到的风险影响因素的差异，制订有针对性的监测方案。

风险因素的评估：评估的主要内容是辨识威胁长城的各种因素，在此基础上确定主要风险因素，为确定监测指标提供重要的支撑。风险因素分为自然因素和人为因素两大类。主要评估内容可参照"长城风险因素"部分确定。

重点段落评估：对各地的长城遗存进行分级管理，对保护难度大、破坏威胁严重的段落进行重点投入。

第二、监测体系建设评估，促进管理体制建设。

特殊的遗产特性决定长城监测体系将是跨地域、跨部门、跨层级的复杂体系，因此有必要对整个监测体系建设工作进行评估，用以总结与发现长城监测工作的成果与问题，促进监测工作的科学合理发展。

本部分评估内容可参照《中国世界文化遗产地监测体系建设评估（一期）评估手册》中对于世界遗产监测体系建设评估内容执行。主要分为制度规范系统建设评估、人力资源系统建设评估、数据系统建设评估、监测系统建设评估四部分。

第三、监测效果评估，总结监测对长城保护管理的作用。

效果评估是检验监测体系整体运转效能最重要的环节。长城监测体系建设的根本目的是为保护管理工作提供依据与支撑，因此，开展监测效果评估不但是对监测结果的检验，对今后监测方向和指标的调整也具有关键的导向性意义。

监测效果评估内容应主要包括两方面的内容：首先是考察监测工作对监测对象变化的应对和处置效果以及各类新建项目、工程、旅游与游客管理的控制效果，这部分内容可参照《中国世界文化遗产地监测体系建设评估（一期）评估手册》中对于世界遗产监测监测效果评估内容执行作。其次是评估在现有监测内容和指监测标下采集的数据经过分析整理后，是否能够为长城保护管理决策所用，并可据评估结果进行调整。

② 评估主体

长城监测的评估主体应根据评估对象和内容的不同分别确定。考虑到长城跨地区、跨行政区划的特点，总体上应该由国家文物行政管理部门组织实施，各地长城文物行政管理部门共同参与。

第一、长城风险影响评估工作。由国家文物行政管理部门总体组织，提出评估指标与方法，省级文物行政管理部门具体部署实施，长城所在地县级文物行政管理部门具体执行。

第二、监测体系建设评估工作。由国家文物行政管理部门总体组织，提出评估指标与方法，省级文物行政管理部门具体部署实施。

第三、监测效果评估工作。由国家文物行政管理部门总体组织，委托专业技术单位建立评估体系，进行效果评估。

③ 评估方式

评估方式总体上可采取长城保护管理机构自评估并提交评估报告、专家实地抽检评估、撰写总评估报告三个阶段。

第一、长城风险影响评估工作。首先由国家文物行政管理部门提出总体要求、评估目的和方法；再由省级文物行政管理部门组织评估，并按要求提交评估报告；然后由国家文物行政管理部门组织专家就评估的科学性与合理性进行检查。最后，确定各地长城风险影响评估报告。

第二、监测体系建设评估。评估过程分为三个阶段进行：自评估，国家文物行政管理部门向接受评估的遗产地发布评估通知和评估手册；由长城管理机构根据评估手册进行自评估，并根据评估指标逐项准备汇报材料；组织专家实地评估，撰写并提交评估报告；汇总评估结果与专家意见，撰写并提交评估报告。

第三、监测效果评估。首先由国家文物行政管理部门提出总体要求、评估目的和方法；再由省级文物行政管理部门组织评估，并按要求提交评估报告；然后由国家文物行政管理部门组织专家对评估效果进行检查，并提交评估报告；最后，根据提出结论性建议，以确定是否按照现有监测方式开展工作，或者进行调整。

2）报告

报告是将长城监测结果定期或不定期上报的文件。报告主要是由长城所在地文物保护管理部门提交，可参考《中国世界文化遗产监测巡视管理办法》和《中国大运河遗产监测和档案系统建设工作指导意见》的规定，实行按层级上报，并分为反应性监测报告、定期监测报告和专项监测报告。

① 反应性监测报告

反应性报告是针对发生应急事件的长城点段，其所在地保护管理机构应及时提交应急监测报告。反应性监测报告要求时效性，随时发现情况随时报告。

② 定期监测报告

定期监测是指省级文物行政部门每年对长城实行的系统监测。监测的内容包括对长城保护规划的制定、执行情况，长城的日常管理情况，经费、科研等长城保护管理工作综合情况。

③ 专项报告

是指被纳入专项监测的项目，应提交专项监测报告。在进行监测工作体系建设时，结合长城保护维修工程、开发利用项目等为跟踪工程实施效果及对长城本体及环境的影响设置专项监测内容，专项监测报告可根据专项监测内容完成的情况确定提交时间。

5. 决策应对

决策应对是针对遗产本体及其环境真实性、完整性存在的风险，做出预警等级判断，对需要采取的手段和措施做出决策，并根据监测结果对已经出现或者可能出现的威胁进行处理。决策应对一般分为预警、决策、采取措施三个环节。根据遗产本体或环境面临的风险预警阈值确定预警级别，再由监测体系组织架构中的各级文物行政部门、管理机构、巡查人员等按照预警等级和监测职责，作出采取采取应急性或保护性措施的决策。采取措施则根据决策结果，由长城保护管理机构执行，并由文物行政主管部门督促、检查处置状况。

6. 运转实施

监测体系的运转需要从组织、制度、人员、技术等方面系统地组织实施。组织保障要解决监测体系各个层级的关系及其相应的职责；制度保障是要将监测的流程、技术规范等制度化，使监测体系的运转不因人员变动等客观条件而受到影响；人员保障是要使监测的各项工作有足够的人力资源，避免因人员数量不足、水平有限造成监测数据采集不及时、数据质量不高、数据分析处理不科学等情况；技术保障，是指为监测工作提供必要的技术支持，提高监测数据采集、处理的效率，保障各类监测技术按照标准实施应用。

1）组织保障

建立国家、省、市县（保护管理机构）三级监测体系，国家文物局统一建立长城监测平台，开展移动终端采集技术、卫星遥感技术等实践、推广。国家文物局构建全国长城监测工作团队，负责制定长城监测的总体规划、技术标准和工作规范，建立国家级长城监测平台；省级文物行政主管部门依托本省文化遗产保护专业力量成立或指定本省长城监测专门机构，负责开展本省长城定期监测、反应性监测；市县级文物行政主管部门成立或指定长城监测管理机构（部门），负责本市、县域内长城日常监测。

2）制度保障

国家文物局在《文物保护法》《长城保护条例》《长城保护员管理办法》《世界文化遗产监测巡视管理办法》的基础上制定《长城监测工作指导意见》等制度、规范，确立监测工作在文化遗产保护管理中的地位和作用，明确各级文物行政主管部门、长城保护管理机构、长城保护员等长城保护管理体系的组成部门、机构、人员的责任，明确长城监测的主要内容及基本要求、管理机制，为监测提供人员与经费保障。

3）专业技术保障

国家文物局积极开展移动终端采集技术、卫星遥感技术、便携式设备等长城监测专业技术试点，为不同环境、不同管理需求下的长城监测工作提供技术支持。

在长城保护管理信息系统总平台的基础上建立国家长城监测平台。一方面，可对长城保护管理信息系统进行二次开发，利用长城资源信息数据库、空间数据等，建立监测功能与长城保护管理工作的数据关系。另一方面，在符合世界文化遗产监测指标体系基本要求的基础上，建立长城监测指标体系。

4）人员保障

目前，开展长城监测的人员主要为市县级文物行政主管部门及其下属的文物保护业务机构的工作人员、长城保护员。

各级文物行政主管部门应进一步落实《长城保护条例》，继续扩大和规范长城保护员队伍，有条件的地区可成立长城监测专职机构或在长城保护管理机构中指定专门人员开展长城监测工作。

国家文物局、省级文物行政主管部门有计划地对开展监测工作的管理人员、业务人员进行培训。使长城保护管理部门、机构，基层长城保护管理人员了解长城监测制度，掌握相关规范、标准，熟悉可移动终端、便携设备等监测技术的使用。

三、长城监测体系建设工作方案

长城保护管理工作的特点，以及长城监测需求的分析是长城监测体系建设工作方案的基础。长城监测体系建设方案，工作内容立足于长城保护管理的特点，满足监测工作的需求；实施步骤的设计，要按照长城保护管理工作的现有条件和基础以及监测需求的轻重缓急，以能够实际推进长城监测工作为首要原则。

（一）工作目标

长城监测体系建设工作方案，为国家文物局统筹部署长城监测体系的建立工作提供思路。有重点地逐步建立长城监测体系，确定阶段性目标。最终通过建立符合长城保护管理需求和遗产特点的监测体系，达到提高长城风险防范的应对能力，为长城保护规划、保护维修方案的制定等管理工作提供决策支持，提升长城日常管理水平的目标。

（二）工作内容

1. 建立工作体系、完善工作制度

"整体保护、分段管理"与属地管理结合的特点，决定了长城监测要赋予地方充分的自主性；监测中履行长城保护管理工作的"协调"职责，尤其是交界地区的长城监测要建立联合监测机制。"监测"与文化遗产保护管理的直接关系，决定了必须从工作体系和工作制度方面将"监测"纳入到整个长城保护管理工作中去。

工作体系方面：建立以属地管理为基础，分级负责的长城监测工作体系。在《文物保护法》《长城保护条例》《世界文化遗产监测巡视管理办法》等法律法规、规范性文件的基础上，制定《长城监测工作指导意见》，建立国家、省、县3级长城监测工作体系，明确各级监测责任、工作内容；明确位于省界、县界长城段落的监测工作原则等。并将长城监测纳入各级文物行政管理部门的绩效考核；针对长城保护管理机构力量薄弱的状况，明确尚未设立长城保护管理专职机构的由县级行政管理机构委托文物保护专业机构负责长城监测工作的具体实施。

工作制度方面：近年来对长城保护维修工程和涉建工程的评估，反映了长城保护维修工程中缺少遗址稳定性监测工作计划、缺少重要建筑物施工过程中的变形监测、缺少新型加固措施的效果监测，行政许可工程缺少安全监测等问题。因此，国家文物局和各省文物行政主管部门应将"监测"纳入保护规划、保护维修、工程方案的审批、实施过程中。各级文物行政主管部门对长城保护工程方案的立项审批中，要明确要求保护维修要有主要病害的监测报告，要有详细的监测方案。各省文物行政主管部门制定省保以上长城点段维修计划时，要专门编制监测工作报告；完善《长城保护维修指导意见》，在长城保护维修工程实施工作流程中明确要求维修勘察设计阶段，要有长城本体病害的评估报告以及监测工作的建议或工作方案；建立长城监测报告制度，确定长城日常监测、定期监测、反应性监测的内容、责任主体。建立长城监测评估报告制度，建立由下至上的工作机制，一是风险评估，由一线长

城保护管理机构和长城保护员在日常监测对长城面临的风险做出初步判断，根据险情的级别上报，文物行政主管部门应做出定性评估。二是监测工作评估，由各省定期提交本省长城监测评估报告，国家文物局制定监测评估标准，对各省监测工作进行评估，并根据各省监测工作情况调整完善长城监测指标体系。

2. 研究出台监测工作相关规范、技术标准

长城监测需求分析可以看到，日常巡查是长城监测最主要的方法之一。目前，长城保护管理力量薄弱，基层文物保护专业水平有限，长城保护员的素质尚待提高。而监测工作具有一定的专业性，在人员专业能力局限的情况下，更需要具有实际操作性的监测规范来指导实际工作。

制定《长城监测工作指导意见》等规范性文件。在已经开展的长城监测体系预研究基础上，充分吸取世界文化遗产监测体系建设以及大运河、丝绸之路监测体系建设的工作经验，编制长城监测工作指导性文件，为各地开展长城监测提供技术指导。主要包括：长城日常监测工作规范，对负责长城日常巡查的基层长城保护管理机构、长城保护员开展的日常工作流程、内容、监测数据的采集和记录、数据的上报等作出规范性要求；提出省级长城监测评估报告的内容、体例等。

建立长城监测指标体系。在长城风险因素以及世界文化遗产监测指标体系对比研究的基础上，建立长城监测指标体系，并根据各省监测评估报告调整完善指标项，满足长城监测工作的实际需求。

3. 立足长城日常监测，开展长城监测方法研究

开展便携终端等监测手段在长城监测中的应用研究，提高日常监测的计划性、规范性，使数据可分析、可追溯。开发长城监测系统平台与便携式终端的链接功能，按照计划以及数据采集规范，将日常监测获取的数据实时传输至系统平台并纳入监测数据分析；选取地处偏远地带的长城段落进行遥感技术等大尺度监测手段的研究；选取正在开展的长城保护工程，针对典型病害利用裂隙监测尺、沉降仪等简便监测仪器进行监测数据的采集试验。

根据长城风险因素分析结果及长城监测的技术需求，有针对性地选择对长城本体影响较大的雨水冲蚀、风蚀、植物生长等风险因素，在这些风险因素影响范围较大的宁夏、黑龙江、北京等省开展长城风险因素监测方法、数据分析等科学研究。

4. 统筹规划利用遥感和无人机开展较大范围的监测工作

无人机、遥感监测技术在长城及其他遗产监测中已经取得了一定的经验和成果。实践证明，相较于固定监测设备，长城监测更适宜采用大尺度的技术手段开展监测。但监测等长城保护管理工作主要由县级文物行政管理部门承担，其人力、财力、技术力量都不足以支撑此类技术手段的应用。国家文物行政主管部门应结合各省编制长城保护规划，根据长城监测重点点段整理结果，委托专业遥感测绘机构开展长城重点点段遥感和无人机监测工作；加强监测数据的分析研究，编写重点点段监测评估报告。

5. 升级长城资源保护管理信息系统，建立长城监测平台

长城管理信息系统总平台能够为各级文物行政管理部门提供长城资源信息、管理业务数据、地理信息数据的综合查询、分析、统计、地图定位等各项服务，在国家文物局开展的"长城保护工程十年评估"工作中收到了较好的效果。

总平台的运行离不开数据更新机制，数据涵盖旅游、宣传、培训、执法巡查、案件督查、日常保养等内容的日常管理，考古发掘、保护工程、保护规划、建设工程等内容的项目管理，长城保护体制建设、保护范围、保护机构档案建设等"四有工作"，相关研究项目、课题、成果的科学研究，法律法规，工作经费等大量的长城保护管理业务数据，这些都是重要的监测内容，并处在动态变化中。因此，国家文物行政主管部门需要尽快出台长城资源保护管理信息系统（长城监测平台）数据填报、更新制度，确保平台数据动态更新。长城管理信息系统总平台在内容和系统架构基本满足了长城保护管理的需求，还需补充环境、病害监测数据等，满足长城监测的需求，尽快推动长城资源保护管理信息系统（长城监测平台）上线使用。

6. 重视舆情监测对长城监测的必要性

长城社会关注度高。从数量上看，根据世界文化遗产监测中心的年度报告对新浪、人民网、网易、腾讯网、新华网等重大门户网站对中国世界文化遗产负面信息的报道统计，长城负面新闻报道数量位居前列。从影响力看，长城遭受破坏或保护性破坏等受到的社会关注度更高，新闻的持续发酵性更强。在自媒体时代，通过网络发布关于长城保护状况的信息具有不可忽视的社会影响力。长城保护志愿者、长城研究爱好者组成的各类民间社团组织汇聚了多种社会资源，他们经常性地活动在长城沿线，通过多种多样的形式开展长城踏查、保护等活动并关注着长城的保存状况。因此，对已向社会公众开放的长城遗产网进行升级，开放舆情监测板块，对及时掌握长城损毁情况具有重要的意义。

7. 加强专业力量的培养和培训

长城监测具有一定的技术要求。开展长城监测工作的人员应全面了解所辖范围内长城监测的重点点段以及面临的主要风险因素，熟练掌握监测的工作规范和技术要求，熟练操作长城监测 APP、各类监测设备以及长城监测平台的使用。

培训分为两级，国家文物局负责对省级文物行政主管部门及其委托的省级长城保护管理机构专业人员进行培训；省级文物行政主管部门，负责本省市县级文物行政主管部门及其下属的长城保护管理机构专业人员进行培训；市县级长城保护管理机构负责对其委托执行长城日常巡查的长城保护员进行培训。

8. 对长城监测提供资金保障

长城监测工作的开展需要一定的经费保障。长城监测的经费投入方向应根据长城的遗产特性和监测需求，本着节约高效的原则，以满足日常监测及针对长城主要风险因素为资金导向。

国家文物局将长城监测纳入中央财政预算。根据长城监测重点点段及风险因素分布，选取重要点段支持开展长城监测指标、监测方法研究；有计划地对列入全国重点文物保护单位的长城点段进行定期监测及反应性监测，开发建立长城监测系统总平台。

保养维护和监测经费由各级文物管理部门列入年度经费预算。

（三）实施步骤

第一阶段 建立体制机制，提供制度保障，提高日常监测水平，建立长城制度规范体系。

将长城监测作为保护规划的制定、保护维修项目方案等日常管理的内容，纳入各级文物行政主管部门、长城保护管理机构的业绩考核。选取长城遗存丰富、风险因素典型、保护管理体系完整的地区开展长城监测试点研究，结合试点经验，明确长城监测的主要内容、基本要求、管理机制、考核机制和保障措施等，为提升长城日常监测水平及各地开展监测工作提供可参考的规范。

第二阶段　以建设长城监测系统平台为抓手，建立长城监测体系框架，形成长城工程技术体系。

通过统一长城总平台，实现长城监测的框架内容。一是，对照世界文化遗产监测指标体系，以长城资源管理信息系统的数据内容为基础，查漏补缺，纳入长城保护管理中特有的内容，建立长城监测指标体系；二是，对长城总平台进行二次开发，将监测功能与已有保护管理功能整合、建立关系，建立面向各级文物行政主管部门及保护管理机构的多级用户的统一监测平台；三是，开放舆情监测窗口，将长城社会团体、长城爱好者、长城周边居民等关注长城的社会力量纳入长城监测体系。

第三阶段　加强机构能力建设，培养监测专业队伍，形成长城监测人力资源体系。立足长城保护管理机构非专职性的特点，扩大保护力量，着力加强现有长城保护管理机构的保护管理水平，通过培训使长城监测巡视人员掌握长城日常监测的规范要求，借助长城监测系统平台督促各级长城保护管理机构履行长城监测的工作任务。

附录一　部分世界文化遗产地监测设备使用情况一览表

设备类别	设备名称	监测用途	监测对象	遗产地													
				丽江	故宫	龙门石窟	颐和园	周口店	嘉峪关	八达岭	龙门石窟	大足石刻	天地之中	布达拉宫	秦始皇陵	敦煌
前端设备	游客流量监测设备	游客	人为活动	√	√	√	√	√	—	—	—	—	—	—	—	—
	摄像头	游客	人为活动	√	√	√	√	√	√	√	—	—	—	—	—	—
	红外成像监测温摄像机	凝结水监测、渗漏裂隙、风化	本体	—	—	—	—	—	—	—	√	√	—	—	—	—
	红外热像仪、红外照相机	凝结水监测、渗漏裂隙、风化	本体	—	—	—	—	—	—	—	√	√	—	—	—	—
	沉降传感器	地基沉降	本体	—	—	—	√	—	—	—	—	—	—	—	—	—
	挠度传感器	变形、位移	本体	—	—	—	√	—	—	—	—	—	—	—	—	—
	震动传感器	震动	本体	—	—	—	√	—	—	—	—	—	—	—	—	—
	微环境监测仪	温度、湿度	本体	—	—	—	—	—	—	—	—	—	—	—	—	—
	位移计	岩体稳定性	本体	—	—	—	—	—	—	—	—	√	—	—	—	—
	倾角仪	岩体稳定性	本体	—	—	—	—	—	—	—	—	√	√	—	—	—
	裂隙仪	裂隙	本体	—	—	—	—	√	—	—	—	√	—	—	—	—
	树木针测仪	树木结构	本体	—	—	—	—	—	—	—	—	√	√	—	—	—
	温湿度仪器	微环境监测；应力应变与湿度关系	环境	—	—	—	—	—	—	—	√	—	—	—	—	—
	水位监测仪	洪水等	环境	—	—	—	—	—	—	—	√	—	—	—	—	—
	水质监测仪	水质	环境	√	—	—	—	—	—	—	—	—	—	—	—	—
	瞭望噪音监测设备	噪音	环境	√	—	—	—	—	—	—	—	—	—	—	—	—
	蒸发量监测设备	大环境	环境	—	—	—	√	—	—	—	√	—	—	—	—	—
	传感器	应力应变	本体	—	—	—	√	—	—	—	—	—	—	√	—	—
	梁应变器	应力应变	本体	—	—	—	—	—	—	—	—	—	—	—	—	—

续表

设备类别	设备名称	监测用途	监测对象	丽江	故宫	龙门石窟	颐和园	周口店	嘉峪关	八达岭	龙门石窟	大足石刻	天地之中	布达拉宫	秦始皇陵	敦煌
										遗产地						
	气象和空气质量监测站	风向、温度、湿度、气压、降雨量、紫外线、二氧化硫、臭氧、PM2.5 等	环境	—	√	—	—	—	—	—	—	—	—	—	—	—
	诱灯	昆虫	环境	—	—	—	√	—	—	—	—	—	—	—	—	—
	渗压计	地下水位	环境	—	—	—	—	—	—	—	—	√	—	—	—	—
	环境监测站	温湿度、空气质量	环境	—	—	—	—	—	—	—	—	—	√	—	—	—
	小型气象站	气温、降雨量等	环境	—	—	—	—	√	—	—	—	—	√	—	—	—
	环境空气自动监测仪	空气质量	环境	—	—	—	—	—	—	—	—	—	√	—	—	—
	土壤环境检测仪	土壤、空气	环境	—	—	—	—	√	—	—	—	—	√	—	—	—
	红外壁温监测仪	温度	本体	—	—	—	—	—	—	—	—	—	√	—	—	—
	土壤含水率传感器	积水渗流速度	环境	—	—	—	—	√	—	—	—	—	—	—	—	—
	地震剂	铁路震动	环境	—	—	—	—	√	—	—	—	—	—	—	—	—
	酸雨传感器	酸雨	环境	—	—	—	—	√	—	—	—	—	—	—	—	—
	紫外线辐射表	紫外线	环境	—	—	—	—	√	—	—	—	—	—	—	—	—
	应变计	应力应变	环境	—	—	—	—	√	—	—	—	—	—	—	—	—
	物联网环境温监测系统	温湿度、空气质量、风等	环境	—	—	—	—	—	—	—	—	—	—	—	√	—
	离线式小型温湿度记录仪	温湿度	环境	—	—	—	—	—	—	—	—	—	—	—	√	—
	硅微式悬挂测斜仪	倾斜	环境	—	—	—	—	—	√	—	—	—	—	—	—	—
	多点位移计	地基沉降	环境	—	—	—	—	—	√	—	—	—	—	—	—	—
	温度探测仪	紫外线	环境	—	—	—	—	—	√	—	—	—	—	—	—	—
	地下水位计	地下水位	环境	—	—	—	—	—	—	—	—	—	—	—	—	√
	水位计和流速仪	降雨量	环境	—	—	—	—	—	—	—	—	—	—	—	—	√

续表

设备类别	设备名称	监测用途	监测对象	遗产地													
				丽江	故宫	龙门石窟	颐和园	周口店	嘉峪关	八达岭	龙门石窟	大足石刻	天地之中	布达拉宫	秦始皇陵	敦煌
	无线振动传感测试仪	震动	微环境	—	—	—	—	—	—	—	—	—	—	—	—	√
	大气颗粒物采集仪	颗粒物	微环境	—	—	—	—	—	—	—	—	—	—	—	—	√
	微风监测仪	风力	微环境	—	—	—	—	—	—	—	—	—	—	—	—	√
	温湿监测仪	温湿度	微环境	—	—	—	—	—	—	—	—	—	—	—	—	√
	高精度CO2监测仪	CO2	微环境	—	—	—	—	—	—	—	—	—	—	—	—	√
	光纤	变形监测	本体	—	√	—	—	—	—	—	—	—	—	—	—	—
	精密全站仪	变形监测	本体	—	√	—	—	—	√	—	—	—	—	—	—	√
	水准仪	裂隙监测	本体	—	√	—	√	—	√	—	—	—	—	—	—	—
	工业内窥镜	建筑结构	本体	—	—	—	√	—	√	—	—	—	—	—	—	—
	GPS	定位、面积测量	本体	—	—	—	—	—	√	—	—	—	√	—	—	—
	远距离裂缝观测仪	裂缝	本体	—	—	—	—	—	√	—	—	—	—	—	—	—
	游标卡尺	裂缝	本体	—	—	—	√	—	√	—	—	—	—	—	—	—
	卷尺	局部坍落	本体	—	—	—	—	—	√	—	—	—	—	—	—	—
	花杆	局部坍落	本体	—	—	—	—	—	—	—	—	—	—	—	—	—
便携设备	水土测量器	水土	环境	—	—	—	√	—	—	—	—	—	—	—	—	—
	测钎	水土流失	环境	—	—	—	√	—	—	—	—	—	—	—	—	—
	温湿度照度风速风向噪声传感器	温湿度、风速、噪声	环境	—	—	—	√	—	—	—	—	—	—	—	—	—
	测报灯	昆虫	环境	—	—	—	√	—	—	—	—	—	—	—	—	—
	底泥采集器	污泥、水质	环境	—	—	—	√	—	—	—	—	—	—	—	—	—
	PH便携式气象站	空气质量	环境	—	—	—	—	—	—	—	—	—	√	—	—	—
	便携式水质检测仪	水质	环境	—	—	—	—	—	—	—	—	—	√	—	—	—

续表

设备类别	设备名称	监测用途	监测对象	遗产地												
				丽江	故宫	龙门石窟	颐和园	周口店	嘉峪关	八达岭	龙门石窟	大足石刻	天地之中	布达拉宫	秦始皇陵	敦煌
	积沙仪	积沙掩埋	环境	—	—	—	—	—	√	—	—	—	—	—	—	—
	盐分计	盐分	环境	—	—	—	—	—	√	—	—	—	—	—	—	—
	水分计	水分	环境	—	—	—	—	—	√	—	—	—	—	—	—	—
	可移动测风梯站	风力	环境	—	—	—	—	—	—	—	—	—	—	—	—	√
	空气质量监测仪	空气质量	环境	—	—	—	—	—	—	—	—	—	—	—	—	√
	三维扫描仪	崖体裂隙	本体	—	—	—	—	—	—	—	—	—	—	—	—	√
	水准仪	裂隙监测	本体	—	√	—	—	—	—	—	—	—	—	—	—	—
室内设备	取样、阻力仪分析	木构件保存状况	本体	—	√	—	—	—	—	—	—	—	—	—	—	—
	无损检测	室外陈设保存状况	本体	—	√	—	—	—	—	—	—	—	—	—	—	—
	石质文物分析检测设备	石像构件	本体	—	—	—	—	—	—	—	√	—	—	—	—	—
	数码显微镜	不详	本体	—	—	—	—	—	√	—	—	—	—	—	—	—

资料来源：2015－2017 年世界遗产地监测年度报告

附录二　长城沿线地形地类分析表

说明
1、地形按高程和地形分别划分，各区（县、市）地形按长城专题数据所在区域划分为专题数据地形及区域主要地形。
2、地类中各区（县、市）按长城专题数据所在区域划分为专题数据地类及区域主要地类。
3、备注项填写"无长城"的区（县、市）表示本区域无长城线状专题数据。

序号	省名	区(县、市)名称	地形									地类																		备注
			按高程划分			按地形划分				有林地	灌木林地	水面	耕地	草地	园地	其他林地	硬化地表	房屋建筑(区)	人工堆掘地	沙地	岩石	沼泽地	盐碱地	裸土	砾石	冰川及永久积雪	其他构筑物	其他土地	
			平原	低山、丘陵	山地	高山山地	盆地	高原																						
1	北京市	密云县	专题数据地形	专题数据地形					专题数据地类	专题数据地类	区域主要地类	区域主要地类	专题数据地类														
2		平谷区	专题数据地形	专题数据地形					专题数据地类	专题数据地类		区域主要地类	专题数据地类														
3		延庆县	专题数据地形		专题数据地形				专题数据地类	专题数据地类		区域主要地类	区域主要地类	专题数据地类													
4		怀柔区	专题数据地形	专题数据地形	区域主要地形				专题数据地类	专题数据地类	区域主要地类	区域主要地类	区域主要地类														
5		昌平区	区域主要地形	专题数据地形	区域主要地形				区域主要地类	专题数据地类	区域主要地类	区域主要地类	区域主要地类														
6		门头沟区	区域主要地形	专题数据地形	专题数据地形				区域主要地类	专题数据地类	区域主要地类	区域主要地类	区域主要地类														
7	甘肃省	金塔县			专题数据地形					专题数据地类	专题数据地类	区域主要地类	专题数据地类	区域主要地类					专题数据地类	区域主要地类	区域主要地类	专题数据地类	专题数据地类				
8		肃州区			专题数据地形					区域主要地类	专题数据地类	专题数据地类	区域主要地类	区域主要地类	区域主要地类				区域主要地类	区域主要地类	区域主要地类	专题数据地类	专题数据地类				
9		瓜州县			专题数据地形					专题数据地类	区域主要地类	区域主要地类	专题数据地类	区域主要地类	区域主要地类		专题数据地类	区域主要地类	专题数据地类	区域主要地类	区域主要地类	区域主要地类	专题数据地类	专题数据地类				
10		玉门市			专题数据地形					专题数据地类	专题数据地类		专题数据地类	专题数据地类	区域主要地类	区域主要地类	区域主要地类	区域主要地类	专题数据地类	区域主要地类	区域主要地类	区域主要地类	专题数据地类	专题数据地类		区域主要地类		
11		敦煌市			专题数据地形					区域主要地类	专题数据地类	专题数据地类	区域主要地类	专题数据地类	区域主要地类	区域主要地类	区域主要地类	区域主要地类	区域主要地类	区域主要地类	区域主要地类	区域主要地类	区域主要地类	区域主要地类		专题数据地类		
12		金川区			专题数据地形					区域主要地类	区域主要地类	专题数据地类	区域主要地类	专题数据地类	区域主要地类	区域主要地类	区域主要地类	区域主要地类	区域主要地类									
13		永昌县			专题数据地形					区域主要地类	专题数据地类	区域主要地类	区域主要地类	区域主要地类	区域主要地类	区域主要地类	区域主要地类	专题数据地类										
14		永靖县			专题数据地形						区域主要地类	专题数据地类	区域主要地类	专题数据地类	区域主要地类													
15		西固区			专题数据地形						专题数据地类	专题数据地类	区域主要地类	区域主要地类	区域主要地类													
16		皋兰县			专题数据地形						专题数据地类	区域主要地类	专题数据地类	区域主要地类	区域主要地类													
17		永登县			专题数据地形						区域主要地类	区域主要地类	专题数据地类	区域主要地类	区域主要地类													
18		榆中县			专题数据地形						区域主要地类	区域主要地类	专题数据地类	专题数据地类	区域主要地类				区域主要地类									
19		安宁区			专题数据地形		区域主要地形		区域主要地类	区域主要地类	区域主要地类	专题数据地类	专题数据地类	专题数据地类					专题数据地类									

续表

序号	省名	区(县、市)名称	平原	低山、丘陵	山地	高山地	盆地	高原	有林地	灌木林地	水面	耕地	草地	园地	其他林地	硬化地表	房屋建筑(区)	人工堆掘地	沙地	岩石	沼泽地	盐碱地	裸土	砾石	冰川及永久积雪	其他构筑物	其他土地	备注
20		市辖区			专题数据地形					区域主要地类		专题数据地类	专题数据地类											专题数据地类				
21		陇西县			专题数据地形			区域主要地形	区域主要地类			专题数据地类	区域主要地类		区域主要地类		区域主要地类											
22		通渭县			专题数据地形				区域主要地类	区域主要地类		专题数据地类	专题数据地类		区域主要地类		区域主要地类											
23		渭源县			专题数据地形			区域主要地形	区域主要地类	区域主要地类		专题数据地类	专题数据地类		专题数据地类		区域主要地类											
24		临洮县			专题数据地形			区域主要地形	区域主要地类	区域主要地类		专题数据地类	专题数据地类		区域主要地类		区域主要地类											
25		静宁县			专题数据地形			区域主要地形	区域主要地类			专题数据地类	专题数据地类		专题数据地类		区域主要地类											
26		镇原县			专题数据地形			区域主要地形	专题数据地类		专题数据地类	专题数据地类	专题数据地类	区域主要地类	专题数据地类		区域主要地类											
27		环县			专题数据地形			区域主要地形	区域主要地类	区域主要地类	区域主要地类	专题数据地类	专题数据地类		区域主要地类		区域主要地类											
28		华池县			专题数据地形	区域主要地形		区域主要地形	区域主要地类	区域主要地类	区域主要地类	专题数据地类	专题数据地类		区域主要地类		区域主要地类											
29		高台县			专题数据地形					专题数据地类	专题数据地类	区域主要地类	专题数据地类						专题数据地类	区域主要地类		专题数据地类		专题数据地类		专题数据类		
30	甘肃省	甘州区			专题数据地形					专题数据地类		区域主要地类	专题数据地类				区域主要地类		区域主要地类	区域主要地类				区域主要地类				
31		山丹县			专题数据地形				区域主要地类	区域主要地类		专题数据地类	专题数据地类		区域主要地类		区域主要地类		专题数据地类									
32		临泽县			专题数据地形				专题数据地类	区域主要地类	专题数据地类	专题数据地类	专题数据地类				区域主要地类		专题数据地类	区域主要地类								
33		民勤县			专题数据地形							专题数据地类	区域主要地类						专题数据地类	区域主要地类			专题数据地类	专题数据地类				
34		天祝藏族自治县				区域主要地形			区域主要地类	区域主要地类	区域主要地类	专题数据地类	区域主要地类	区域主要地类	区域主要地类		区域主要地类						专题数据地类					
35		古浪县			专题数据地形			区域主要地形	区域主要地类	区域主要地类		专题数据地类	专题数据地类		区域主要地类		区域主要地类											
36		凉州区			专题数据地形			区域主要地形				区域主要地类	专题数据地类		区域主要地类		区域主要地类		专题数据地类									
37		靖远县			专题数据地形				区域主要地类	区域主要地类	区域主要地类	专题数据地类	专题数据地类	区域主要地类	区域主要地类		区域主要地类											
38		景泰县			专题数据地形				区域主要地类	区域主要地类		专题数据地类	专题数据地类				区域主要地类											
39		平川区			专题数据地形			区域主要地形	区域主要地类	区域主要地类		专题数据地类	专题数据地类		区域主要地类		区域主要地类							区域主要地类				
40		城关区			专题数据地形							区域主要地类	专题数据地类				专题数据类								区域主要地类			
41		七里河区			专题数据地形							区域主要地类	专题数据地类				专题数据类											

续表

序号	省名	区(县、市)名称	平原	低山、丘陵	山地	高山地	盆地	高原	有林地	灌木林地	水面	耕地	草地	园地	其他林地	硬化地表	房屋建筑(区)	人工堆掘地	沙地	岩石	沼泽地	盐碱地	裸土	砾石	冰川及永久积雪	其他构筑物	其他土地	备注
42	甘肃省	白银区		专题数据地形	区域主要地形				区域主要地类					区域主要地类	区域主要地类	区域主要地类	区域主要地类											
43	河北省	磁县	专题数据地形	专题数据地形	区域主要地形						区域主要地类	专题数据地类	区域主要地类	区域主要地类	区域主要地类	区域主要地类	区域主要地类											无长城线
44		涉县		专题数据地形	区域主要地形				区域主要地类	区域主要地类	区域主要地类	专题数据地类	专题数据地类	专题数据地类	区域主要地类				区域主要地类									
45		武安市	区域主要地形	专题数据地形					专题数据地类	专题数据地类	区域主要地类	专题数据地类	专题数据地类	区域主要地类	区域主要地类				区域主要地类									
46		邢台市	专题数据地形	专题数据地形					专题数据地类	专题数据地类	区域主要地类	专题数据地类	专题数据地类	区域主要地类	区域主要地类				区域主要地类									
47		沙河市	区域主要地形	专题数据地形					区域主要地类	专题数据地类	区域主要地类	区域主要地类	专题数据地类	区域主要地类	区域主要地类				区域主要地类									
48		内丘县		专题数据地形	区域主要地形				专题数据地类	专题数据地类	区域主要地类	区域主要地类	区域主要地类	区域主要地类	区域主要地类													无长城线
49		青龙满族自治县		专题数据地形	区域主要地形				专题数据地类	专题数据地类	区域主要地类	区域主要地类	区域主要地类	区域主要地类	区域主要地类													
50		抚宁县		专题数据地形	区域主要地形				专题数据地类	专题数据地类	区域主要地类	区域主要地类	专题数据地类	区域主要地类	专题数据地类													
51		山海关区		专题数据地形	区域主要地形				专题数据地类	专题数据地类	区域主要地类	专题数据地类	专题数据地类	区域主要地类	专题数据地类	专题数据地类												
52		卢龙县		专题数据地形	区域主要地形				区域主要地类	区域主要地类	区域主要地类	区域主要地类	区域主要地类		区域主要地类													
53		迁皇县		专题数据地形					专题数据地类	专题数据地类		专题数据地类	专题数据地类		专题数据地类													
54		灵寿县	区域主要地形	专题数据地形	区域主要地形				专题数据地类	区域主要地类	区域主要地类	区域主要地类	专题数据地类	区域主要地类	区域主要地类				区域主要地类	区域主要地类								
55		平山县	区域主要地形	专题数据地形	区域主要地形				专题数据地类		区域主要地类	专题数据地类	区域主要地类	区域主要地类	区域主要地类													
56		井陉县	专题数据地形	专题数据地形	区域主要地形				专题数据地类	区域主要地类		专题数据地类	专题数据地类		专题数据地类	专题数据地类	专题数据地类			区域主要地类								
57		鹰手营子矿区		专题数据地形	区域主要地形				专题数据地类	区域主要地类		专题数据地类	专题数据地类	区域主要地类	区域主要地类													
58		隆化县		专题数据地形	区域主要地形				专题数据地类	专题数据地类	区域主要地类	专题数据地类	专题数据地类	区域主要地类	专题数据地类													
59		滦平县		专题数据地形	区域主要地形				专题数据地类	专题数据地类	区域主要地类	专题数据地类	专题数据地类	区域主要地类	专题数据地类													
60		承德县		专题数据地形	区域主要地形				区域主要地类	区域主要地类	区域主要地类	专题数据地类	专题数据地类	区域主要地类	区域主要地类													
61		平泉县		专题数据地形	区域主要地形				专题数据地类		专题数据地类	专题数据地类	专题数据地类	区域主要地类	区域主要地类													无长城线
62		宽城满族自治县		专题数据地形	区域主要地形				专题数据地类	区域主要地类	专题数据地类	专题数据地类	专题数据地类	区域主要地类	区域主要地类													

续表

序号	省名	区(县、市)名称	平原	低山、丘陵	高山地	山地	盆地	高原	有林地	灌木林地	水面	耕地	草地	园地	其他林地	硬化地表	房屋建筑(区)	人工堆据地	沙地	岩石	沼泽地	盐碱地	裸土	砾石	冰川及永久积雪	其他构筑物	其他土地	备注
				按高程划分			按地形划分																					
63		围场满族蒙古族自治县		专题数据地形		专题数据地形			专题数据地类	区域主要地类		专题数据地类	专题数据地类		专题数据地类						区域主要地类							
64		双滦区		专题数据地形		区域主要地形			区域主要地类	专题数据地类		专题数据地类	专题数据地类		区域主要地类													无长城线
65		双桥区		专题数据地形					专题数据地类	区域主要地类	区域主要地类	专题数据地类	专题数据地类	区域主要地类	区域主要地类													无长城线
66		兴隆县		专题数据地形		区域主要地形			区域主要地类	区域主要地类	区域主要地类	区域主要地类	专题数据地类	区域主要地类	区域主要地类													
67		丰宁满族自治县		专题数据地形		专题数据地形			专题数据地类	区域主要地类	专题数据地类	专题数据地类	专题数据地类	区域主要地类	专题数据地类		专题数据地类											
68		赤城县		专题数据地形		区域主要地形			专题数据地类	区域主要地类	专题数据地类	专题数据地类	专题数据地类	区域主要地类	专题数据地类													
69		蔚县		专题数据地形		区域主要地形			专题数据地类	区域主要地类	区域主要地类	区域主要地类	区域主要地类	区域主要地类	专题数据地类													
70		涿鹿县		专题数据地形		专题数据地形			专题数据地类	专题数据地类	区域主要地类	专题数据地类	专题数据地类	区域主要地类	专题数据地类						区域主要地类							
71	河北省	沽源县							专题数据地类	专题数据地类	区域主要地类	专题数据地类	专题数据地类	专题数据地类	专题数据地类													
72		桥西区		专题数据地形		专题数据地形			专题数据地类	专题数据地类	区域主要地类	区域主要地类	专题数据地类	专题数据地类	专题数据地类		专题数据地类											
73		桥东区		专题数据地形		专题数据地形			区域主要地类	专题数据地类	区域主要地类	区域主要地类	区域主要地类		区域主要地类		区域主要地类	区域主要地类										
74		怀来县		专题数据地形		专题数据地形			专题数据地类	区域主要地类	区域主要地类	专题数据地类	专题数据地类	专题数据地类														
75		怀安县		专题数据地形		专题数据地形			区域主要地类	区域主要地类	区域主要地类	专题数据地类	专题数据地类	区域主要地类	区域主要地类													
76		张北县		专题数据地形		专题数据地形			专题数据地类	专题数据地类	区域主要地类	专题数据地类	专题数据地类	专题数据地类	专题数据地类		专题数据地类											
77		康保县		专题数据地形		专题数据地形			专题数据地类	专题数据地类	区域主要地类	专题数据地类	专题数据地类	区域主要地类	区域主要地类													
78		崇礼县		专题数据地形		专题数据地形			专题数据地类	专题数据地类	区域主要地类	专题数据地类	专题数据地类	专题数据地类	专题数据地类		专题数据地类											
79		尚义县		专题数据地形		专题数据地形			专题数据地类	专题数据地类	区域主要地类	专题数据地类	专题数据地类	区域主要地类	区域主要地类													
80		宣化县		区域主要地形		专题数据地形			区域主要地类	专题数据地类	区域主要地类	专题数据地类	专题数据地类	区域主要地类	区域主要地类		专题数据地类											
81		宣化区		区域主要地形		专题数据地形			专题数据地类		区域主要地类	专题数据地类	专题数据地类	区域主要地类	区域主要地类	区域主要地类												
82		万全县		专题数据地形		专题数据地形			专题数据地类	专题数据地类	区域主要地类	专题数据地类	专题数据地类	区域主要地类	区域主要地类	区域主要地类	专题数据地类											
83		文安县	专题数据地形						区域主要地类	区域主要地类	区域主要地类	专题数据地类	专题数据地类	区域主要地类	区域主要地类	区域主要地类	专题数据地类	专题数据地类									专题数据地类	

续表

序号	省名	区(县、市)名	地形 按高程划分 平原	低山、丘陵	山地	高山地	按地形划分 盆地	高原	地类 有林地	灌木林地	水面	耕地	草地	园地	其他林地	硬化地表	房屋建筑(区)	人工堆掘地	沙地	岩石	沼泽地	盐碱地	裸土	砾石	冰川及永久积雪	其他构筑物	其他土地	备注
84	河北省	遵化市	专题数据地形	专题数据地形					专题数据地类		专题数据地类	区域主要地类	专题数据地类	专题数据地类	区域主要地类	区域主要地类												
85		正西县	专题数据地形	专题数据地形					专题数据地类		专题数据地类	区域主要地类	专题数据地类	专题数据地类	区域主要地类													
86		迁安市	专题数据地形	专题数据地形					专题数据地类		区域主要地类	区域主要地类	专题数据地类	区域主要地类	专题数据地类	区域主要地类												
87		顺平县	区域主要地形	专题数据地形					区域主要地类	专题数据地类		专题数据地类	专题数据地类	专题数据地类	区域主要地类													
88		阜平县	专题数据地形	专题数据地形	专题数据地形				专题数据地类	专题数据地类		专题数据地类	专题数据地类	专题数据地类	专题数据地类													
89		涞源县	专题数据地形	专题数据地形	专题数据地形				区域主要地类	专题数据地类	区域主要地类	区域主要地类	专题数据地类		区域主要地类		专题数据地类											
90		涞水县	区域主要地形	专题数据地形	区域主要地形				区域主要地类	专题数据地类	区域主要地类	专题数据地类	区域主要地类	区域主要地类		区域主要地类												
91		曲阳县	专题数据地形	区域主要地形					专题数据地类		专题数据地类	区域主要地类	区域主要地类	区域主要地类	区域主要地类													
92		易县	专题数据地形	专题数据地形					区域主要地类	专题数据地类	区域主要地类	专题数据地类	专题数据地类	区域主要地类	区域主要地类	区域主要地类	专题数据地类											无长城线
93		徐水县	专题数据地形						区域主要地类	区域主要地类	区域主要地类	专题数据地类	专题数据地类	区域主要地类			专题数据地类											
94		唐县	区域主要地形						区域主要地类	区域主要地类	区域主要地类	专题数据地类	专题数据地类	专题数据地类	区域主要地类		专题数据地类											
95		任丘市	专题数据地形						区域主要地类	专题数据地类	区域主要地类	专题数据地类		区域主要地类	区域主要地类		专题数据地类											
96		霸州市	专题数据地形						区域主要地类		专题数据地类	专题数据地类	专题数据地类	专题数据地类			专题数据地类											
97		大城县	专题数据地形						区域主要地类		专题数据地类	专题数据地类	区域主要地类	专题数据地类			专题数据地类											
98		雄县	专题数据地形						区域主要地类		区域主要地类	区域主要地类	专题数据地类	区域主要地类	区域主要地类													
99		容城县	专题数据地形						区域主要地类		区域主要地类	专题数据地类	专题数据地类	专题数据地类	区域主要地类		专题数据地类											
100		安新县	区域主要地形						区域主要地类		区域主要地类	专题数据地类	专题数据地类	区域主要地类		区域主要地类	专题数据地类											
101	河南省	泌阳县	专题数据地形	专题数据地形					专题数据地类	专题数据地类	专题数据地类	专题数据地类	专题数据地类	专题数据地类	专题数据地类	专题数据地类	专题数据地类			区域主要地类								
102		叶县	专题数据地形	专题数据地形					专题数据地类	区域主要地类	专题数据地类	专题数据地类	专题数据地类	专题数据地类	专题数据地类	专题数据地类	专题数据地类			专题数据地类								
103		桐柏县	专题数据地形	专题数据地形					专题数据地类	专题数据地类	区域主要地类	专题数据地类	专题数据地类	专题数据地类	区域主要地类	专题数据地类	区域主要地类											
104		方城县	区域主要地形	专题数据地形					专题数据地类	专题数据地类	区域主要地类	区域主要地类	区域主要地类	专题数据地类	区域主要地类	区域主要地类	区域主要地类			区域主要地类								
105		确山县	区域主要地形	专题数据地形					区域主要地类	专题数据地类	区域主要地类	区域主要地类	区域主要地类	区域主要地类	区域主要地类	区域主要地类	区域主要地类											

续表

序号	省名	区(县、市)名称	地形 按高程划分 平原	低山、丘陵	山地	高山地	按地形划分 盆地	高原	地类 有林地	灌木林地	水面	耕地	草地	园地	其他林地	硬化地表	房屋建筑(区)	人工堆掘地	沙地	岩石	沼泽地	盐碱地	裸土	砾石	冰川及永久积雪	其他构筑物	其他土地	备注
106	河南省	淇滨区	区域主要地形	专题数据地形					区域主要地类				专题数据地类				区域主要地类											
107		荥阳市	区域主要地形	专题数据地形					专题数据地类		区域主要地类	专题数据地类	专题数据地类	区域主要地类	区域主要地类		区域主要地类											
108		新密市	区域主要地形	专题数据地形					专题数据地类		区域主要地类	区域主要地类	专题数据地类	区域主要地类	区域主要地类	区域主要地类	专题数据地类	区域主要地类										
109		沁阳市	区域主要地形	专题数据地形					专题数据地类	专题数据地类	区域主要地类	区域主要地类	区域主要地类	区域主要地类	区域主要地类	区域主要地类	区域主要地类											
110		辉县市	区域主要地形	区域主要地形	区域主要地形				专题数据地类	专题数据地类	区域主要地类	区域主要地类	专题数据地类	区域主要地类			区域主要地类			专题数据地类							
111		卫辉市	专题数据地形	区域主要地形					专题数据地类	专题数据地类	区域主要地类	区域主要地类	专题数据地类	区域主要地类			区域主要地类										
112		鲁山县	专题数据地形	区域主要地形	区域主要地形				专题数据地类	区域主要地类	区域主要地类	专题数据地类	专题数据地类	区域主要地类	专题数据地类												
113		舞钢市	专题数据地形	区域主要地形	区域主要地形				专题数据地类	区域主要地类	区域主要地类	专题数据地类	专题数据地类	区域主要地类	专题数据地类	区域主要地类	区域主要地类										
114		林州市	专题数据地形	区域主要地形	专题数据地形				专题数据地类	专题数据地类	区域主要地类	专题数据地类	专题数据地类		区域主要地类		区域主要地类										
115		南召县	区域主要地形	专题数据地形					专题数据地类	专题数据地类	区域主要地类	专题数据地类	区域主要地类				区域主要地类										
116	黑龙江省	龙江县	专题数据地形	专题数据地形	区域主要地形				专题数据地类	专题数据地类	区域主要地类	专题数据地类	区域主要地类	区域主要地类	专题数据地类		区域主要地类										
117		碾子山区		专题数据地形					区域主要地类	区域主要地类	专题数据地类	区域主要地类	专题数据地类	区域主要地类	区域主要地类	区域主要地类	区域主要地类			区域主要地类							无长城线
118		甘南县	专题数据地形	区域主要地形					区域主要地类	区域主要地类	专题数据地类	区域主要地类	专题数据地类		区域主要地类		区域主要地类	区域主要地类									无长城线
119		宁安市	专题数据地形	区域主要地形					专题数据地类	区域主要地类	区域主要地类	专题数据地类	区域主要地类		区域主要地类		区域主要地类										
120		爱民区	专题数据地形	专题数据地形					专题数据地类	专题数据地类	区域主要地类	专题数据地类	区域主要地类		专题数据地类		区域主要地类										
121		海林市	专题数据地形	专题数据地形	区域主要地形				专题数据地类	区域主要地类	区域主要地类	专题数据地类	区域主要地类		专题数据地类		区域主要地类										
122	吉林省	龙井市	专题数据地形	专题数据地形					专题数据地类	专题数据地类	区域主要地类	专题数据地类	专题数据地类		专题数据地类		区域主要地类										
123		珲春市		区域主要地形					专题数据地类	专题数据地类	区域主要地类	专题数据地类	区域主要地类		专题数据地类												
124		延吉市	专题数据地形	专题数据地形					专题数据地类	专题数据地类		专题数据地类	专题数据地类		区域主要地类		区域主要地类										
125		图们市	区域主要地形	区域主要地形	区域主要地形				专题数据地类	专题数据地类		专题数据地类	专题数据地类		专题数据地类		专题数据地类										
126		和龙市	专题数据地形	专题数据地形					专题数据地类	区域主要地类		专题数据地类	专题数据地类		区域主要地类		区域主要地类										
127		通化县	专题数据地形	专题数据地形	区域主要地形				专题数据地类	区域主要地类	区域主要地类	专题数据地类	专题数据地类		专题数据地类												无长城线

续表

序号	省名	区（县、市）名称	平原	低山、丘陵	山地	高山地	盆地	高原	有林地	灌木林地	水面	耕地	草地	园地	其他林地	硬化地表	房屋建筑（区）	人工堆掘地	沙地	岩石	沼泽地	盐碱地	裸土	砾石	冰川及永久积雪	其他构筑物	其他土地	备注
128	吉林省	德惠市	专题数据地形	专题数据地形	专题数据地形							专题数据地类	专题数据地类				专题数据地类											
129		农安县		区域主要地形							区域主要地类	区域主要地类	区域主要地类								区域主要地类	区域主要地类					
130		铁西区	专题数据地形									专题数据地类					专题数据地类										
131		梨树县	专题数据地形		专题数据地形				区域主要地类			专题数据地类	专题数据地类				专题数据地类										
132		公主岭市	专题数据地形		区域主要地形				区域主要地类			专题数据地类	专题数据地类				专题数据地类										
133		海城市	专题数据地形	区域主要地形						区域主要地类		专题数据地类	专题数据地类	区域主要地类			专题数据地类										
134		台安县	区域主要地形						专题数据地类		区域主要地类	专题数据地类	区域主要地类				专题数据地类										
135		阜新蒙古族自治县		专题数据地形					专题数据地类			专题数据地类	专题数据地类							区域主要地类								无长城线
136		细河区	专题数据地形						区域主要地类	区域主要地类	区域主要地类	专题数据地类	区域主要地类				区域主要地类										
137		清河门区		专题数据地形					专题数据地类		区域主要地类	专题数据地类	区域主要地类				区域主要地类										
138		黑山县	专题数据地形	区域主要地形					专题数据地类	区域主要地类		专题数据地类	专题数据地类	区域主要地类			专题数据地类										
139		大和区	专题数据地形						专题数据地类	区域主要地类		专题数据地类	专题数据地类														
140	辽宁省	北镇市	专题数据地形	专题数据地形					专题数据地类	区域主要地类	专题数据地类	专题数据地类	专题数据地类				专题数据地类		区域主要地类	区域主要地类							
141		凌海市	专题数据地形						专题数据地类	区域主要地类	区域主要地类	专题数据地类	区域主要地类				专题数据地类										
142		义县		专题数据地形					区域主要地类		区域主要地类	专题数据地类	区域主要地类														
143		铁岭县	专题数据地形	专题数据地形					专题数据地类		专题数据地类	专题数据地类	专题数据地类				专题数据地类										
144		西丰县		专题数据地形					区域主要地类		区域主要地类	专题数据地类	区域主要地类														
145		清河区	专题数据地形	专题数据地形					专题数据地类	区域主要地类	专题数据地类	专题数据地类	专题数据地类				专题数据地类										
146		昌图县	专题数据地形	区域主要地形					区域主要地类		专题数据地类	专题数据地类	专题数据地类				专题数据地类										
147		开原市	专题数据地形	专题数据地形					区域主要地类			专题数据地类	专题数据地类	区域主要地类			专题数据地类										
148		辽阳县	专题数据地形	区域主要地形					区域主要地类			专题数据地类					专题数据地类										
149		连山区	专题数据地形						专题数据地类	区域主要地类		专题数据地类	专题数据地类				专题数据地类			专题数据地类							

续表

序号	省名	区（县、市）名称	地形						地类																			备注
			按高程划分				按地形划分		有林地	灌木林地	水面	耕地	草地	园地	其他林地	硬化地表	房屋建筑（区）	人工堆掘地	沙地	岩石	沼泽地	盐碱地	裸土	砾石	冰川及永久积雪	其他构筑物	其他土地	
			平原	低山、丘陵	山地	高山地	盆地	高原																				
150	辽宁省	绥中县	专题数据地形	专题数据地形					专题数据地类	区域主要地类		专题数据地类	专题数据地类															
151		兴城市	专题数据地形	区域主要地形					专题数据地类			专题数据地类	专题数据地类															
152		盘山县	专题数据地形						专题数据地类		区域主要地类	专题数据地类					专题数据地类											
153		辽中县	专题数据地形								区域主要地类	专题数据地类					专题数据地类											
154		法库县	专题数据地形	区域主要地形					专题数据地类		区域主要地类	专题数据地类	专题数据地类				专题数据地类											
155		沈北新区	区域主要地形						区域主要地类			专题数据地类	专题数据地类															
156		新民市	专题数据地形						专题数据地类			专题数据地类	专题数据地类															
157		于洪区	专题数据地形						专题数据地类			专题数据地类					专题数据地类											
158		东陵区	专题数据地形						专题数据地类			专题数据地类					专题数据地类											无长城线
159		本溪满族自治县	区域主要地形						专题数据地类	专题数据地类	区域主要地类	专题数据地类	区域主要地类				专题数据地类											
160		建平县	专题数据地形						专题数据地类			专题数据地类	区域主要地类	区域主要地类														
161		北票市	区域主要地形								区域主要地类	区域主要地类				区域主要地类	区域主要地类											
162		顺城区	专题数据地形						专题数据地类			区域主要地类																
163		望花区	专题数据地形						专题数据地类	区域主要地类		区域主要地类					区域主要地类											无长城线
164		新抚区	专题数据地形						区域主要地类			区域主要地类																无长城线
165		新宾满族自治县	专题数据地形						专题数据地类	专题数据地类	区域主要地类	专题数据地类	专题数据地类				专题数据地类											
166		抚顺县	专题数据地形						专题数据地类	区域主要地类		专题数据地类					专题数据地类											
167		东洲区	专题数据地形						区域主要地类					区域主要地类														
168		振安区	专题数据地形						区域主要地类	专题数据地类		专题数据地类					专题数据地类											无长城线
169		宽甸满族自治县	专题数据地形						专题数据地类	专题数据地类		专题数据地类					专题数据地类											
170		凤城市	专题数据地形						专题数据地类	专题数据地类		专题数据地类					专题数据地类											

续表

序号	省名	区(县、市)名称	平原	低山丘陵	山地	高山地	盆地	高原	有林地	灌木林地	水面	耕地	草地	园地	其他林地	硬化地表	房屋建筑(区)	人工堆掘地	沙地	岩石	沼泽地	盐碱地	裸土	砾石	冰川及永久积雪	其他构筑物	其他土地	备注
			按高程程度划分				按地形划分		地类																			
171	辽宁省	甘井子区	专题数据地形						区域主要地类			专题数据地类	区域主要地类	区域主要地类			专题数据地类											
172	内蒙古自治区	突泉县	区域主要地形	专题数据地形					专题数据地类	区域主要地类		专题数据地类	专题数据地类															
173		科尔沁右翼前旗		专题数据地形	专题数据地形					专题数据地类		专题数据地类	专题数据地类															
174		科尔沁右翼中旗	区域主要地形	专题数据地形	区域主要地形				区域主要地类	专题数据地类		专题数据地类	专题数据地类															
175		扎赉特旗	区域主要地形	专题数据地形					专题数据地类	专题数据地类		专题数据地类	专题数据地类															
176		阿巴嘎旗			专题数据地形			区域主要地形					专题数据地类										区域主要地类					
177		镶黄旗			专题数据地形			区域主要地形					专题数据地类															
178		锡林浩特市		区域主要地形	专题数据地形			区域主要地形				区域主要地类	专题数据地类							区域主要地类								
179		苏尼特左旗		区域主要地形	专题数据地形			区域主要地形					专题数据地类														区域主要地类	
180		苏尼特右旗			专题数据地形			区域主要地形					专题数据地类										区域主要地类				区域主要地类	
181		正镶白旗			专题数据地形							区域主要地类	专题数据地类															
182		正蓝旗			专题数据地形								专题数据地类								区域主要地类							
183		太仆寺旗			专题数据地形			区域主要地形				专题数据地类	专题数据地类		专题数据地类													
184		多伦县		专题数据地形	专题数据地形			区域主要地形				专题数据地类	专题数据地类		区域主要地类													
185		东乌珠穆沁旗		专题数据地形	专题数据地形			区域主要地形				专题数据地类	专题数据地类						专题数据地类	专题数据地类				专题数据地类				
186		额济纳旗		专题数据地形	专题数据地形			区域主要地形	专题数据地类	专题数据地类		专题数据地类	专题数据地类						区域主要地类									无长城线
187		阿拉善左旗		专题数据地形	专题数据地形			区域主要地形	专题数据地类				专题数据地类						区域主要地类									
188		阿拉善右旗		专题数据地形	专题数据地形			区域主要地形	专题数据地类	区域主要地类			专题数据地类															无长城线
189		鄂托克旗			专题数据地形			区域主要地形		区域主要地类		区域主要地类	专题数据地类						区域主要地类				区域主要地类					
190		鄂托克前旗			专题数据地形			区域主要地形					专题数据地类						区域主要地类				区域主要地类					
191		达拉特旗	区域主要地形	区域主要地形	专题数据地形			区域主要地形	专题数据地类	专题数据地类		专题数据地类	专题数据地类		区域主要地类						专题数据地类							

续表

省名	序号	区（县、市）名称	平原	低山、丘陵	山地	高山地	盆地	高原	有林地	灌木林地	水面	耕地	草地	园地	其他林地	硬化地表	房屋建筑（区）	人工堆掘地	沙地	岩石	沼泽地	盐碱地	裸土	砾石	冰川及永久积雪	其他构筑物	其他土地	备注
内蒙古自治区	192	准格尔旗			专题数据地形			区域主要地形		区域主要地类		专题数据地类	专题数据地类		区域主要地类				区域主要地类				专题数据地类					
	193	伊金霍洛旗			专题数据地形			区域主要地形	区域主要地类	专题数据地类		区域主要地类	专题数据地类		区域主要地类				区域主要地类									
	194	东胜区			专题数据地形			区域主要地形	区域主要地类	区域主要地类		区域主要地类	专题数据地类				区域主要地类						区域主要地类					
	195	霍林郭勒市	专题数据地形	专题数据地形					专题数据地类	区域主要地类		专题数据地类	区域主要地类		专题数据地类		区域主要地类	专题数据地类										
	196	扎鲁特旗	区域主要地形	专题数据地形	区域主要地形				专题数据地类	区域主要地类		区域主要地类	专题数据地类		区域主要地类													
	197	库伦旗		专题数据地形	区域主要地形				区域主要地类	区域主要地类		专题数据地类	专题数据地类				专题数据地类		区域主要地类									
	198	奈曼旗		专题数据地形					专题数据地类	专题数据地类		区域主要地类	专题数据地类						区域主要地类									
	199	阿鲁科尔沁旗	区域主要地形	专题数据地形	专题数据地形				区域主要地类	区域主要地类		区域主要地类	专题数据地类	区域主要地类	区域主要地类													
	200	翁牛特旗	专题数据地形	专题数据地形	专题数据地形				区域主要地类	区域主要地类		专题数据地类	专题数据地类	区域主要地类					区域主要地类									
	201	林西县	区域主要地形	专题数据地形	专题数据地形				区域主要地类	区域主要地类		专题数据地类	专题数据地类	区域主要地类	区域主要地类													
	202	松山区	专题数据地形	区域主要地形	专题数据地形				专题数据地类	区域主要地类		区域主要地类	专题数据地类		区域主要地类				区域主要地类									
	203	敖汉旗	专题数据地形	专题数据地形	专题数据地形				专题数据地类	区域主要地类		区域主要地类	专题数据地类		区域主要地类				区域主要地类									
	204	巴林左旗	专题数据地形	专题数据地形	专题数据地形				区域主要地类	区域主要地类		区域主要地类	专题数据地类		区域主要地类													
	205	巴林右旗	专题数据地形	专题数据地形	专题数据地形				区域主要地类	区域主要地类		区域主要地类	专题数据地类		区域主要地类													
	206	宁城县	专题数据地形	专题数据地形	专题数据地形				区域主要地类	区域主要地类		区域主要地类	专题数据地类	区域主要地类														
	207	喀喇沁旗	专题数据地形	专题数据地形	区域主要地形				区域主要地类	区域主要地类		区域主要地类	专题数据地类															
	208	克什克腾旗	专题数据地形	专题数据地形	专题数据地形				区域主要地类	区域主要地类		专题数据地类	专题数据地类															
	209	元宝山区	专题数据地形	专题数据地形	专题数据地形				区域主要地类	区域主要地类		区域主要地类	专题数据地类															
	210	磴口县	专题数据地形		专题数据地形		区域主要地形		区域主要地类	区域主要地类		区域主要地类	专题数据地类		专题数据地类				区域主要地类				区域主要地类					
	211	乌拉特后旗	专题数据地形		专题数据地形			区域主要地形	区域主要地类			区域主要地类	专题数据地类						区域主要地类				区域主要地类	区域主要地类				
	212	乌拉特前旗	区域主要地形		专题数据地形			区域主要地形		区域主要地类	区域主要地类	区域主要地类	专题数据地类		专题数据地类								专题数据地类	区域主要地类				
	213	乌拉特中旗			专题数据地形			区域主要地形				区域主要地类	专题数据地类										专题数据地类	专题数据地类				

续表

序号	省名	区（县、市）名称	平原	低山丘陵	山地	高山地	盆地	高原	有林地	灌木林地	水面	耕地	草地	园地	其他林地	硬化地表	房屋建筑（区）	人工堆掘地	沙地	岩石	沼泽地	盐碱地	裸土	砾石	冰川及永久积雪	其他构筑物	其他土地	备注
214		赛罕区			专题数据地形				专题数据地类			专题数据地类	区域主要地类						区域主要地类									
215		清水河县			专题数据地形					区域主要地类	专题数据地类	专题数据地类	专题数据地类		专题数据地类					专题数据地类								
216		武川县			专题数据地形				区域主要地类	专题数据地类	区域主要地类	专题数据地类	专题数据地类															
217		新城区			专题数据地形				专题数据地类		区域主要地类	专题数据地类	专题数据地类	专题数据地类		专题数据地表										专题数据类		
218		土默特左旗		区域主要地形					区域主要地类	专题数据地类		专题数据地类	专题数据地类							专题数据地类								
219		回民区			专题数据地形					区域主要地类		专题数据地类	专题数据地类		专题数据地类													
220		和林格尔县			专题数据地形				专题数据地类	区域主要地类		专题数据地类	专题数据地类		区域主要地类					区域主要地类	区域主要地类							
221		额尔古纳市		专题数据地形	区域主要地形				区域主要地类	专题数据地类		专题数据地类	专题数据地类							区域主要地类	区域主要地类							
222		陈巴尔虎旗		专题数据地形						区域主要地类	区域主要地类	专题数据地类	专题数据地类				区域主要地类			区域主要地类	区域主要地类							
223	内蒙古自治区	阿荣旗		专题数据地形	区域主要地形				区域主要地类	区域主要地类	区域主要地类	专题数据地类	区域主要地类								区域主要地类							
224		莫力达瓦达斡尔族自治旗		区域主要地形	专题数据地形				区域主要地类	专题数据地类	区域主要地类	专题数据地类	专题数据地类							区域主要地类	区域主要地类							
225		扎兰屯市		专题数据地形	区域主要地形			区域主要地形	区域主要地类	区域主要地类		专题数据地类	专题数据地类				区域主要地类											
226		达尔罕茂明安联合旗			专题数据地形				区域主要地类	专题数据地类	区域主要地类	专题数据地类	专题数据地类		区域主要地类					区域主要地类			专题数据地类					
227		石拐区			专题数据地形						区域主要地类	专题数据地类	专题数据地类															
228		昆都仑区			专题数据地形					专题数据地类		专题数据地类	区域主要地类	专题数据地类	专题数据地类		区域主要地类	专题数据地类										
229		土默特右旗		区域主要地形					区域主要地类	专题数据地类	区域主要地类	区域主要地类	专题数据地类	专题数据地类			区域主要地类	区域主要地类										
230		固阳县			专题数据地形							区域主要地类	专题数据地类				区域主要地类	区域主要地类										
231		九原区			专题数据地形				专题数据地类	区域主要地类	区域主要地类	区域主要地类	专题数据地类				区域主要地类			区域主要地类								
232		海南区			专题数据地形							专题数据地类	区域主要地类				区域主要地类											
233		海勃湾区			专题数据地形							专题数据地类	专题数据地类				区域主要地类		区域主要地类	专题数据地类								
234		察哈尔右翼后旗			专题数据地形				专题数据地类			专题数据地类	专题数据地类															

续表

序号	省名	区（县、市）名称	平原	低山、丘陵	山地	高山地	盆地	高原	有林地	灌木林地	水面	耕地	草地	园地	其他林地	硬化地表	房屋建筑（区）	人工堆掘地	沙地	岩石	沼泽地	盐碱地	裸土	砾石	冰川及永久积雪	其他构筑物	其他土地	备注
235		察哈尔右翼前旗			专题数据地形							专题数据地类	专题数据地类		专题数据地类	专题数据地类												
236		察哈尔右翼中旗			专题数据地形				区域主要地类			专题数据地类	专题数据地类																
237		四子王旗			专题数据地形			区域主要地形				专题数据地类	专题数据地类							区域主要地类		专题数据地类						
238		商都县			专题数据地形					专题数据地类		专题数据地类	专题数据地类		专题数据地类													
239		卓资县			专题数据地形					专题数据地类		专题数据地类	专题数据地类		专题数据地类	专题数据地类			专题数据地类									
240	内蒙古自治区	化德县			专题数据地形				专题数据地类	专题数据地类	区域主要地类	专题数据地类	专题数据地类		专题数据地类	专题数据地类	专题数据地类		专题数据地类				区域主要地类					
241		凉城县			专题数据地形				区域主要地类			专题数据地类	专题数据地类		区域主要地类	区域主要地类												
242		兴和县			专题数据地形				区域主要地类			区域主要地类	专题数据地类		区域主要地类	区域主要地类	专题数据地类											
243		丰镇市			专题数据地形					专题数据地类		专题数据地类	专题数据地类						专题数据地类									
244		阿尔山市		专题数据地形				区域主要地形	区域主要地类	区域主要地类	区域主要地类	区域主要地类	专题数据地类	区域主要地类			专题数据地类				区域主要地类							
245		乌审旗		专题数据地形				区域主要地形				区域主要地类	专题数据地类															
246		新巴尔虎右旗			专题数据地形						区域主要地类	区域主要地类	专题数据地类				区域主要地类											
247		贺兰县			专题数据地形				区域主要地类	区域主要地类	区域主要地类	专题数据地类	专题数据地类	区域主要地类	区域主要地类	区域主要地类	区域主要地类		区域主要地类									
248	宁夏回族自治区	西夏区			专题数据地形				区域主要地类	专题数据地类	区域主要地类	专题数据地类	专题数据地类	区域主要地类			区域主要地类											
249		灵武市			专题数据地形							区域主要地类	专题数据地类						区域主要地类									
250		永宁县			专题数据地形				区域主要地类	专题数据地类	区域主要地类	区域主要地类	专题数据地类	区域主要地类	区域主要地类	专题数据地类							专题数据地类					
251		兴庆区			专题数据地形					区域主要地类		区域主要地类	专题数据地类	专题数据地类	专题数据地类	区域主要地类												
252		惠农区			专题数据地形					专题数据地类	区域主要地类	专题数据地类	专题数据地类	专题数据地类	区域主要地类													
253		平罗县			专题数据地形					专题数据地类	区域主要地类	专题数据地类	专题数据地类											专题数据地类					
254		大武口区			专题数据地形							区域主要地类	专题数据地类		专题数据地类													
255		西吉县			专题数据地形			区域主要地形	区域主要地类	专题数据地类		专题数据地类	区域主要地类		专题数据地类	专题数据地类	区域主要地类											

续表

序号	省名	区(县、市)名称	地形 按高程划分 平原	低山、丘陵	山地	高山地	按地形划分 盆地	高原	地类 有林地	灌木林地	水面	耕地	草地	园地	其他林地	硬化地表	房屋建筑(区)	人工堆掘地	沙地	岩石	沼泽地	盐碱地	裸土	砾石	冰川及永久积雪	其他构筑物	其他土地	备注
256	宁夏回族自治区	彭阳县			专题数据地形	区域主要地形						专题数据地类	专题数据地类															
257		原州区			专题数据地形	区域主要地形						专题数据地类	专题数据地类															
258		青铜峡市			专题数据地形						区域主要地类	区域主要地类	专题数据地类	区域主要地类														
259		红寺堡开发区			专题数据地形							区域主要地类	区域主要地类										区域主要地类					无长城线
260		盐池县			专题数据地形			区域主要地形			专题数据地类		专题数据地类	专题数据地类				专题数据地类		区域主要地类				区域主要地类					
261		同心县			专题数据地形					专题数据地类		专题数据地类	专题数据地类						专题数据地类									
262		海原县			专题数据地形			区域主要地形	专题数据地类	专题数据地类		专题数据地类	专题数据地类	区域主要地类	专题数据地类		专题数据地类		区域主要地类	区域主要地类								
263		沙坡头区			专题数据地形			区域主要地形	专题数据地类	区域主要地类		区域主要地类	专题数据地类	区域主要地类	专题数据地类		区域主要地类		区域主要地类	区域主要地类								
264		中宁县			专题数据地形			区域主要地形	区域主要地类			专题数据地类	专题数据地类	区域主要地类	区域主要地类					区域主要地类								
265	青海省	民和回族土族自治县			专题数据地形				区域主要地类			专题数据地类	专题数据地类	专题数据地类	区域主要地类													无长城线
266		循化撒拉族自治县			专题数据地形				专题数据地类	区域主要地类		专题数据地类	专题数据地类	专题数据地类	专题数据地类		专题数据地类											无长城线
267		平安县			专题数据地形				区域主要地类	区域主要地类		专题数据地类	区域主要地类	专题数据地类	专题数据地类		专题数据地类											无长城线
268		化隆回族自治县			专题数据地形				区域主要地类	区域主要地类		专题数据地类	专题数据地类	区域主要地类	区域主要地类		专题数据地类											无长城线
269		互助土族自治县			专题数据地形	区域主要地形			区域主要地类			专题数据地类	专题数据地类	专题数据地类														
270		乐都县			专题数据地形	区域主要地形			区域主要地类	区域主要地类		专题数据地类	专题数据地类	专题数据地类	专题数据地类	专题数据地类				区域主要地类								无长城线
271		湟源县			专题数据地形	区域主要地形			区域主要地类			专题数据地类	专题数据地类	专题数据地类	区域主要地类					区域主要地类								
272		湟中县			专题数据地形				区域主要地类	专题数据地类		专题数据地类	专题数据地类	专题数据地类			专题数据地类			区域主要地类								无长城线
273		大通回族土族自治县			专题数据地形				区域主要地类	区域主要地类		专题数据地类	专题数据地类	区域主要地类						区域主要地类								无长城线
274		城中区			专题数据地形							专题数据地类	专题数据地类		专题数据地类	专题数据地类												无长城线
275		大柴旦行政委员会			专题数据地形		区域主要地形					区域主要地类	区域主要地类							区域主要地类							专题数据地类	无长城线

续表

省名	序号	区(县、市)名称	平原	低山、丘陵	山地	高山地	盆地	高原	有林地	灌木林地	水面	耕地	草地	园地	其他林地	硬化地表	房屋建筑(区)	人工堆掘地	沙地	岩石	沼泽地	盐碱地	裸土	砾石	冰川及永久积雪	其他构筑物	其他土地	备注
青海省	276	泽库县			专题数据地形	区域主要地形			区域主要地类	区域主要地类			专题数据地类								区域主要地类							无长城线
	277	河南蒙古族自治县			专题数据地形	区域主要地形				区域主要地类			专题数据地类								区域主要地类							无长城线
	278	尖扎县			专题数据地形	区域主要地形			区域主要地类	区域主要地类		专题数据地类	区域主要地类				专题数据地类											无长城线
	279	同仁县			专题数据地形	区域主要地形			区域主要地类	区域主要地类		专题数据地类	专题数据地类				专题数据地类										专题数据地类	无长城线
	280	都兰县			专题数据地形	区域主要地形	区域主要地形						专题数据地类														专题数据地类	无长城线
	281	德令哈市			专题数据地形	区域主要地形							区域主要地类														专题数据地类	无长城线
	282	天峻县			专题数据地形	区域主要地形			区域主要地类				区域主要地类							区域主要地类							专题数据地类	无长城线
	283	贵德县			专题数据地形	区域主要地形				区域主要地类		专题数据地类	专题数据地类				专题数据地类											无长城线
	284	贵南县			专题数据地形	区域主要地形				区域主要地类		专题数据地类	专题数据地类						区域主要地类									无长城线
	285	同德县			专题数据地形	区域主要地形			区域主要地类	区域主要地类		专题数据地类	专题数据地类							区域主要地类	区域主要地类							无长城线
	286	兴海县			专题数据地形	区域主要地形			区域主要地类	区域主要地类	区域主要地类	专题数据地类	专题数据地类							区域主要地类	区域主要地类							无长城线
	287	共和县			专题数据地形	区域主要地形					区域主要地类	专题数据地类	专题数据地类	区域主要地类					区域主要地类						专题数据地类		无长城线
	288	门源回族自治县			专题数据地形	区域主要地形			区域主要地类	区域主要地类		专题数据地类	专题数据地类			专题数据地类				区域主要地类	区域主要地类				区域主要地类			无长城线
	289	祁连县			专题数据地形	区域主要地形			区域主要地类	区域主要地类		专题数据地类	专题数据地类							区域主要地类	区域主要地类							无长城线
	290	海晏县			专题数据地形	区域主要地形			区域主要地类	区域主要地类		区域主要地类	专题数据地类	区域主要地类							区域主要地类							无长城线
	291	刚察县			专题数据地形	区域主要地形			专题数据地类			专题数据地类	专题数据地类	区域主要地类							区域主要地类							无长城线
山东省	292	莱城区	区域主要地形	专题数据地形					区域主要地类	区域主要地类		区域主要地类	区域主要地类	区域主要地类	区域主要地类												
	293	临朐县	区域主要地形	专题数据地形					区域主要地类	区域主要地类		专题数据地类		区域主要地类													
	294	长清区	专题数据地形	专题数据地形					区域主要地类		区域主要地类	区域主要地类	区域主要地类	专题数据地类													
	295	章丘市	区域主要地形	专题数据地形					专题数据地类			专题数据地类	专题数据地类	专题数据地类			专题数据地类										
	296	历城区	区域主要地形	专题数据地形					区域主要地类			区域主要地类	专题数据地类	区域主要地类	区域主要地类												

续表

序号	省名	区（县、市）名称	地形						地类																			备注
			按高程划分				按地形划分																					
			平原	低山、丘陵	山地	高山地	盆地	高原	有林地	灌木林地	水面	耕地	草地	园地	其他林地	硬化地表	房屋建筑（区）	人工堆掘地	沙地	岩石	沼泽地	盐碱地	裸土	砾石	冰川及永久积雪	其他构筑物	其他土地	
297	山东省	岱岳区	区域主要地形	专题数据地形					专题数据地类			区域主要地类	区域主要地类	区域主要地类														
298		莒县	专题数据地形	区域主要地形								专题数据地类			区域主要地类													
299		沂水县	区域主要地形	专题数据地形					区域主要地类			专题数据地类	区域主要地类	区域主要地类	区域主要地类													
300		黄岛区	专题数据地形	专题数据地形					区域主要地类			区域主要地类		区域主要地类	专题数据地类		专题数据地类											
301		胶南市	专题数据地形	专题数据地形								专题数据地类			专题数据地类													
302		诸城市	专题数据地形	专题数据地形					区域主要地类			专题数据地类		区域主要地类	专题数据地类													
303		安丘市	区域主要地形	专题数据地形					专题数据地类			专题数据地类	区域主要地类	区域主要地类														
304		淄川区	区域主要地形	专题数据地形								专题数据地类	区域主要地类	区域主要地类	区域主要地类													
305		沂源县	区域主要地形	专题数据地形					区域主要地类			专题数据地类	专题数据地类	区域主要地类														
306		博山区	区域主要地形	专题数据地形					专题数据地类			专题数据地类	专题数据地类	区域主要地类														
307		肥城市	专题数据地形	区域主要地形					专题数据地类			专题数据地类	区域主要地类	区域主要地类														
308		泰山区	区域主要地形	专题数据地形					专题数据地类			区域主要地类	区域主要地类	区域主要地类														
309		五莲县	专题数据地形	专题数据地形								专题数据地类		区域主要地类	专题数据地类													
310	山西省	盂县		专题数据地形	区域主要地形			区域主要地形	专题数据地类			区域主要地类	区域主要地类															
311		平定县		专题数据地形	区域主要地形			区域主要地形	专题数据地类	区域主要地类		专题数据地类	区域主要地类															
312		黎城县		专题数据地形	区域主要地形			区域主要地形	专题数据地类	区域主要地类		专题数据地类	专题数据地类															
313		长治县		区域主要地形	专题数据地形			区域主要地形	专题数据地类			区域主要地类	专题数据地类															
314		朔城区			专题数据地形				区域主要地类	专题数据地类		专题数据地类	专题数据地类		区域主要地类													
315		应县		区域主要地形	专题数据地形				专题数据地类			专题数据地类	专题数据地类		区域主要地类													
316		平鲁区			专题数据地形				区域主要地类			专题数据地类	专题数据地类		区域主要地类													
317		山阴县			专题数据地形				专题数据地类			专题数据地类	专题数据地类		区域主要地类		专题数据地类		专题数据地类			区域主要地类	区域主要地类	专题数据地类				
318		右玉县			专题数据地形				区域主要地类		专题数据地类	专题数据地类	专题数据地类		区域主要地类													

续表

序号	省名	区（县、市）名称	地形 按高程划分 平原	低山、丘陵	高山地	地形 按地形划分 盆地	高原	地类 有林地	灌木林地	水面	耕地	草地	园地	其他林地	硬化地表	房屋建筑（区）	人工堆掘地	沙地	岩石	沼泽地	盐碱地	裸土	砾石	冰川及永久积雪	其他构筑物	其他土地	备注
319	山西省	沁水县		区域主要地形	专题数据地形			区域主要地类			区域主要地类	专题数据地类															
320		昔阳县		区域主要地形	专题数据地形		区域主要地形	区域主要地类			区域主要地类	专题数据地类															
321		左权县		区域主要地形	专题数据地形		区域主要地形	区域主要地类			区域主要地类	专题数据地类															
322		和顺县		专题数据地形	专题数据地形		区域主要地形	区域主要地类			区域主要地类	专题数据地类															
323		繁峙县		区域主要地形	专题数据地形		区域主要地形	区域主要地类			区域主要地类	专题数据地类		专题数据地类													
324		神池县		区域主要地形				区域主要地类			区域主要地类	专题数据地类				专题数据地类											
325		河曲县		专题数据地形			区域主要地形	专题数据地类	区域主要地类		专题数据地类	专题数据地类		专题数据地类		专题数据地类											
326		岢岚县		专题数据地形			区域主要地形	专题数据地类	专题数据地类		区域主要地类	专题数据地类		专题数据地类													
327		宁武县		区域主要地形				专题数据地类	专题数据地类		专题数据地类	专题数据地类															
328		原平市		区域主要地形			区域主要地形	专题数据地类	专题数据地类		专题数据地类	专题数据地类		专题数据地类		专题数据地类											
329		偏关县		区域主要地形			区域主要地形		专题数据地类		专题数据地类	专题数据地类	区域主要地类	区域主要地类													
330		代县		区域主要地形	专题数据地形			区域主要地类			区域主要地类	专题数据地类															
331		五寨县		区域主要地形				专题数据地类	区域主要地类		专题数据地类	区域主要地类		专题数据地类													
332		五台县		区域主要地形	专题数据地形			专题数据地类	区域主要地类		专题数据地类	专题数据地类															
333		阳高县		专题数据地形			区域主要地形	专题数据地类	专题数据地类		专题数据地类	专题数据地类	专题数据地类			专题数据地类											
334		灵丘县		专题数据地形	专题数据地形			区域主要地类	专题数据地类		专题数据地类	专题数据地类															
335		浑源县		专题数据地形			区域主要地形	专题数据地类	专题数据地类	专题数据地类	专题数据地类	专题数据地类		专题数据地类		专题数据地类		专题数据类									
336		新荣区		区域主要地形				区域主要地类	专题数据地类		专题数据地类	区域主要地类		区域主要地类													
337		广灵县		专题数据地形	区域主要地形			专题数据地类	专题数据地类		专题数据地类	专题数据地类				专题数据地类											
338		左云县		区域主要地形				专题数据地类	区域主要地类		区域主要地类	专题数据地类				专题数据地类											
339		天镇县		专题数据地形	专题数据地形			区域主要地类	区域主要地类		区域主要地类	专题数据地类															
340		大宁县		区域主要地形			区域主要地形	区域主要地类	区域主要地类		区域主要地类	专题数据地类															无长城线

续表

序号	省名	区(县、市)名称	平原	低山、丘陵	山地	高山地	盆地	高原	有林地	灌木林地	水面	耕地	草地	园地	其他林地	硬化地表	房屋建筑(区)	人工堆积地	沙地	岩石	沼泽地	盐碱地	裸土	砾石	冰川及永久积雪	其他构筑物	其他土地	备注
341	山西省	长子县		区域主要地形	专题数据地形				区域主要地类			区域主要地类	专题数据地类		专题数据地类													
342		壶关县		区域主要地形	专题数据地形			区域主要地形	区域主要地类	区域主要地类		专题数据地类	区域主要地类														
343		高平市		区域主要地形	专题数据地形			区域主要地形	区域主要地类	区域主要地类		区域主要地类	区域主要地类														
344		陵川县		区域主要地形	专题数据地形			区域主要地形	区域主要地类	专题数据地类		区域主要地类	区域主要地类		区域主要地类												
345		泽州县	区域主要地形		区域主要地形			区域主要地形	区域主要地类	专题数据地类		区域主要地类	区域主要地类		区域主要地类												
346		兴县		专题数据地形	专题数据地形				专题数据地类	区域主要地类		区域主要地类	专题数据地类	区域主要地类					区域主要地类								
347	陕西省	宜君县		区域主要地形	专题数据地形			区域主要地形	专题数据地类	区域主要地类		专题数据地类	专题数据地类	区域主要地类													
348		韩城市		专题数据地形	区域主要地形			区域主要地形	区域主要地类	区域主要地类		专题数据地类	区域主要地类	专题数据地类													
349		澄城县		专题数据地形	专题数据地形			区域主要地形	区域主要地类	区域主要地类		专题数据地类	区域主要地类	区域主要地类	区域主要地类												
350		合阳县		专题数据地形	专题数据地形		区域主要地形		区域主要地类	区域主要地类		专题数据地类	区域主要地类	区域主要地类	区域主要地类												
351		华阴市		专题数据地形	区域主要地形			区域主要地形	专题数据地类	区域主要地类		专题数据地类	区域主要地类	区域主要地类													
352		靖边县		专题数据地形				区域主要地形				专题数据地类	专题数据地类														
353		神木县		区域主要地形	专题数据地形			区域主要地形	专题数据地类	区域主要地类		专题数据地类	专题数据地类	专题数据地类	区域主要地类												
354		横山县		专题数据地形	区域主要地形			区域主要地形	专题数据地类	区域主要地类		专题数据地类	区域主要地类	区域主要地类	区域主要地类												
355		榆阳区		专题数据地形	专题数据地形			区域主要地形	区域主要地类	区域主要地类		专题数据地类	专题数据地类	区域主要地类	区域主要地类												
356		府谷县		区域主要地形	专题数据地形			区域主要地形	专题数据地类	区域主要地类		专题数据地类	专题数据地类	区域主要地类	区域主要地类												
357		定边县	专题数据地形					区域主要地形		区域主要地类		区域主要地类	专题数据地类	区域主要地类	区域主要地类								区域主要地类				
358		黄龙县		专题数据地形	区域主要地形			区域主要地形	区域主要地类	专题数据地类		专题数据地类	专题数据地类	专题数据地类	区域主要地类												
359		黄陵县		专题数据地形	区域主要地形			区域主要地形	专题数据地类	区域主要地类		专题数据地类	专题数据地类	区域主要地类	区域主要地类												
360		志丹县		区域主要地形	专题数据地形			区域主要地形	专题数据地类	区域主要地类		专题数据地类	区域主要地类	区域主要地类	区域主要地类												
361		富县		专题数据地形	专题数据地形			区域主要地形	区域主要地类	区域主要地类		专题数据地类	区域主要地类	区域主要地类	区域主要地类												
362		吴起县		专题数据地形				区域主要地形				区域主要地类	专题数据地类	区域主要地类	区域主要地类												
363		大荔县	专题数据地形				区域主要地形					专题数据地类	区域主要地类														

续表

序号	省名	区（县、市）名	地形 按高程划分 平原	低山、丘陵	山地	高山地	地形 按地形划分 盆地	高原	地类 有林地	灌木林地	水面	耕地	草地	园地	其他林地	硬化地表	房屋建筑区	人工堆掘地	沙地	岩石	沼泽地	盐碱地	裸土	砾石	冰川及永久积雪	其他构筑物	其他土地	备注
364	天津市	蓟县	区域主要地形	专题数据地形					专题数据地类	区域主要地类	区域主要地类	区域主要地类	专题数据地类	区域主要地类	区域主要地类													
365	新疆维吾尔自治区	图木舒克市			专题数据地形		区域主要地形			专题数据地类		区域主要地类	区域主要地类						专题数据地类									无长城线
366		达坂城区			专题数据地形		区域主要地形			专题数据地类		专题数据地类	区域主要地类				区域主要地类		区域主要地类						区域主要地类			无长城线
367		沙依巴克区	区域主要地形		专题数据地形		区域主要地形			区域主要地类		专题数据地类	区域主要地类		区域主要地类													无长城线
368		乌鲁木齐县		区域主要地形	专题数据地形		区域主要地形		区域主要地类	区域主要地类		专题数据地类	专题数据地类					区域主要地类	区域主要地类									无长城线
369		阜康市		专题数据地形	专题数据地形		区域主要地形			专题数据地类		专题数据地类	区域主要地类															无长城线
370		玛纳斯县		专题数据地形	专题数据地形		区域主要地形		区域主要地类	区域主要地类	区域主要地类	区域主要地类	专题数据地类	区域主要地类	区域主要地类		专题数据地类			区域主要地类					区域主要地类			无长城线
371		奇台县			专题数据地形		区域主要地形			区域主要地类		区域主要地类	专题数据地类															无长城线
372		呼图壁县			专题数据地形		区域主要地形		区域主要地类	区域主要地类		专题数据地类	区域主要地类						区域主要地类		专题数据地类							无长城线
373		吉木萨尔县		区域主要地形	专题数据地形		区域主要地形		区域主要地类	专题数据地类		区域主要地类	专题数据地类		区域主要地类			区域主要地类	区域主要地类	区域主要地类								无长城线
374		轮台县	区域主要地形		专题数据地形	区域主要地形	区域主要地形			区域主要地类	区域主要地类	区域主要地类	区域主要地类	专题数据地类				区域主要地类									无长城线
375		若羌县		专题数据地形	专题数据地形	区域主要地形	区域主要地形		区域主要地类	专题数据地类		专题数据地类	专题数据地类				专题数据地类	区域主要地类	区域主要地类		区域主要地类	专题数据地类	专题数据地类	专题数据地类	区域主要地类			无长城线
376		焉耆回族自治县			专题数据地形		区域主要地形			区域主要地类		区域主要地类	区域主要地类					区域主要地类	区域主要地类								无长城线
377		尉犁县		区域主要地形	专题数据地形		区域主要地形		区域主要地类	专题数据地类		区域主要地类	区域主要地类	区域主要地类					区域主要地类	专题数据地类	区域主要地类	专题数据地类	专题数据地类				无长城线
378		和静县			专题数据地形	区域主要地形	区域主要地形		区域主要地类	区域主要地类		区域主要地类	区域主要地类	区域主要地类		专题数据地类	专题数据地类		区域主要地类	区域主要地类		区域主要地类	区域主要地类	区域主要地类			无长城线
379		和硕县			专题数据地形		区域主要地形			专题数据地类		专题数据地类	区域主要地类			专题数据地类			区域主要地类		区域主要地类		区域主要地类				无长城线
380		且末县			专题数据地形		区域主要地形		区域主要地类	区域主要地类		区域主要地类	区域主要地类		区域主要地类			专题数据地类	区域主要地类		专题数据地类		区域主要地类				无长城线
381		阿图什市			专题数据地形		区域主要地形		区域主要地类	区域主要地类		区域主要地类	专题数据地类	区域主要地类				区域主要地类									无长城线
382		阿瓦提县	专题数据地形		专题数据地形		区域主要地形			区域主要地类		专题数据地类	专题数据地类		区域主要地类			区域主要地类	区域主要地类		专题数据地类	区域主要地类	专题数据地类				无长城线
383		温宿县		专题数据地形	专题数据地形		区域主要地形		区域主要地类	区域主要地类		区域主要地类	专题数据地类	区域主要地类	区域主要地类			区域主要地类					区域主要地类	区域主要地类			无长城线
384		沙雅县			专题数据地形		区域主要地形			专题数据地类		专题数据地类	专题数据地类					区域主要地类									无长城线
385		柯坪县			专题数据地形		区域主要地形		区域主要地类	专题数据地类		区域主要地类	区域主要地类		区域主要地类			区域主要地类	区域主要地类				区域主要地类				无长城线

续表

序号	省名	区(县、市)名称	地形						地类																			备注
			按高程划分				按地形划分		有林地	灌木林地	水面	耕地	草地	园地	其他林地	硬化地表	房屋建筑(区)	人工堆掘地	沙地	岩石	沼泽地	盐碱地	裸土	砾石	冰川及永久积雪	其他构筑物	其他土地	
			平原	低山、丘陵	山地	高山地	盆地	高原																				
386	新疆维吾尔自治区	新和县		专题数据地形	区域主要地形		区域主要地形			专题数据地类		专题数据地类	专题数据地类						专题数据地类	区域主要地类	专题数据地类		专题数据地类	专题数据地类				无长城线
387		拜城县			专题数据地形		区域主要地形			专题数据地类		专题数据地类	专题数据地类		区域主要地类				区域主要地类	专题数据地类				区域主要地类	区域主要地类			无长城线
388		库车县		区域主要地形	专题数据地形	专题数据地形	区域主要地形			专题数据地类		专题数据地类	专题数据地类		区域主要地类		专题数据地类		区域主要地类	区域主要地类				专题数据地类			专题数据地类	无长城线
389		乌什县			专题数据地形	区域主要地形	区域主要地形			区域主要地类		专题数据地类	专题数据地类						区域主要地类	区域主要地类					区域主要地类			无长城线
390		莎车县			专题数据地形		区域主要地形			区域主要地类		区域主要地类	区域主要地类						区域主要地类	区域主要地类								无长城线
391		英吉沙县			专题数据地形		区域主要地形			区域主要地类		区域主要地类	区域主要地类						区域主要地类	区域主要地类				区域主要地类	专题数据地类			无长城线
392		疏附县			专题数据地形		区域主要地形			专题数据地类		区域主要地类	区域主要地类						专题数据地类	区域主要地类		区域主要地类			专题数据地类			无长城线
393		巴楚县			专题数据地形		区域主要地形			区域主要地类		区域主要地类	区域主要地类						区域主要地类	区域主要地类								无长城线
394		塔什库尔干塔吉克自治县			专题数据地形	区域主要地形		区域主要地形		区域主要地类		区域主要地类	区域主要地类						区域主要地类	区域主要地类	区域主要地类			专题数据地类	专题数据地类	区域主要地类		无长城线
395		叶城县		区域主要地形	专题数据地形	区域主要地形	区域主要地形			区域主要地类		区域主要地类	区域主要地类						区域主要地类	区域主要地类	区域主要地类			区域主要地类	区域主要地类	区域主要地类		无长城线
396		伽师县			专题数据地形		区域主要地形			区域主要地类		区域主要地类	区域主要地类						区域主要地类	区域主要地类		专题数据地类		专题数据地类	专题数据地类			无长城线
397		巴里坤哈萨克自治县			专题数据地形	区域主要地形	区域主要地形			区域主要地类		区域主要地类	区域主要地类						区域主要地类	区域主要地类				区域主要地类	区域主要地类	区域主要地类		无长城线
398		哈密市		区域主要地形	专题数据地形	区域主要地形	区域主要地形			区域主要地类		区域主要地类	区域主要地类	区域主要地类					区域主要地类	区域主要地类				专题数据地类	专题数据地类			无长城线
399		伊吾县		专题数据地形	专题数据地形	区域主要地形	区域主要地形			区域主要地类		区域主要地类	区域主要地类						区域主要地类	区域主要地类				专题数据地类	专题数据地类			无长城线
400		皮山县			专题数据地形	区域主要地形	区域主要地形			区域主要地类		区域主要地类	区域主要地类	区域主要地类					专题数据地类	区域主要地类	区域主要地类			专题数据地类	区域主要地类			无长城线
401		洛浦县			专题数据地形		区域主要地形			区域主要地类		区域主要地类	区域主要地类	区域主要地类					区域主要地类	区域主要地类	区域主要地类							无长城线
402		墨玉县	专题数据地形	专题数据地形	区域主要地形		区域主要地形			区域主要地类		区域主要地类	区域主要地类	区域主要地类			专题数据地类		区域主要地类	区域主要地类	区域主要地类			专题数据地类				无长城线
403		和田县	专题数据地形		区域主要地形	区域主要地形	区域主要地形			区域主要地类		区域主要地类	区域主要地类		区域主要地类				区域主要地类	区域主要地类	区域主要地类			专题数据地类	区域主要地类			无长城线
404		鄯善县	专题数据地形		区域主要地形		区域主要地形			区域主要地类		区域主要地类	区域主要地类						区域主要地类	区域主要地类	区域主要地类		专题数据地类	专题数据地类	区域主要地类			无长城线
405		托克逊县			区域主要地形		区域主要地形			区域主要地类		区域主要地类							区域主要地类	区域主要地类			专题数据地类	专题数据地类				无长城线
406		吐鲁番市	专题数据地形		区域主要地形		区域主要地形			专题数据地类		区域主要地类	专题数据地类						区域主要地类	区域主要地类	区域主要地类	区域主要地类		区域主要地类	区域主要地类	区域主要地类		无长城线

附 录

207

附录三 长城全国重点文物保护单位名录

序号	名称	时代	位置	批次	公布时间
1	万里长城－八达岭	明	北京市延庆县	第一批	1961.3
2	万里长城－山海关	明	河北省秦皇岛市	第一批	1961.3
3	万里长城－嘉峪关	明	甘肃省嘉峪关市	第一批	1961.3
4	金山岭长城	明	河北省滦平县	第三批	1988.1
5	居延遗址（含黑城遗址）	汉	内蒙古自治区额济纳旗，甘肃省金塔县	第三批	1988.1
6	兴城古城	明	辽宁省兴城	第三批	1988.1
7	玉门关及长城烽燧遗址（包括大方盘小方盘）	汉	甘肃省敦煌市	第三批	1988.1
8	万里长城－紫荆关	明	河北省易县	第四批	1996.11
9	固阳秦长城遗址	秦	内蒙古自治区固阳县	第四批	1996.11
10	万里长城－九门口	明	辽宁省绥中县，河北省抚宁县	第四批	1996.11
11	魏长城遗址	战国	陕西省渭南市	第四批	1996.11
12	金界壕遗址	金	内蒙古自治区呼伦贝尔市、兴安盟、通辽市、赤峰市、乌兰察布盟、包头市，黑龙江省甘南县、龙江县，齐齐哈尔市	第五批	2001.6
13	兊孜尔尕哈烽燧	汉	新疆维吾尔自治区子田县	第五批	2001.6
14	孔雀河烽燧群	汉、晋	新疆维吾尔自治区尉犁县	第五批	2001.6
15	米兰遗址	汉－唐	新疆维吾尔自治区若羌县	第五批	2001.6
16	长城	春秋至明	北京市、河北省、山西省、内蒙古自治区、陕西省、山东省、宁夏回族自治区、辽宁省	第五批	2001.6
	（1）长城－司马台段	明	北京市密云县	第五批	2001.6
	（2）乌龙沟长城	明	河北省涞源县	第五批	2001.6
	（3）长城－雁门关	明	山西省代县	第五批	2001.6
	（4）齐长城遗址	战国	山东省长清县、济南市、章丘市、肥城市、泰安市、莱芜市、淄博市、沂源县、临朐县、安丘县、沂水县、诸城市、莒县、五莲县、胶南市、青岛市	第五批	2001.6
	（5）秦国长城遗址	战国	内蒙古自治区伊金霍洛旗	第五批	2001.6
	（6）长城－清水河段	明	内蒙古自治区清水河县	第五批	2001.6
	（7）燕长城遗址	战国	辽宁省建平县	第五批	2001.6
	（8）镇北台	明	陕西省榆林市	第五批	2001.6
	（9）宁夏回族自治区秦长城遗址	战国	宁夏回族自治区彭阳县、西吉县、固原县	第五批	2001.6

续表

序号	名称	时代	位置	批次	公布时间
17	万全卫城	明	河北省万全县	第六批	2006.5
18	中前所城	明至清	辽宁省绥中县	第六批	2001.6
19	榆林卫城	明至清	陕西省榆林市	第六批	2006.5
20	麻扎塔格戍堡址	唐	新疆维吾尔自治区墨玉县	第六批	2006.5
21	牡丹江边墙	唐至金	黑龙江省牡丹江市、宁安市	第六批	2006.5
12	金界壕遗址	金	河北省丰宁满族自治县	第六批,归入第五批金界壕遗址	2006.5
16	长城	战国至明	北京市、内蒙古自治区、辽宁省、河南省、甘肃省	第六批,归入第五批长城	2006.5
	(1)明长城遗址	明	北京市密云县、怀柔县、平谷县、昌平区、门头沟区	第六批	2006.5
	(2)汉长城遗址	汉	内蒙古自治区磴口县、乌拉特后旗、乌拉特中旗	第六批	2006.5
	(3)汉长城遗址	汉	辽宁省建平县	第六批	2006.5
	(4)明长城遗址	明	辽宁省绥中县	第六批	2006.5
	(5)魏长城遗址	战国	河南省新密市、荥阳市	第六批	2006.5
	(6)秦长城遗址	战国	甘肃省临洮县、渭源县、陇西县、通渭县、静宁县、镇原县、环县、华池县	第六批	2006.5
	(7)汉长城遗址	汉代	甘肃省敦煌市、安西县、玉门市、金塔县、酒泉市、高台县、临泽县、张掖市、山丹县、永昌县、武威市、民勤县、古浪县、天祝藏族自治县、永登县、景泰县	第六批	2006.5
	(8)明长城遗址	明代	甘肃省嘉峪关市、酒泉市、张掖市、山丹县、永昌县、武威市、民勤县、古浪县、景泰县、靖远县、天祝藏族自治县、兰州市	第六批	2006.5
22	赤柏松古城址	西汉	吉林省通化县	第七批	2013.3
23	大营城址	宋至明	宁夏回族自治区固原市原州区	第七批	2013.3
24	兴武营城址	明	宁夏回族自治区盐池县	第七批	2013.3
25	昌吉州境内烽燧群	唐至清	新疆维吾尔自治区昌吉族自治州	第七批	2013.3

续表

序号	名称	时代	位置	批次	公布时间
26	古代吐鲁番盆地军事防御遗址	唐至清	新疆维吾尔自治区吐鲁番地区	第七批	2013.3
27	哈密境内烽燧遗址	唐至清	新疆维吾尔自治区哈密地区	第七批	2013.3
28	张家口堡	汉、魏晋南北朝、唐、明、清	河北省张家口	第七批	2013.3
29	洗马林城墙	明至清	河北省万全县	第七批	2013.3
16	长城	汉、魏晋南北朝、唐、明	北京市、河北省、辽宁省、吉林、青海、宁夏回族自治区	第七批，归入第五批人长城	2013.3
	（1）岔道城城墙	明代	北京市延庆区	第七批	2013.3
	（2）喜峰口长城	明代	河北省宽城县	第七批	2013.3
	（3）大境门长城	明代	河北省张家口市	第七批	2013.3
	（4）浮图峪长城	明代	河北省涞源县	第七批	2013.3
	（5）宁静安长城	明代	河北省涞源县	第七批	2013.3
	（6）白石口长城	明代	河北省涞源县	第七批	2013.3
	（7）插箭岭长城	明代	河北省涞源县	第七批	2013.3
	（8）狼牙口长城	明代	河北省涞源县	第七批	2013.3
	（9）倒马关长城	明代	河北省唐县	第七批	2013.3
	（10）明长城虎山段遗址	明代	辽宁省宽甸县	第七批	2013.3
	（11）南树林子长城	明代	辽宁省义县	第七批	2013.3
	（12）龟山长城	明代	辽宁省凌海市	第七批	2013.3
	（13）植股山段长城	明代	辽宁省葫芦岛市	第七批	2013.3
	（14）小虹螺山段长城	明代	辽宁省葫芦岛市	第七批	2013.3
	（15）翠岩墩台	明代	辽宁省凌海市	第七批	2013.3

续表

序号	名称	时代	位置	批次	公布时间
	(16) 刘家沟长城 3 号敌台	明代	辽宁省凌海市	第七批	2013.3
	(17) 台子沟长城 3 号敌台	明代	辽宁省凌海市	第七批	2013.3
	(18) 江台山烽火台	明代	辽宁省黑山县	第七批	2013.3
	(19) 二台子烽火台	明代	辽宁省黑山县	第七批	2013.3
	(20) 顺山堡烽火台	明代	辽宁省绥中县	第七批	2013.3
	(21) 赫甸城城址	明代	辽宁省宽甸县	第七批	2013.3
	(22) 镇边堡城址	明代	辽宁省北宁市	第七批	2013.3
	(23) 大茂堡	明代	辽宁省凌海市	第七批	2013.3
	(24) 通化县汉长城遗址	汉代	辽宁省通化县	第七批	2013.3
	(25) 唐代老边岗土墙	唐代	吉林省德惠市、农安县、公主岭市、梨树县、四平市	第七批	2013.3
	(26) 青海省明长城	明代	青海省西宁市、大通县、湟中县、湟源县、民和县、乐都县、化隆县、贵德县、门源县	第七批	2013.3
	(27) 明长城—河东墙段、三关口段、姚滩段、大水沟段	明代	宁夏回族自治区兴庆区、灵武市、永宁县、盐池县、沙坡头区、平罗县	第七批	2013.3

附录四　长城平台与世界遗产监测总平台监测数据内容对比表

"—" 表示需补充的数据，* 标识的为长城特有的监测内容

总平台监测数据内容			长城监测数据内容		
（一）申遗承诺	1、承诺事项进展	(1) 承诺事项来源	（一）申遗承诺	1、承诺事项进展	—
		(2) 承诺事项内容（英文）			—
		(3) 承诺事项内容（中文）			—
		(4) 承诺完成时间			—
		(5) 目前进展			—
		(6) 对完成情况的必要说明			—
		(7) 相关文档			—
（二）机构与能力	2、管理机构	(1) 机构名称	（二）机构与能力	2、管理机构	(1) 机构名称
		(2) 组织机构代码			(2) 组织机构代码
		(3) 所在行政区			(3) 所在行政区
		—			(4) 机构性质 *
		—			(5) 文物管理机构类别 *
		(4) 承担的责任			(6) 承担的责任
		(5) 管理区域			(7) 管理区域
		(6) 法定代表人			(8) 法定代表人
		(7) 联系人姓名			(9) 联系人姓名
		(8) 联系电话			(10) 联系电话
		(9) 电子邮箱			(11) 电子邮箱
		(10) 官方网站			(12) 官方网站
		(11) 上级管理单位			(13) 上级管理单位
		(12) 机构成立时间			(14) 机构成立时间
		(13) 机构级别			(15) 机构级别
		(14) 编制人数			(16) 编制人数

长城监测数据内容			总平台监测数据内容		
（二）机构与能力	2、管理机构	(17) 工作人员总数	（二）机构与能力	2、管理机构	(15) 工作人员总数
		(18) 主要经费来源			(16) 主要经费来源
		(19) 机构撤消时间			(17) 机构撤消时间
	3、监测机构	(1) 监测机构名称		3、监测机构	(1) 监测机构名称
		(2) 负责人			(2) 负责人
		(3) 负责人联系电话			(3) 负责人联系电话
		(4) 承担的责任			(4) 承担的责任
		(5) 联系人姓名			(5) 联系人姓名
		(6) 联系电话			(6) 联系电话
		(7) 电子邮箱			(7) 电子邮箱
		(8) 监测工作网站			(8) 监测工作网站
		(9) 上级管理单位			(9) 上级管理单位
		(10) 机构成立时间			(10) 机构成立时间
		(11) 人员总数			(11) 人员总数
		(12) 机构撤消时间			(12) 机构撤消时间
	4、专项保护管理法规、规章	(1) 类别		4、专项保护管理法规、规章	(1) 类别
		(2) 名称			(2) 名称
		(3) 公布时间			(3) 公布时间
		(4) 公布文号			(4) 公布文号
		(5) 实施时间			(5) 实施时间
		(6) 生效或废止时间			(6) 生效或废止时间
		(7) 文件内容			(7) 文件内容
	5、保护管理相关培训记录	(1) 培训项目名称		5、保护管理相关培训记录	(1) 培训项目名称
		(2) 培训时间			(2) 培训时间

续表

总平台监测数据内容

分类	项目	子项	数据
		（3）受训人员数量	
		（4）培训支出经费	—
	5、保护管理相关培训记录		
	6、保护管理经费		—
（三）遗产基础信息	7、遗产总图（平面图、立面图）		
	8、遗产要素分布图		
	9、使用功能基准图		
	10、遗产要素单体或局部测绘基准图和标志性影像		

长城监测数据内容

分类	项目	子项	数据
		（3）受训时间	
		（4）培训支出经费	
	5、保护管理相关培训记录	经费额度*	
	6、保护管理经费	人数	
	7、长城保护员		
		（1）机构名称	
		（2）挂靠单位	
		（3）注册地	
		（4）成立时间	
		（5）组织宗旨	
（三）社会力量*		（6）活动范围	
		（7）经费来源	
	8、民间组织	（8）法定代表人	
		（9）联系人姓名	
		（10）联系电话	
		（11）电子邮箱	
		（12）官方网站	
		（13）工作人员总数	
		（15）机构撤消时间	
	9、遗产总图（平面图、立面图）		图纸（电子）
（四）遗产基础信息	10、遗产要素分布图		图纸（电子）
	11、使用功能基准图		图纸（电子）
	12、遗产要素单体或局部测绘基准图和标志性影像		图纸（电子）

续表

总平台监测数据内容（类别）	总平台监测数据内容（项目）	总平台监测数据内容	长城监测数据内容	长城监测数据内容（项目）	长城监测数据内容（类别）
（四）总体格局变化	11、总体格局变化记录图	—	—	13、总体格局变化记录图	（五）总体格局变化
	12、总体格局变化记录	（1）评估 （2）情况说明	—	14、总体格局变化记录	
（五）遗产使用功能变化	13、使用功能变化记录图	图纸（电子）	—	15、使用功能变化记录图	（六）遗产使用功能变化
	14、使用功能变化记录	（1）评估 （2）情况说明	—	16、使用功能变化记录	
（六）遗产要素单体	15、遗产要素单体或局部现状图/影像图/特征值	图纸、照片（电子）	图纸、照片（电子）	17、遗产要素单体或局部现状图/影像图/特征值	（七）遗产要素单体
	16、遗产要素现状记录	（1）评估 （2）情况说明	（1）长城资源认定编码* （2）遗存类别* （3）遗存单元名称* （4）位置* （5）坐标* （6）与相邻长城遗存关系* （7）类别* （8）材质* （9）保存状况* （1）评估 （2）情况说明	18、遗产要素现状记录	
（七）本体与载体病害	17、病害分布图	图纸、照片（电子）	—	19、病害分布图	（八）本体与载体病害
	18、病害调查监测工作情况记录	（1）病害编号 （2）病害位置 （3）病害类型 （4）病害状态图	—	20、病害调查监测工作情况记录	

续表

总平台监测数据内容			长城监测数据内容		
（七）本体与载体病害	18、病害调查监测工作情况记录	（5）监测起始时间	（八）本体与载体病害	20、病害调查监测工作情况记录	—
		（6）监测结束时间			—
		（7）监测方法			—
		（8）数据采集点编号			—
		（9）监测周期			—
		（10）实施机构			—
		（11）监测数据可使用用范围			—
		（12）监测记录保存地点			—
		（13）监测记录保存时间			—
	19、病害监测数据	病害状态描述		21、病害监测数据	—
	20、病害控制状态评估	病害控制状态评估		22、病害控制状态评估	—
（八）自然环境	21、自然环境监测工作情况记录	（1）自然环境监测项目编号	（九）自然环境	23、自然环境监测工作情况记录	—
		（2）自然环境监测项目内容			—
		（3）监测对象类型			—
		（4）监测起始时间			—
		（5）监测结束时间			—
		（6）监测方法			—
		（7）数据采集点编号			—
		（8）监测周期			—
		（9）实施机构			—
		（10）监测数据可使用用范围			—
		（11）监测记录保存地点			—
		（12）监测记录保存时间			—

续表

总平台监测数据内容		长城监测数据内容	
（八）自然环境	22、自然环境监测数据	（九）自然环境	24、自然环境监测数据 （1）地质* （2）地形地貌* （3）气候* （4）土壤* （5）植被* （6）动物* （7）水文* （8）环境变化及主要问题*
	23、环境影响评估		25、环境影响评估
	24、受灾记录 （1）发生时间 （2）灾害类型 （3）自然环境监测记录编号 （4）文物灾损程度 （5）受灾情况描述 （6）灾前采取的防范措施 （7）救灾经费投入总额		26、受灾记录
	25、保护区划图　图纸（电子）		27、保护区划图　图纸（电子）
	26、保护区划界线描述与管理规定		28、保护区划界线描述与管理规定
（九）建设控制	（1）遗产区界线 （2）遗产区面积（ha） （3）遗产区管理规定	（十）建设控制	（1）保护标志数量 （2）保护标志坐标 （3）保护级别

续表

分类	总平台监测数据内容			长城监测数据内容		
（九）建设控制	26、保护区划界线描述与管理规定	（4）缓冲区界线				
		（5）缓冲区面积（ha）				
		（6）缓冲区管理规定				
		（7）保护范围界线				
		（8）保护范围面积（ha）				
		（9）保护范围管理规定				
		（10）建设控制地带界线				
		（11）建设控制地带面积（ha）				
		（12）建设控制地带管理规定				
	27、新建项目记录	（1）新建项目编号				
		（2）项目名称				
		（3）建设目的				
		（4）建设地点				
		（5）开工时间				
		（6）竣工时间				
		（7）文物部门批准/许可文号				
		（8）占地面积				
		（9）高度				
	28、项目建设位置图	图纸（电子）				
		照片（电子）				
	29、新建项目现场环境照片					
（十）建设控制				28、保护区划界线描述与管理规定	（10）保护范围界线	—
					（11）保护范围面积（ha）	—
					（12）保护范围管理规定	
					（13）建设控制地带界线	
					（14）建设控制地带面积（ha）	
					（15）建设控制地带管理规定	
				29、新建项目记录	（1）新建项目编号	
					（2）项目名称	
					（3）建设目的	
					（4）建设地点	
					（5）开工时间	
					（6）竣工时间	
					（7）文物部门批准/许可文号	
					（8）占地面积	
					（9）高度	
				30、项目建设位置图		—
				31、新建项目现场环境照片		—

续表

类别	总平台监测数据内容			长城监测数据内容	
（十）社会环境	30、土地利用现状图	图纸（电子）		32、土地利用现状图　图纸（电子）	
	31、土地利用规划图	图纸（电子）		33、土地利用规划图　图纸（电子）	（1）产业状况*
					（2）交通状况*
	32、遗产区和缓冲区社会环境年度监测记录	（1）资源开采点数量		34、遗产区和缓冲区社会环境年度监测记录	—
		（2）负面影响范围			—
		（3）严重污染工业企业数量			—
		（4）列入名录时的遗产区人口数量			—
		（5）当前的遗产区人口数量			—
		（6）人口疏散需求			—
		（7）列入名录时的缓冲区人口			—
		（8）当前的缓冲区人口数量			—
	33、遗产所在地社会环境年度监测记录	（1）人口密度		35、遗产所在地社会环境年度监测记录	—
		（2）人均GDP			—
		（3）国家保护动植物种类			—
		（4）植被覆盖率			—
		（5）遗产所在地严重污染工业企业数量			—
（十一）旅游与游客管理	34、日游客容量限制值	—		（十二）旅游与游客管理　36、日游客容量限制值	—
	35、瞬时游客容量限制值	—		37、瞬时游客容量限制值	—
	36、日游客量	—		38、日游客量	—
	37、瞬时游客量	—		39、瞬时游客量	—

续表

总平台监测数据内容			长城监测数据内容		
分类	项目	照片（电子）	分类	项目	照片（电子）
（十一）旅游与游客管理	38、客流高峰时段现场照片	照片（电子）	（十二）旅游与游客管理	40、客流高峰时段现场照片	照片（电子）
	39、游客管理月度记录	（1）游客总人次数 （2）预约游客人次数 （3）国外游客人次数 （4）讲解员讲解次数 （5）外部导游次数 （6）受培训的外部导游次数		41、游客管理月度记录	（1）游客总人次数 （2）预约游客人次数 （3）国外游客人次数 （4）讲解员讲解次数 （5）外部导游次数 （6）受培训的外部导游次数
	40、游客影响评估	—		42、游客影响评估	—
	41、旅游效益年度记录	（1）门票收入 （2）管理部门经营与服务收入 （3）从事相关工作和经营的居民数量		43、旅游效益年度记录	（1）门票收入 （2）管理部门经营与服务收入 （3）从事相关工作和经营的居民数量
（十二）日常管理		— — —		44、记录档案管理*	（1）有无记录档案* （2）档案数量* （3）档案存放地点*
	42、日常巡查异常记录	（1）巡查日期 （2）异常事件 （3）巡查员 （4）当时采取的措施	（十三）日常管理	45、日常巡查异常记录	（1）巡查日期 （2）异常事件 （3）巡查员 （4）当时采取的措施
	43、保养与维护工程记录	（1）保养与维护日期 （2）保养与维护对象 （3）保养与维护内容 （4）实施者		46、保养与维护工程记录	（1）保养与维护日期 （2）保养与维护对象 （3）保养与维护内容 （4）实施者

续表

总平台监测数据内容			长城监测数据内容		
（十三）安防消防	44、现有安消防系统硬件设施信息	（1）硬件设施建成时间	（十四）安防消防	47、现有安消防系统硬件设施信息	（1）硬件设施建成时间
		（2）投资金额			（2）投资金额
		（3）系统构成描述			（3）系统构成描述
		（4）监控探头数量			（4）监控探头数量
	45、管理制度和应急预案记录	（1）类别		48、管理制度和应急预案记录	（1）类别
		（2）名称			（2）名称
		（3）公布时间			（3）公布时间
		（4）公布文号			（4）公布文号
		（5）实施时间			（5）实施时间
		（6）生效或废止状态			（6）生效或废止状态
		（7）文件内容			（7）文件内容
	46、安全事故记录	（1）发生时间		49、安全事故记录	（1）发生时间
		（2）事故类型			（2）事故类型
		（3）级别			（3）级别
		（4）损失			（4）损失
		（5）处理情况			（5）处理情况
	47、已发掘面积	—		50、已发掘面积	—
（十四）考古发掘	48、考古报告信息	（1）考古报告名称	（十五）考古发掘	51、考古报告信息	（1）考古报告名称
					（2）对应的长城认定编码*
		（2）编制单位			（3）编制单位
		（3）编写人员			（4）编写人员
		（4）出版状态			（5）出版状态
		（5）出版时间			（6）出版时间
		（6）出版单位			（7）出版单位

续表

总平台监测数据内容		长城监测数据内容	
（十四）考古发掘	49，考古发掘记录	（十五）考古发掘	52，考古发掘记录
	（1）项目名称　—		（1）项目名称
			（2）对应的长城认定编码 *
	（2）第几次发掘		（3）第几次发掘
	（3）文物部门批准文号		（4）文物部门批准文号
	（4）批准发掘面积		（5）批准发掘面积
	（5）开始时间		（6）开始时间
	（6）结束时间		（7）结束时间
	（7）回填面积		（8）回填面积
	（8）经费投入总额		（9）经费投入总额
	（9）用于发掘现场保护的经费		（10）用于发掘现场保护的经费
	（10）已发表的简报　—		（11）已发表的简报
	50，发掘面积		53，发掘面积　—
	51，现场照片　—		54，现场照片　—
（十五）保护展示与环境整治工程	52，保护展示与环境整治工程记录	（十六）保护展示与环境整治工程	55，保护展示与环境整治工程记录
	（1）项目名称		（1）项目名称
			（2）对应的长城认定编码 *
	（2）工程分类		（3）工程性质
			（4）工程分类
	（3）文物部门批准许可文号		（5）文物部门批准/许可文号
	（4）开始时间　—		（6）立项时间
	（5）结束时间		（7）实施状态
	（6）经费投入总额		（8）经费投入总额
	（7）中央财政经费		（9）中央财政经费

续表

总平台监测数据内容			长城监测数据内容		
（十五）保护展示与环境整治工程		—	（十六）保护展示与环境整治工程	55、保护展示与环境整治工程记录	（10）经费状态
		—			（11）开始时间
		—			（12）竣工时间
		—			（13）组织编制方案单位
		—			（14）方案编制单位
		—			（15）实施单位
		—			（16）监理单位
	53、项目范围图	图纸（电子）		56、项目范围图	图纸（电子）
	54、现场照片	照片（电子）		57、现场照片	照片（电子）
（十六）保护管理规划	55、保护管理规划编制记录	（1）名称	（十七）保护管理规划	58、保护管理规划编制记录	（1）名称
		—			（2）对应的长城认定编码*
		—			（3）立项时间
		—			（4）经费状态
		—			（5）经费额度
		（2）编制和公布状态			（6）编制和公布状态
		（3）规划期限			（7）规划期限
		（4）组织编制单位			（8）组织编制单位
		（5）编制单位			（9）编制单位
	56、现行规划执行情况记录	—		59、现行规划执行情况记录	—
—	—	—	（十八）科学研究*	60、科研项目	科研项目名称
					承担单位
					研究方向
					成果形式
				61、学术成果	成果名称
					著作权

附录五 长城风险因素分布示意图

全国长城人为和自然影响因素分布示意图

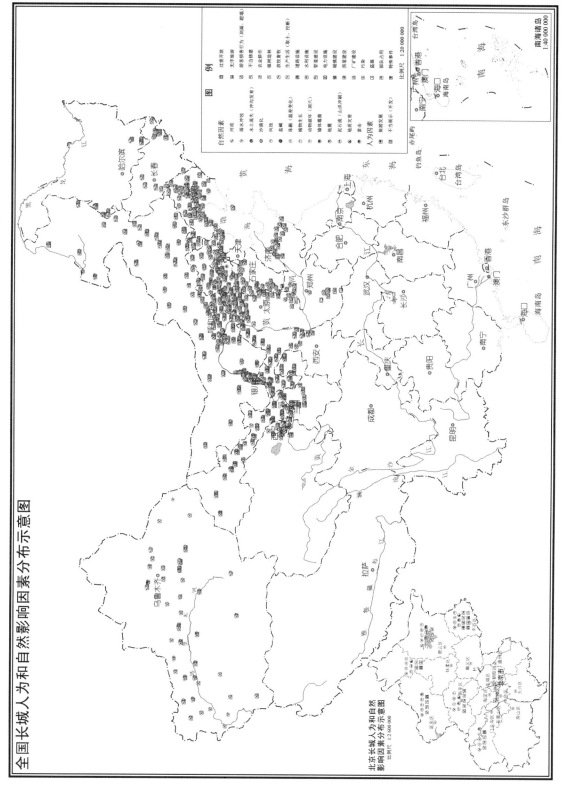

图一 全国长城人为和自然影响因素分布示意图

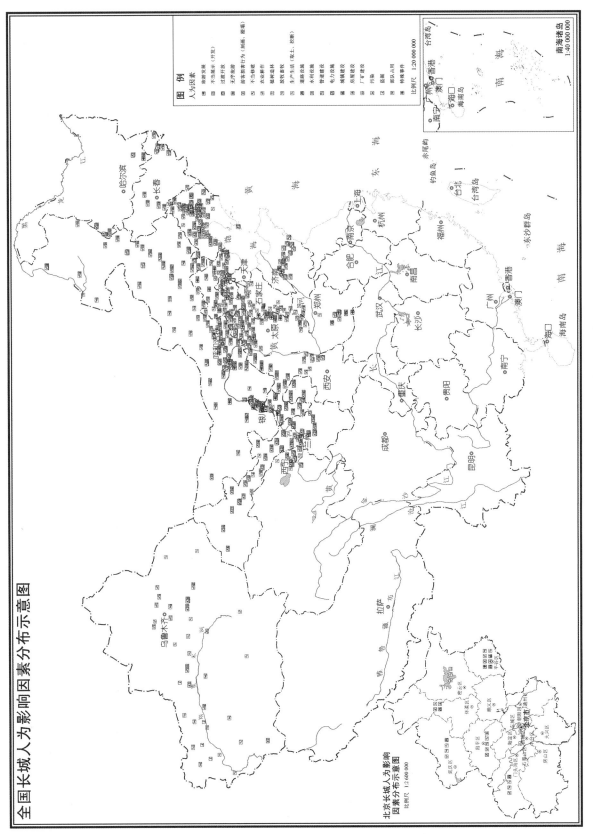

图二　全国长城人为影响因素分布示意图

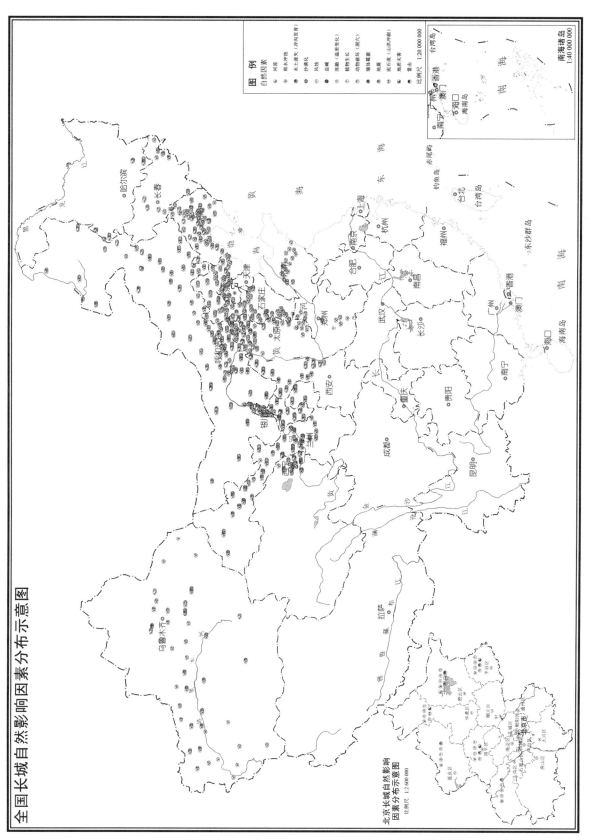

全国长城自然影响因素分布示意图

图三　全国长城自然影响因素分布示意图

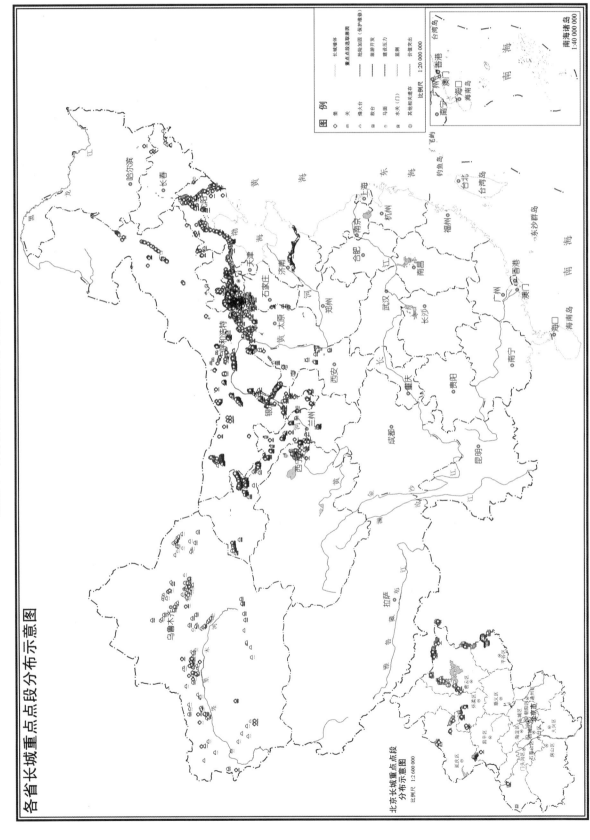

附录六　各省长城重点点段分布示意图

各省长城重点点段分布示意图

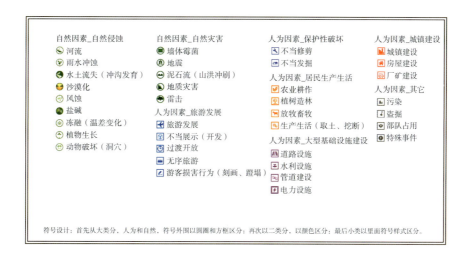

图1 长城破坏因素图例

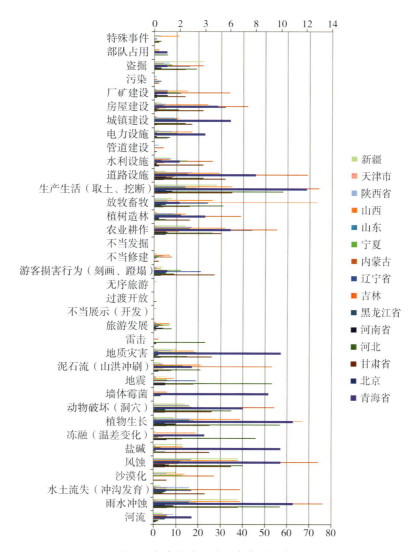

图2 各省长城风险因素类型示意图

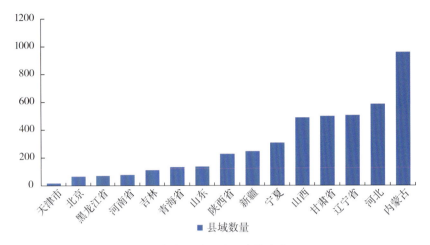

图3　各省长城风险因素综合状况

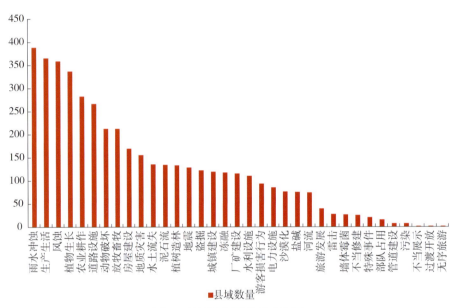

图4　长城风险因素影响范围

图5　长城风险因素影响程度

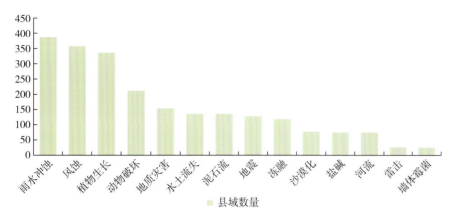

图 6　自然因素影响范围

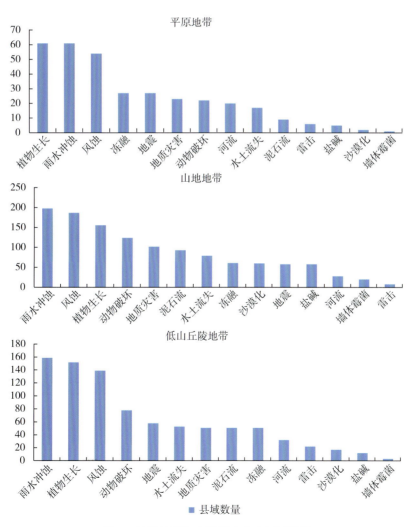

图 7　长城地形与自然因素分布县域数量

彩版四

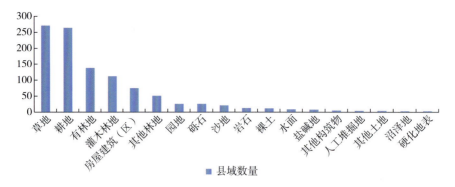

图8　长城分布地域地类类型

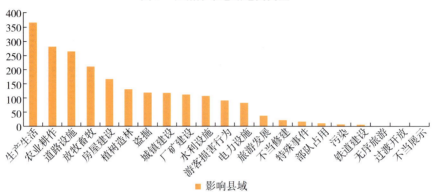

图9　人为因素影响范围

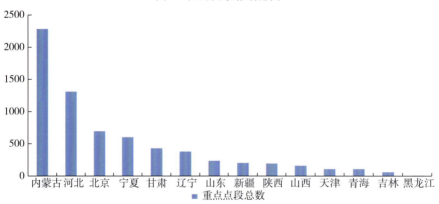

图10　重点点段总数

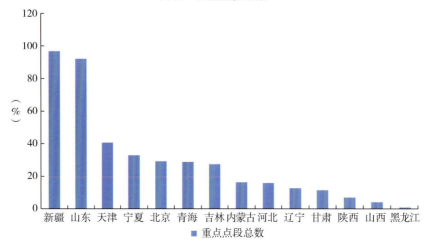

图11　重点点段数量比例

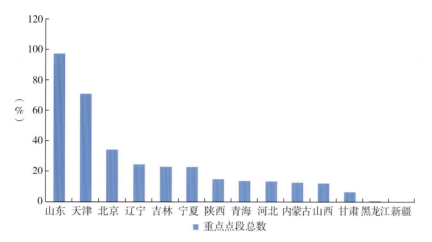

图12 重点点段长度比例

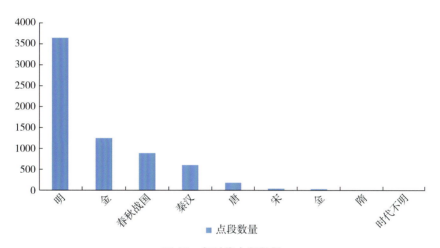

图13 各时代点段数量

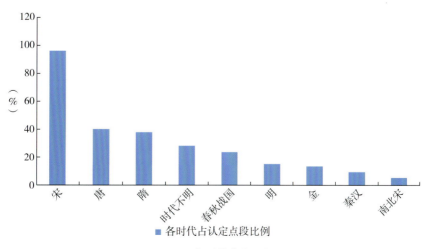

图14 各时代点段比例

图 15　猫头鹰在马庄营城城墙上做窝

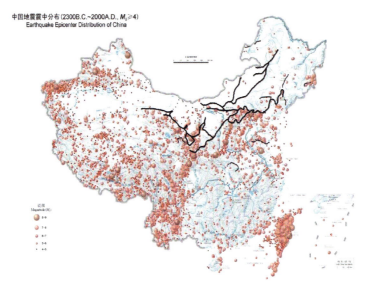

图 16　长城资源与中国地震带分布图

图 17　砖瓦窑长城墙体上的车辙印

图18 尖山子坞障所见盗洞

图19 五分墩墙体上的游人刻画

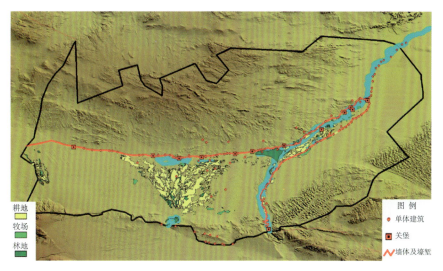
图20 河湖岸向外延伸5千米范围内的长城遗存

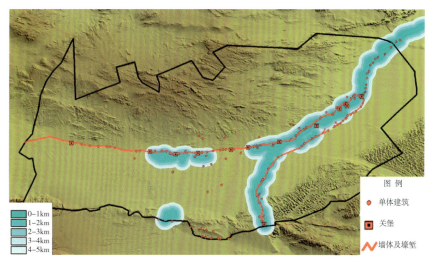
图21 河湖岸向外延伸5千米范围内的长城遗存

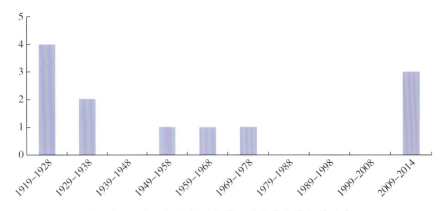

图 22　1919—2014 年间金塔县地震发生次数统计表

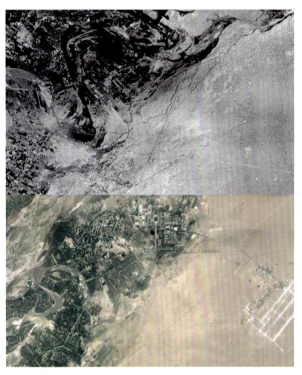

图 23　金塔县黑河东岸土地利用情况变化 1957—2010 年对比

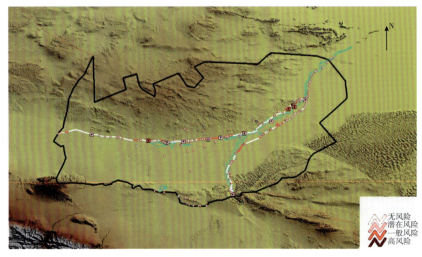

图 24　气温变化对长城的破坏风险分布图

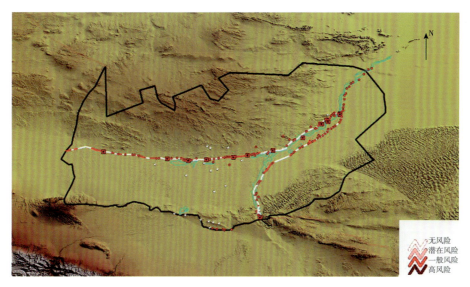

图 25　风沙侵蚀对长城的破坏风险分布图

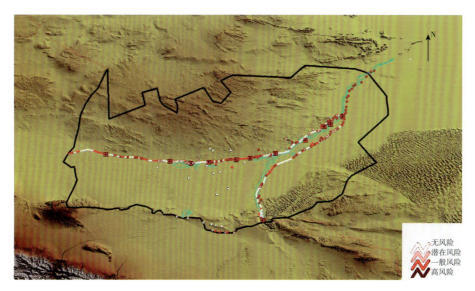

图 26　洪水对长城的破坏风险分布图

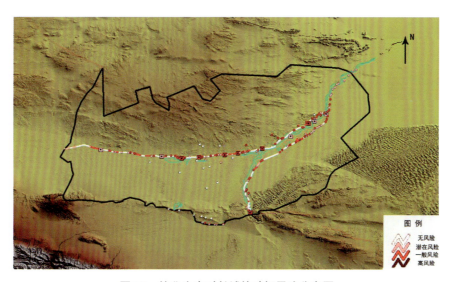

图 27　林业生产对长城的破坏风险分布图

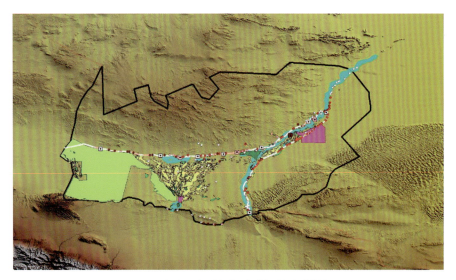

图 28　土地利用类型与长城破坏风险分叠加图

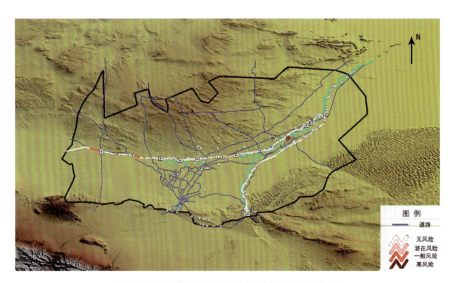

图 29　机动车碾压对长城的破坏风险分布图

图 30　旅游活动对长城的破坏风险分布图

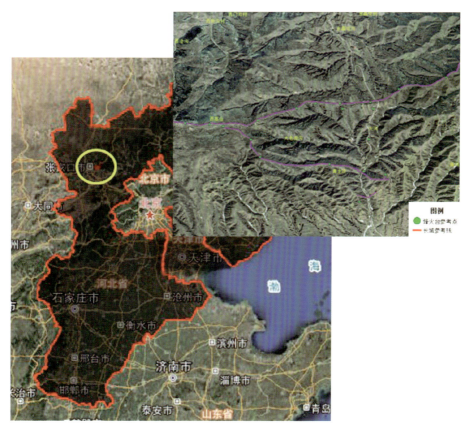

图31　宣化－崇礼监测区范围示意图

图例

● 监测范围－WWDP　　── 长城　　▢ 耕地　　▢ 道路　　▢ 房屋建筑区
▢ 人工堆掘地　　▢ 湖泊　　▢ 库塘　　▢ 构筑物

国信司南（北京）地理信息技术有限公司

比例尺　1:24,000

图32　河北省崇礼区变化信息分布示意图

彩版十二

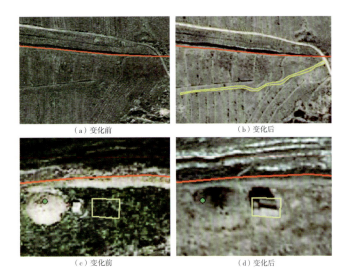

（a）变化前　　　　　　　（b）变化后

（c）变化前　　　　　　　（d）变化后

图33　（红色为长城专题要素数据，黄色为变化图斑）
沿长城线地物变化

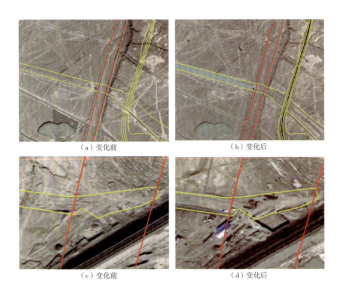

（a）变化前　　　　　　　（b）变化后

（c）变化前　　　　　　　（d）变化后

（红色为长城专题要素数据，黄色为变化图斑）

图35　穿越长城线区域地物变化

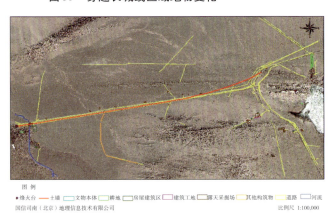

图例
●烽火台　土墙　文物本体　耕地　房屋建筑区　建筑工地　露天采掘场　其他构筑物　道路　河流
国信司南（北京）地理信息技术有限公司　　　　　　　比例尺 1:100,000

图36　甘肃省敦煌市变化信息分布示意图

图例
●关城　●敌台　—壕堑　—长城　关城　房屋建筑区　建筑工地　道路
露天采掘场　其他构筑物　其他人工堆掘地　硬化地表　人工草地
国信司南（北京）地理信息技术有限公司　　　　比例尺1:30,000

图34　甘肃省嘉峪关市变化信息分布示意图

（a）　　　　　　　（b）

（c）　　　　　　　（d）

（红色为长城专题要素数据，蓝色为变化图斑）

图37　穿越长城线区域地物变化

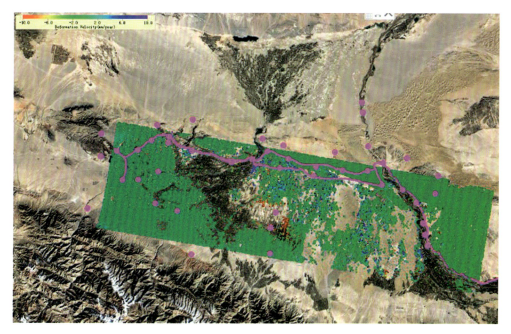

图 38　增强型小基线集获取的嘉峪关 – 酒泉 – 高台

图 38　2015 年 1 月至 2017 年 5 月长城沿线地表形变场与长城叠加图

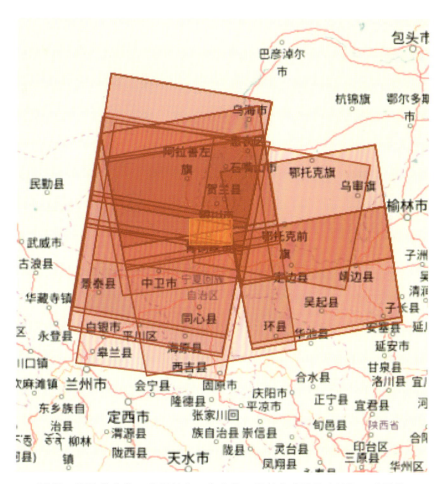

图 39　阿拉善左旗 – 青铜峡市 – 永宁县 – 银川市哨兵雷达数据区域覆盖

图40 青铜峡市长城形变速率分布图

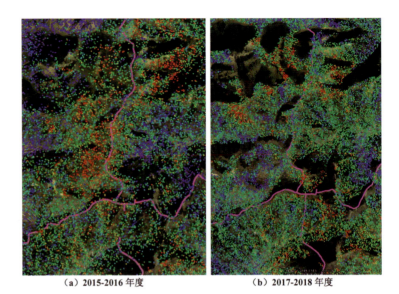

（a）2015-2016 年度　　　（b）2017-2018 年度

图41 裸露自然不稳定坡体对长城沿线遗存的影响

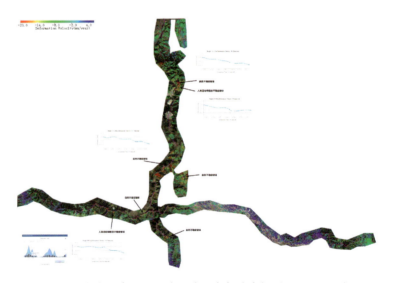

图42 张家口崇礼区雷达干涉形变年速率场（2015–2018）

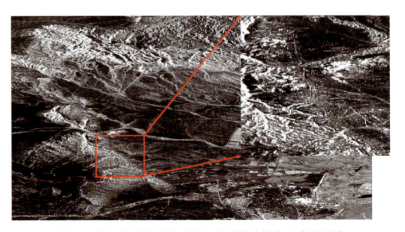

图43 青铜峡明长城试验段在哨兵雷达影像上清晰可辨

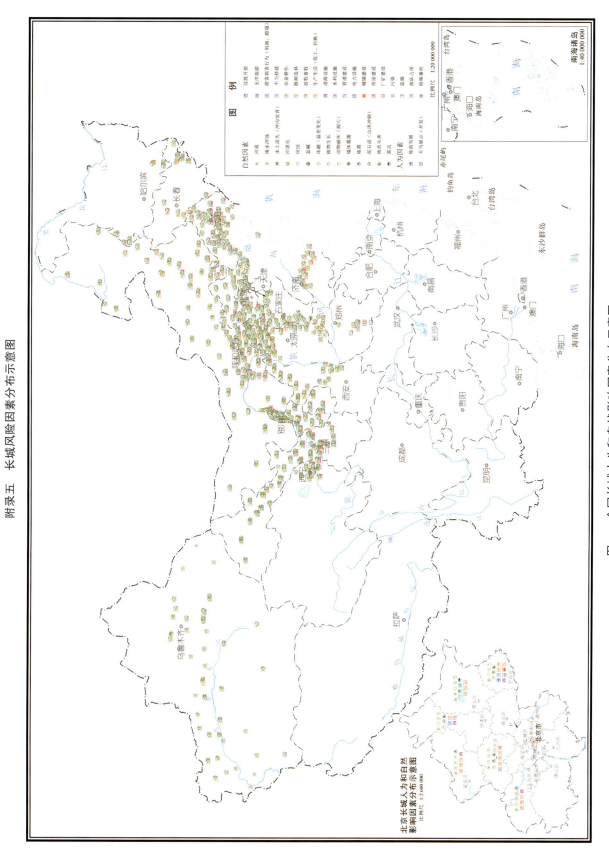

附录五　长城风险因素分布示意图

图一　全国长城人为和自然影响因素分布示意图

彩版十六

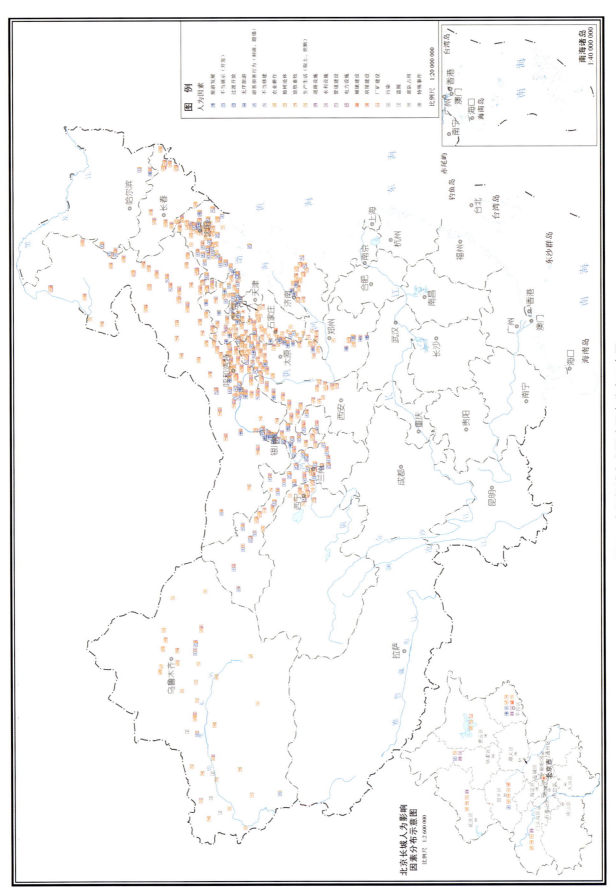

图二　全国长城人为影响因素分布示意图

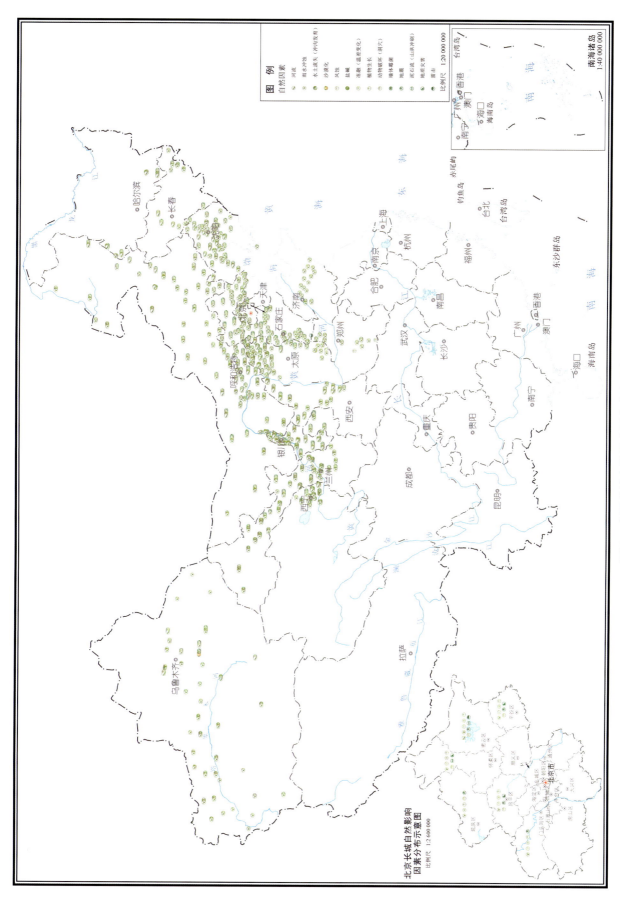

图三　全国长城自然影响因素分布示意图

彩版十八

附录六　各省长城重点点段分布示意图

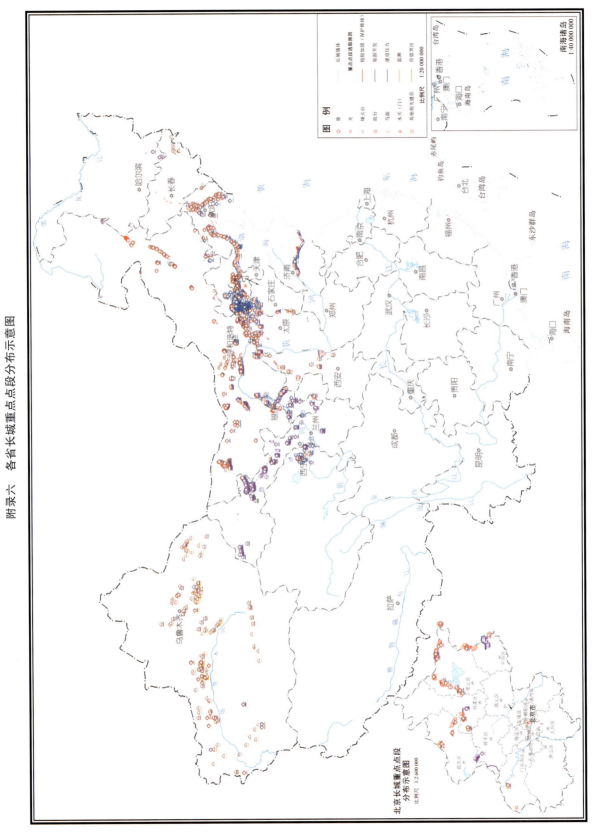

各省长城重点点段分布示意图

后 记

自加入世界遗产公约以来，中国文化遗产保护理念在与世界接轨的过程中不断提升，并结合本国国情为世界文化遗产的保护管理输出中国智慧。作为中国首批列入世界遗产名录、最具社会影响力的世界文化遗产，长城的保护管理却一直是文化遗产保护领域的难题。2005－2014年，国家文物局组织实施"长城保护工程"摸清了长城家底，为长城保护管理工作的良性发展奠定了坚实的基础，然而长城保护依旧任重而道远。

长城遗迹分布广泛，所处自然、社会、经济环境复杂，风险影响因素众多，长城损毁时有发生。随着文化遗产保护进入新的发展阶段，如何提升长城的保护管理水平，逐步将被动维修转变为主动防范风险的发生，是国家文物局开展长城保护工作的实际诉求。

近年来，中国世界文化遗产监测已逐步走向规范化，系统性。监测无疑是世界文化遗产重要的管理手段，但超大的体量，复杂的赋存环境，有限的管理力量都使得长城监测与其他文化遗产相比更具特殊性和挑战性。在此背景下，国家文物局、中国文化遗产研究院通过开展一系列专项研究，科学谋划构建长城监测体系。

2013年，中国文化遗产研究院设立院自主课题——《长城文化遗产破坏风险评估与监测方法研究——以居延长城甘肃金塔段为例》，以金塔长城为个案开展长城风险因素评估与监测方法研究，并以课题为基础探索长城监测的经验。

2015年，国家文物局委托中国文化遗产研究院承担长城保护工程管理项目，要求研究长城文化遗产自身特点，进一步摸清管理实际需求，从风险评估，监测方法，监测信息数据的获取、更新、发布、分析等方面开展分区、分类专题研究，提出较为明确的长城监测工作思路、目标和基本方法，开展长城监测体系预研究，对未来长城监测预警系统建设提出建设性意见。

在长城监测体系预研究的基础上，2017年，为进一步推进长城监测工作的开展，国家文物局委托中国文化遗产研究院承担《长城监测体系建设研究及试点项目》。在长城集中分布地区分别选取具有代表性的县（区），对较为适用于长城遗产特性的遥感、无人机、移动巡查等技术开展有针对性的试点，探寻一套适合于长城保护的技术方法和流程。

本书是在上述课题、项目相关成果的基础上，对近几年长城监测工作的思考与梳理。全书由主持或参与上述课题、项目的几位同志共同执笔。文物研究所原所长于冰指导并参与长城监测体系的框架设计，并对如何提炼长城监测工作特殊性、分析长城的风险因素等关键问题提出了重要建议。全书由刘文艳统稿，绪论、第一章监测与文化遗产保护、第二章长城遗产特性与监测需求、第五章长城监测体系建设框架研究由刘文艳执笔，第三章长城监测系统的分析与建设由许礼林执笔，第四章长城监测专题研究由张依萌、李大伟执笔。

全书的成稿以及上述课题、项目完成，得到了国家文物局文物保护和考古司考古处黄晓帆副处长的支持与指导。甘肃省金塔县文物局李国民局长、刘玉林老师，河北张家口市文物考古研究所王培生所长、高鸿宾老师，张家口市崇礼区文化广电和旅游局吴占钦局长，赤城县博物馆李沐心馆长，宁夏青铜峡市文物管理所李鹏所长等地方文物部门、基层长城保护管理机构的同志们在实地调研中给与了大力协助，尤其是在试点工作中贡献了宝贵的一线工作经验，提出了很多具有针对性、操作性的建议和意见。国信司南（北京）地理信息技术有限公司，作为长期参与长城保护工作的业务合作单位，发挥专业优势，在利用地理信息数据进行长城风险因素分析等方面给与了重要的技术支持。中国科学院遥感与数字地球研究所陈富龙研究员与我们的合作中，将雷达遥感等科学技术引入长城监测，在此对他们的辛勤付出表示真诚地感谢！

长城保护任重道远，长城监测的理论、方法与实践正在起步与摸索中，书中的认识还多有不成熟之处，很多分析还存在诸多疏漏，敬请读者批评指正！